自治基本条例

——法による集合的アイデンティティの構築

阿部昌樹

木鐸社

目　次　3

目　次

第1章　自治基本条例というプロジェクト……………………………… 7
　Ⅰ　何のための条例なのか　……………………………………………… 7
　Ⅱ　社会運動と集合的アイデンティティ　……………………………… 11
　Ⅲ　条例による集合的アイデンティティの構築　…………………… 21
　Ⅳ　法の構築作用とその活用　………………………………………… 29
　Ⅴ　もうひとつのアイデンティティ・ワーク　……………………… 34

第2章　自治基本条例の普及とその背景………………………………… 41
　Ⅰ　自治基本条例の普及　……………………………………………… 41
　Ⅱ　低コストの政策　…………………………………………………… 49
　Ⅲ　《公共的なるもの》の再構築　…………………………………… 57
　Ⅳ　住民意識の現状　…………………………………………………… 62

第3章　自治基本条例における「協働」への指向……………………… 73
　Ⅰ　ニセコ町まちづくり基本条例の改正　…………………………… 73
　Ⅱ　「協働」の概念史　………………………………………………… 76
　　1．戦前における「協働」という語の使用　……………………… 76
　　2．戦後から1980年代までの「協働」という語の使用　………… 79
　　3．1990年代における「協働」という語の使用　……………… 85
　　4．自治基本条例制定前夜の状況　……………………………… 94
　Ⅲ　自治基本条例における「協働」言説の展開　………………… 95
　　1．自治基本条例のなかでの「協働」という語の使用　……… 95
　　2．自治基本条例における「協働」の定義　…………………… 105
　Ⅳ　語の使用の連続と不連続 ………………………………………114

第4章　自治基本条例の地域への定着………………………………… 117
　Ⅰ　自治基本条例の認知度の低さ　………………………………… 117
　Ⅱ　自治基本条例の認知度を左右する要因
　　　―「米原市市民意識調査」の分析― ………………………… 129
　　1．クロス集計分析　……………………………………………… 129
　　2．重回帰分析　…………………………………………………… 142
　Ⅲ　アイデンティティ・ワークとしての可能性と限界 ………… 151

第5章　自治基本条例のインパクト……………………………………… 155
　I　自治基本条例は変化をもたらすか ………………………………… 155
　II　住民や職員の意識や行動の変化とその規定要因 ………………… 160
　　1．従属変数 ……………………………………………………………… 160
　　2．独立変数 ……………………………………………………………… 167
　　（1）施行後月数 ……………………………………………………… 167
　　（2）先行制定条例数 ………………………………………………… 168
　　（3）先行実施施策数 ………………………………………………… 169
　　（4）制定過程での取り組み類型数 ………………………………… 170
　　（5）制定直後の取り組み類型数 …………………………………… 172
　　（6）認知度向上のための施策数 …………………………………… 173
　　（7）職員研修類型数 ………………………………………………… 174
　　（8）例規の確認状況 ………………………………………………… 175
　　（9）新設セクションの有無 ………………………………………… 176
　　（10）チェック機関の有無 …………………………………………… 177
　　（11）新規制定条例数 ………………………………………………… 178
　　（12）新規実施施策数 ………………………………………………… 179
　　3．分析 …………………………………………………………………… 183
　III　アイデンティティ・ワークの奏功可能性 ……………………… 194

第6章　自治基本条例が創り出す地域社会……………………………… 197
　I　自治基本条例のこれから ………………………………………… 197
　II　自治基本条例は住民動員の仕組みなのか ……………………… 201
　III　制度の運動化 ……………………………………………………… 210
　IV　参加・協働を拒む住民への対応 ………………………………… 218

　あとがき……………………………………………………………………… 222

　引用文献
　〔邦語〕 ……………………………………………………………………… 226
　〔外国語〕 …………………………………………………………………… 235

　索引………………………………………………………………………… 239

自治基本条例

——法による集合的アイデンティティの構築

第1章　自治基本条例というプロジェクト

Ⅰ　何のための条例なのか

　北海道ニセコ町において，同町まちづくり基本条例が制定されたのは，2000年12月22日のことであった。その後，このニセコ町まちづくり基本条例と類似した条例が，全国各地の自治体で，続々と制定されていくことになった。すなわち，それぞれの地域における自治のあり方を規律すべき基本理念や基本原則を宣言したうえで，自治の主体としての住民が有する，自治体の行財政運営に参加する権利を明示し，それとあわせて，住民，地域の事業者，首長，自治体職員，議会，議員等が自治体の行財政運営に関与するに際して果たすべき基本的な責務を定めるとともに，広範かつ多様な住民参加を前提として遂行される自治体の行財政運営の骨格を示すことを主たる内容とする条例である。それらの条例は，個別の名称としては，自治基本条例，まちづくり基本条例，むらづくり基本条例，市政基本条例等様々であるが，自治基本条例と総称されるようになり，それに伴って，ニセコ町まちづくり基本条例は，自治基本条例の嚆矢と見なされるようになった。

　このニセコ町まちづくり基本条例に結実する条例案を作成する過程において，その作成に関わったニセコ町の職員たちが，町議会での審議過程において議員から，そしてまた，条例案が可決され，条例として施行されたならば，その施行状況の視察に訪れる他の自治体の議員や職員から，必ず質問されるであろうと想定した事項のひとつに，「この条例が制定され，施行されることによって，何が変わるのか」というものがあったという。

8

この想定質問に対して職員たちが案出した回答は，「何も変わらない」というものであった。

　まちづくり基本条例は，その制定が企図される以前からニセコ町において取り組まれてきた自治の実践を条文化するものであり，それゆえ，この条例が制定され，施行されたからといって，はっきりとそれと知覚可能な変化が生じることはあり得ないはずである。そうした意味で，まちづくり基本条例は「見えない条例」である。もしもこの条例の存在が可視化することがあるとしたならば，それは，町民のまちづくりに関する情報を取得する権利やまちづくりに参加する権利を，町長や町役場が侵害するようになったときである。そのような事態が生じたときには，町民が自らの権利を町長や町役場に対して主張する法的根拠として，この条例が威力を発揮することになる。しかしながら，そのような事態の発生は，当面は想定できない。したがって，この条例が制定され，施行されても，何も変わらない。これが，条例案の作成に従事した職員たちが到達した回答であった[1]。

　この回答は，条例制定後にニセコ町として作成した『ニセコ町まちづくり基本条例の手引き』に盛り込まれるとともに[2]，ニセコ町職員が地方自治の専門誌に寄稿した論考においても披瀝されることによって(山本契太 2001a: 62, 64-65頁; 2001b: 49-50頁; 加藤 2001: 32頁)，ニセコ町の「公式見解」として広く知られるところとなっていった[3]。

1　木佐・逢坂編(2003: 126, 141-143頁)，木佐・片山・名塚編(2012: 12-13頁)，山本契太(2012: 37-39頁)。木佐・逢坂編(2003: 126)によれば，まちづくり基本条例制定当時はニセコ町の広報広聴係長であった，山本契太が考え出した回答であったという。

2　木佐・逢坂編(2003)に，「附属資料」として掲載されている。

3　神原勝は，「ニセコ町の営為からは，『自治の実践なきところに基本条例なし』，あるいは『基本条例は自治する慣習の条文化・条例化である』といった教訓を学びとらなければならない」と述べているが(神原 2008: 3-4頁)，この指摘は，ニセコ町まちづくり基本条例は，その制定が企図される以前からニセコ町において取り組まれてきた自治の実践を条文化するものであり，それゆえ，この条例が制定され，施行されたからといって何も変わることはないという，ニセコ町の「公式見解」に依拠したものとして理解可能である。

ところが，時の経過とともに，この「公式見解」とはややニュアンスが異なる見解が，条例案の作成に関与したニセコ町職員によって表明されるようになった。すなわち，ニセコ町においてまちづくり基本条例の制定に向けての取り組みが進行していた2000年4月に，社会人採用で同町職員となり，総務課に配属されて同条例の制定に関わった加藤紀孝は，同条例が制定されてから5年ほどして公表された論考において，同条例の「町職員は，まちづくりの専門スタッフとして，誠実かつ効率的に職務を執行するとともに，まちづくりにおける町民相互の連携が常に図られるよう努めなければならない」という規定(制定時の19条2項，2005年12月の同条例改正以降は27条2項)に言及し，この規定が存在することによって，ニセコ町職員には，「まちづくりの専門スタッフ」としての高い見識や行動力が求められるし，また，ニセコ町には，そうした職員を養成していくことが求められることを指摘している。そして，そうであるがゆえに，ニセコ町まちづくり基本条例は，職員の質の向上をとおして，「行政のあり方そのものをレベルアップさせる」と結論づけている(加藤 2005: 28-29頁)。

　加藤はまた，そのさらに3年あまり後に公表された論考において，ニセコ町まちづくり基本条例は，町民の意識や行動に変化をもたらしていることを指摘している。加藤によれば，「現状評価を総括すると，やや未発達の点はあるものの，条例を基本としたまちづくりの姿勢や町民の意識は一歩ずつ進んで」おり，「条例による地域としての風土，あるいは文化の形成が進んでいるといっても良い」という(加藤 2009: 22頁)。さらに加藤は，「あらためて条例制定後の住民意識のありようを考えて」みるならば，「役場や町のいたるところで日々盛んにまちづくりの議論をしているとか，そうした人々の姿を見たとき，やはり私たち住民の意識そのものが変わっているのではないか，またその意識が変わった人々が外からも人を呼んで，前から町に暮らす人々の意識も更に変わった」と感じることがあるし，「基本条例ができたことをきっかけに，『人が人を呼ぶ』で」あるとか，「やる気のある人が前に出て町のために活躍するとか，こうした動き，文化が生まれてくるのではないか，という気」がするとも述べている(木

佐・片山・名塚編 2012: 13, 17頁）[4]。

　職員の質の向上にせよ住民の意識や行動の変化にせよ，自治基本条例の
ように，職員や住民の責務を抽象的に定めはするものの，その違反に対す
る罰則は設けておらず，それゆえに，刑罰を賦課する可能性を威嚇として
用いることによって，特定の作為もしくは不作為を強制するという機能は
発揮し得ない条例が，ただひとつ制定され，施行されることによって，直
ちに生じるようなものではないであろう。したがって，ニセコ町まちづく
り基本条例の制定段階において形成された「公式見解」と，同条例が施行
されてから数年が経過した後の段階における加藤の論述との齟齬は，矛盾
であるとは言い切れない。しかしながら，加藤が「文化の形成」と呼んで
いるような変化は，同条例の制定段階においてはまったく予想されていな
かったものではなく，その時点においても意識され，期待されていたもの
なのではないかという疑問を呈することはできるであろう。

　本書は，そのようなスタンスを採る。すなわち，ニセコ町まちづくり基
本条例は，まずは職員の態度や行動に，さらには住民の態度や行動に，変
化をもたらすことを企図した条例であったという認識を採用する。そし
て，この認識を基底に据えて，全国各地の自治体で続々と制定されてきた
自治基本条例が，実際のところ，それぞれの地域に何をもたらしたのかを
検討していく。

4　その一方で，「公式見解」が，まったく捨て去られてしまったわけではない。
　2009年からニセコ町長を務める片山健也は，2013年に公表した論考において，
　ニセコ町に視察に訪れる者などからの，まちづくり基本条例の制定によって何
　が変わったのかという質問に対しては，ニセコ町まちづくり基本条例は，「こ
　れまでに実践してきた営為を規定しているので，条例が制定されたからといっ
　て特別変わったところはない」が，「町長が恣意的な判断や密室型の町政を推
　進した場合」には，この条例に「抵触することになる」し，「情報共有がなさ
　れなくなったとき」には，住民には，「この条例の規定が遵守されていないこ
　とをもっての争訟が可能」であると回答していると述べている（片山 2013: 8
　頁）。

まず本章においては，「ポスト資源動員論」[5]と総称される社会運動の社会学の理論展開のなかで彫琢されてきた「集合的アイデンティティ（collective identity）」という概念に依拠し，加藤が「文化の形成」と呼んだものを，「集合的アイデンティティの構築」として捉え直す。そして，ニセコ町まちづくり基本条例を，それが制定されるおよそ27年前に制定された「ニセコ町民憲章」と比較対照すること等をとおして，この条例の制定は，地域の公共的事柄に積極的に関与していく，住民自治の担い手としての集合的アイデンティティを，住民相互の間主観的了解として構築することを企図した，「アイデンティティ・ワーク（identity work）」であったという，本書全体の基底となる認識を導出する。

Ⅱ　社会運動と集合的アイデンティティ

　社会運動研究に新たな理論的視角を提供するものとして1970年代に登場した資源動員論は，古典的な集合行動論が，社会運動を，社会環境の急激な変動によって惹起される，人々の心理的緊張や剥奪感の突発的な表出として捉え，選挙制度等の制度化されたチャネルをとおしての政治参加とは異質な，その非合理的性格を強調してきたことへの批判を，その前提とするものであった。

　資源動員論によれば，社会運動は，何らかの集合的利益の実現を目指し

5　「ポスト資源動員論」という名称は，片桐新自に拠っている（片桐 1995: 27頁）。なお，以下で述べるとおり，ポスト資源動員論と総称される諸研究は，資源動員論を全否定し，それに全面的に取って代わるような理論枠組を提示しようとしているわけではない。それらの諸研究が目指しているのは，資源動員論に拠って立つ諸研究が，それに先行する古典的な集合行動論との差異を強調するために捨象したものを再摂取することによって，資源動員論の極端さを緩和し，より説明力の高い理論を作り上げていくことであり，そうした意味で，それらの諸研究は，資源動員論を承継するものなのである。したがって，富永京子が，それらの諸研究とそれに先行する資源動員論の立場に拠って立つ諸研究とをあわせて，「動員論系社会運動論」と呼び，それらに共通する特色として，社会運動組織が組織として実践する諸活動を主たる分析対象としている点を指摘しているのは（富永 2016: 38-39頁），きわめて正当である。

て，そのために必要な人的および物的な資源を集約し，それを効果的に利用していく，目的指向的で合理的な営みであり，その合理性は，制度化されたチャネルを経由した政治参加と本質的に異なるものではない。心理的緊張や剥奪感，あるいは人々が社会の現状や自らの境遇に対して抱くより広い意味での不平や不満は，社会全体に遍在しており，社会運動に結びつく場合もあれば，そうでない場合もある。それゆえ，そうした心理的要因に着目しても，社会運動の発生や成功は説明し得ない。むしろ，社会運動の発生や成功の原因は，それに向けての人的および物的な資源の動員の成否に求められなければならない。

　かくして，資源動員論においては，社会内部における人的および物的な資源の付置状況や，それらの資源を効率的かつ効果的に動員するために社会運動組織が用いる組織戦略に，研究の焦点が合わせられることになった。そして，その結果，金銭的ないしは時間的に余裕があり，社会運動が成功したとしても自らは何ら利益を享受することはないにもかかわらず，なおそれに貢献しようとする良心的支持者からの支援を調達することや，すでに同業者組合や友好団体等の社会的ネットワークに組み込まれ，連帯関係にある人々を丸抱え的に社会運動に動員していくことが，有効な組織戦略として析出された。すなわち，資源動員論によれば，生活に余裕のある人々が比較的多数存在し，かつ多くの人々が何らかの社会的ネットワークに組み込まれているという社会構造的条件の下で，その社会構造的条件を有効に利用し得た組織が，社会運動を成功させるのである。豊かな社会における連帯関係を活用した，合理的な組織戦略の産物としてのこうした社会運動のイメージは，古典的な集合行動論が描き出した，産業構造の転換に起因する社会関係の流動化に伴う社会的紐帯の崩壊によって産み出された多数の孤立した個人の，心理的緊張の暴発としてのそれとは対極的なものである[6]。

　資源動員論がこのように社会運動のイメージを一新したことは，肯定的

6　資源動員論についてのこうした理解は，主として，長谷川(1985; 1990)，塩原編(1989)に収録された諸論考，および片桐(1995)に拠っている。

に評価されねばならない。地域社会に根ざした住民運動から国際的に活動するNGOに至るまで，今日の社会運動組織の多くが，資源動員論の視角から分析可能な諸特性を備えていることは確かである。しかしながら，社会運動組織の組織戦略のレベルに定位し，その合理性を強調した資源動員論が，古典的な集合行動論と自らのアプローチとの相違を鮮明に提示するためとはいえ，社会運動に参加する個々人の心理を軽視しすぎているという批判を浴びたことも，また頷けるところである。生活に余裕のある人々や既存の社会的ネットワークに組み込まれた人々を動員のターゲットとすることが，社会運動組織にとって効率的な組織戦略であることは首肯できるとしても，それらの人々が，個人として，他ならぬある特定の社会運動組織に動員され，その組織が掲げる集合目的の実現に貢献するに至るのは何故なのかに関しては，資源動員論には説得力のある説明を見出し得ないように思われる。

　そうした批判を踏まえたうえで，社会運動の社会学に社会心理学的視角を再度導入し，それと資源動員論の組織論的アプローチとの接合を図ろうとする試みが，ポスト資源動員論と呼ばれる理論展開である。この1990年代以降に顕著になってきた理論展開においては，当然のことながら，運動に参加する個々人の心理が重視されることになるが，しかしそれは，古典的な集合行動論への単純な回帰ではない。

　古典的な集合行動論においては概して，社会運動に参加する個々人の態度や意識は，社会構造もしくは社会階層のなかにおいて個々人が占める位置によって規定されるものと見なされていた。これに対して，ポスト資源動員論と総称される諸研究においては，人々の態度や意識は，その者が，自らが置かれている社会状況やそのなかにおける自分自身の位置を，どのように認識するかに大きく依存しており，しかも，そうした認識は，各人が多様な他者との間で繰り広げる日常的な社会的相互作用をとおして，さらには，社会運動組織からの働きかけや社会運動への参加をとおして，絶え間なく新たに構築し直されるものとして捉えられ，その構築のプロセス

そのものが解明を要する事象として指定されている[7]。

　こうした発想は，社会学のほぼ全域において影響力を強めてきた構築主義の視角に由来するものである。すなわち，人々は，外界に実在する何ものかから発せられる刺激に，ただ機械的に反応するわけではなく，外界から与えられた刺激がどのような意味を有するものであるかを，言語を用いて解釈したうえで，そうして意味づけされた社会的世界に対処すべく行動選択を行うのであり，しかも，そうした社会的世界の構築は，個々人の内心におけるモノロジカルなプロセスとして遂行されるのではなく，他者との言語を媒介とした社会的相互作用を通じて進行していくものであるという視角である[8]。構築主義のこうした視角に拠るならば，個々人が抱く価値観や利害関心も，その者が社会構造もしくは社会階層のなかにおいて占めている位置によって規定し尽くされるものではなく，社会的相互作用を媒介とした構築の産物であるということになる。

　ポスト資源動員論におけるそうした構築主義的視角の取り込みを明瞭に示す概念のひとつが，集合的アイデンティティである[9]。

　集合的アイデンティティとは，「集団成員の共通の利害関心，経験，および連帯から派生する，自らがいかなる集団であるかについての共有された定義」（Taylor & Whittier 1992: 105），あるいは，「何らかの共同体，範疇，実践，もしくは制度に対して各個人が抱く認知的，道徳的，情緒的な結び

---

[7]　ポスト資源動員論と総称可能な社会運動の社会学の特色についてのこうした理解は，C. Mueller（1992）に拠っている。

[8]　社会学とりわけ社会問題の社会学における構築主義の視角に関しては，そうした視角を明確に打ち出した先駆的業績の邦訳であるキツセ＝スペクター（1990）に加えて，中河（1990），平・中河編（2000; 2006），上野編（2001），中河・北澤・土井編（2001），赤川（2006; 2012），中河・赤川編（2013）を参照。

[9]　集合的アイデンティティに関連した邦語文献としては，集合的アイデンティティという概念の社会運動研究における意義を理論的に検討した川北（2004）と，街頭において人々が集合的に展開する集団示威運動の異なるタイプのそれぞれについて，それぞれのタイプの集団示威運動がどのように発生し，何を企図して展開されるのかを，集合的アイデンティティという概念を用いて分析した伊藤昌亮（2012）がある。

つきの感覚」(Polletta & Jasper 2001: 285)を意味する。より端的には，自分たちが，共通の属性によって，たとえ緩やかにではあれ相互に結びついているという感覚を抱いている人々の間で間主観的に共有された，自らはいかなる集団であるかについての自己定義であると言ってよい[10]。

10　本書においては，集合的アイデンティティを，人々の間で間主観的に共有された，自らはいかなる集団であるかについての自己定義として捉えるが，いわゆる「新しい社会運動」論の代表的論者の一人であるA. メルッチは，集合的アイデンティティという概念に，これとはまったく異なる定義を与えている。すなわち，メルッチによれば，集合的アイデンティティとは，複数の人々の間で，自分たちが実践すべき行為の目的や，その行為を実践すべき機会を提供するとともに，実践可能な行為の範囲の限界を画する場についての認識が，相互作用をとおして共有されていく「プロセス」を意味する(Melucci 1995: 44; 1996: 70)。メルッチは，集合的アイデンティティが固定した実質を有する客観的実在として捉えられることに強い警戒心を抱いており，集合的アイデンティティがどの範囲の人々の間で共有されているかも，人々が共有している集合的アイデンティティの内実がどのようなものであるかも，極度に流動的であることを強調するために，この「プロセスとしての集合的アイデンティティ(collective identity as a process)」という定義を採用したと考えられるが，しかし，この定義は，集合的アイデンティティとは，プロセスなのかプロダクトなのかという論争を喚起することとなった(Fomiyama 2010: 396-398)。

　集合的アイデンティティの流動的性質を強調したいという意図は十分に理解できるものの，集合的アイデンティティという語をプロセスを指し示すものとして用いることは，アイデンティティという語の通常の語法とは異なっていると言わざるを得ない。それゆえ，本書においては，集合的アイデンティティがどの範囲の人々の間で共有されているかも，人々が共有している集合的アイデンティティの内実がどのようなものであるかも，極度に流動的であることに留意しつつ，集合的アイデンティティという語は，人々の間で社会的相互作用をとおして共有される自己定義を意味する語として，すなわち，プロセスではなくプロダクトを指し示す語として用いることにしたい。

　なお，メルッチの集合的アイデンティティ論やそれを包摂する社会運動論については，渡邊洋之(1998)，および西尾広毅(2001; 2002)を，「新しい社会運動」論全般に関しては，梶田(1985)，山口節郎(1985)，伊藤るり(1993)，および長谷川(1990: 17-22)を参照。

ポスト資源動員論の構築主義的な視角からは，そうした集合的アイデンティティは，「自然に発生するものではなく，社会的に構築されるものである」（Eisenstadt & Giesen 1995: 74）。たとえば，都市近郊の集合住宅に住まい，港湾地区の工場に勤務する，1972年生まれの男性は，自らを，「集合住宅居住者」として認識することも，「工場労働者」として認識することも，「団塊ジュニア世代」として認識することも，「男性」として認識することも可能である。また，「工場労働者」としての自己認識は，発展途上国からの廉価な輸入品の増加によって，自らの勤務する工場で生産されている製品が売れなくなり，その結果，工場が閉鎖され，職を失うことへの怖れに結びつく可能性もあれば，薄給で長時間労働を強いられていることについての，経営者に対する怨嗟に結びつく可能性もある。「資本主義的生産システムの下で搾取されている労働者」という，戦闘的な労働組合活動に結びつくような集合的アイデンティティは，その者が置かれている社会構造上の位置から必然的に派生するものではなく，その者が潜在的には抱くことが可能な複数の集合的アイデンティティのなかから，何らかの社会的プロセスを経て，意識的に，あるいは無意識のうちに，選択されていくものなのである。

　J. グリーンによれば，こうした集合的アイデンティティと社会運動との関係には，3つのパターンを想定しうる（Green 1999: 154）。第1は，既にある範囲の人々の間で集合的アイデンティティが共有されており，その共有された集合的アイデンティティが社会運動の源泉となるというパターンであり，特定の教会に集う信者のような既に連帯関係にある人々が，何らかのきっかけで，一丸となって政治運動に関わるようになる場合などがそれに当たる。第2は，社会運動に関与するという経験の共有が，その関与者の間に特定の集合的アイデンティティを醸成するというパターンであり，集団示威運動のプロセスにおいて警察官から粗暴な扱いを受けたことが，その集団示威運動への参加者相互間に国家の権力機構に対する反感の共有をもたらし，ひいては自らを反権力集団として定義するに至る場合などがそれに該当する。第3は，既に社会運動参加者の間では共有されているもの，他の社会成員には認知されていない集合的アイデンティティに

対する社会的認知を獲得することが，社会運動の目的となるというパターンである。同性愛者が，自らの性的指向を，矯正すべき逸脱としてではなく，異性愛と等価の，許容されるべき個人的な嗜好として社会に認知させることを求めて展開する運動などがその例である。

　ところで，集合的アイデンティティが，社会構造もしくは社会階層のなかにおいて個々人が占める位置によって規定し尽くされるものではなく，社会的相互作用をとおして構築されるものであるとしたならば，それが，実際のところ，どのようにして構築されていくのかが解明されねばならない。それとともに，いったん構築された集合的アイデンティティが，融解してしまうことなく，ある程度の期間，共有され続けるとしたならば，それはどのようなプロセスをとおしてなのかも明らかにされる必要がある。そうした取り組みに際して鍵となる概念が，アイデンティティ・ワークである。

　アイデンティティ・ワークという概念を最初に用いたのは，D. スノウとL. アンダーソンである(Snow & Anderson 1987)が，それは，社会運動の分析とはまったく異なるコンテクストにおいてであった。すなわち，彼らは，路上で生活するホームレスの人々が，自らの現在の境遇や過去の経験，あるいはホームレスとなった経緯等について語る，その語りのなかに，社会の底辺に位置しながらも，なお自尊心を維持しようとする意図を読み取り，そうした自尊心の維持を意図した発話実践をアイデンティティ・ワークと名づけたのである。彼らによれば，ホームレスの人々のアイデンティティ・ワークには，自らと他のホームレスの人々との相違をことさらに強調する差異化の発話や，自らが近い将来に社会的に認知された職に就く可能性が高いことについての作り話等が含まれる。ホームレスの人々は，そうした発話実践を繰り返すことをとおして自らのイメージを操作し続けることによって，過酷な路上生活のなかで崩れてしまいそうな自尊心を，かろうじて維持しているのである。

　スノウとアンダーソンがこのように，個々のホームレスが自らの個としてのアイデンティティ（personal identity）を発話をとおして構築していく，その発話実践を指し示すものとしてアイデンティティ・ワークという語を

用いたのに対して，同じ語を，その構築主義的な含意は継承しつつ，集団がその集団としてのアイデンティティを構築し，維持していくための取り組みをも指し示す語として拡張的に使用したのが M. シュウォルブと D. メイソン−シュロックである(Schwalbe & Mason-Schrock 1996)。両者はまず，「人々が個人として，あるいは集合体として，自己あるいは他者に意味を付与するために行っているあらゆること」が「アイデンティティ・ワーク」であるという，彼ら自身によるこの語の定義を示す。そして，そうした「アイデンティティ・ワーク」のサブ・カテゴリーとして，「下位文化的アイデンティティ・ワーク(subcultural identity work)」を位置づける。彼らによれば，「下位文化的アイデンティティ・ワーク」とは，人々が共同して，自らがいかなる集団であるかを表象するシンボルや儀式と，それらをどのように用いるべきかについてのルールを形成したうえで，実際に様々な場でそれらを用いるとともに，それらが誤用されることがないよう監視していく集団的実践の総体を意味する。このような概念整理を行ったうえで，彼らは，彼らが言うところの「下位文化的アイデンティティ・ワーク」の実際を，複数の集団における実例を示しつつ描写している。

　このシュウォルブとメイソン−シュロックの研究を踏まえ，スノウもまた，アイデンティティ・ワークという語を，集団的実践をも包含するものとして再定義するとともに，社会運動の社会学にとってのこの概念の有用性を強調するに至っている。すなわち彼は，D. マッカダムとの共著論文(Snow & McAdam 2000)において，アイデンティティ・ワークという語は，社会運動のコンテクストにおいては，第1に，シンボルの創出等をとおしての特定の集合的アイデンティティの構築，第2に，その集合的アイデンティティの潜在的な社会運動参加者による共有の促進，そして第3に，構築された集合的アイデンティティそれ自体とそれが社会運動参加者によって共有されている状態の維持という，3種類の集団的実践を包摂するものとして用いるべきであると述べたうえで，第2の，集合的アイデンティティが潜在的な社会運動参加者によって受容されるプロセスの，細かな類型化を試みている。このスノウとマッカダムの共著論文の基底には，

集合的アイデンティティの共有が，社会運動の発生およびその継続の可能性を左右するという認識がある。そして，このいわば社会運動の死命を制する集合的アイデンティティの構築，共有，維持にかかわる，そうした意味において社会運動組織にとって避けては通れない課題として，アイデンティティ・ワークが位置づけられているのである。

　かくして社会運動の社会学に導入されたアイデンティティ・ワークという概念は，それ以降，頻繁に用いられるようになってきている。それらのアイデンティティ・ワークという概念を用いた研究には，スノウとマッカダムの共著論文の趣旨に沿って，社会運動組織が新たな参加者をリクルートしていくためには，あるいは，特定の社会運動への参加者が連帯感を共有し，社会運動組織としての凝集性を維持していくためには，どのようなアイデンティティ・ワークがどの程度効果的かという問題関心に基づいて，社会運動組織における実践を分析した研究も，もちろん含まれる(see, e.g. Kaminski & Taylor 2008; Roth 2008; Glass 2009; Gongaware 2012)。

　しかしながら，それに加えて，異端視されてきた社会運動組織が，その存在意義や正当性についての社会的認知を獲得するために，組織外部の人々の注目を集めるような場面において，組織としての集合的アイデンティティを戦略的に操作している実態を，アイデンティティ・ワークという語で捉えた研究(Dugan 2008)や，ナチス・ドイツ占領下のワルシャワにおいて，反ナチス組織に属するユダヤ人活動家が，処刑を免れ，組織としての活動を継続することを目的として，自らがユダヤ人であることを秘匿するために行った様々な試みを，アイデンティティ・ワークという語で捉えた研究(Einwohner 2006)なども見受けられる。また，社会運動の研究とは異なるコンテクストにおいても，たとえば，北西アフリカ諸国からフランスに移住した女性が，自らはどのような存在であり，どのような存在ではないかを，他者との会話のなかで提示していく，その方策を，アイデンティティ・ワークという語で捉えた研究(Killian & Johnson 2006)や，配偶者から暴行を受けた女性を受け容れるシェルターで働くボランティア・スタッフが，そこに逃れてきた女性に，家庭内暴力の被害者(battered woman)というアイデンティティを，対話をとおして受容させていくプロ

セスを，アイデンティティ・ワークという語で捉えた研究（Loseke 2001）などがある[11]。今日においては，アイデンティティ・ワークという概念は拡張的に使用されすぎ，その結果，社会現象の分析道具としての有用性を低下させているのではないかという疑念を免れない状況となっているようにも見受けられる。

　そのことを十分に認識したうえで，本書においては，集団もしくは諸個人が，集合的アイデンティティすなわち，自らがいかなる集団であるかについての自己定義の間主観的共有を促進するために，あるいは間主観的に共有された自己定義を維持していくために取り組む諸活動のみを，アイデンティティ・ワークという語で捉えることにしたい。

　以上をまとめるならば，ポスト資源動員論と総称される社会運動の社会学の近年における理論展開から，次の3つの示唆を得ることができる。第1に，ある範囲の人々の間で間主観的に共有された自らはいかなる集団であるかについての自己定義，すなわち集合的アイデンティティは，それらの人々が社会構造もしくは社会階層のなかにおいて占める位置を基礎として自然に発生するものではなく，ある種の社会的相互作用をとおして構築されるものである。それゆえ第2に，何らかの集合的アイデンティティが構築され，ある範囲の人々に受容され，さらには，そうした状態がある期間持続しているとしたならば，そこには，集合的アイデンティティを構築し，その受容を促進し，そしてまた，受容された集合的アイデンティティとそれが受容されている状態を維持していくための，集団的実践が観察されるはずであり，そうした集団的実践の総体を，アイデンティティ・ワークという語で捉えることができる。第3に，このアイデンティティ・ワークの成否が，社会運動の発生およびその継続の可能性を左右する。

　これらの示唆を踏まえてニセコ町まちづくり基本条例の読解を試みるこ

11　邦語文献としては，公立中学校の教員が，その職場において役割葛藤に直面しつつ，「自分は教師としてそれなりに仕事をやれている」という自己認識を達成していく，その方策をアイデンティティ・ワークとして捉えた中村（2015）がある。

とが，次節の課題である。

Ⅲ　条例による集合的アイデンティティの構築

　ニセコ町まちづくり基本条例は，1999年2月に，当時北海道大学教授であった木佐茂男が代表を務めていた，北海道内各地の自治体の職員の集まりである「札幌地方自治法研究会」の内部に立ち上げられた，「自治基本条例プロジェクト・チーム」によって，その原型となるものが作成された。この自治基本条例プロジェクト・チームが1年以上の期間をかけて討議を重ねたうえで，2000年6月に最終確定した「自治基本条例試案」[12]がそれである。この試案に，ニセコ町長の諮問機関である「ニセコ町広報広聴検討会議」，ニセコ町職員によって構成された庁内検討チーム，および，この庁内検討チームに町民を加えた町内検討チームにおける検討や，ニセコ町議会議員有志の勉強会，町民向けの「まちづくり基本条例案説明会」等をとおして，ニセコ町の条例としてふさわしい内容にするための修正が加えられ，ニセコ町としての条例案が策定された。そして，その条例案が，ニセコ町議会において可決され，ニセコ町まちづくり基本条例として成立したのは，2000年12月22日のことであった（木佐・逢坂編 2003）。

　こうして成立したニセコ町まちづくり基本条例は，前文および全45条からなるものであった。そして，前文を除く条例本体は，14章編成となっており，第1章「目的」（1条），第2章「まちづくりの基本原則」（2条～5条），第3章「情報共有の推進」（6条～9条），第4章「まちづくりへの参加の推進」（10条～13条），第5章「コミュニティ」（14条～16条），第6章「町の役割と責務」（17条～24条），第7章「まちづくりの協働過程」（25条～27条），第8章「財政」（28条～33条），第9章「評価」（34条～35条），第10章「町民投票制度」（36条～37条），第11章「連携」（38条～41条），第12章「条例制定等の手続」（42条），第13章「まちづくり基本条例の位置付け等」（43条～44条），第14章「この条例の検討及び見

12　木佐・逢坂編(2003)に「自治基本条例試案(Ver. 4.0)」が，「附属資料」として掲載されている。

直し」(45条)という章立てとなっていた[13]。

　制定当時には，「まちづくりの基本原則」として「情報共有」と「参加」
を掲げたことや，「満20歳未満の青少年及び子どもは，それぞれの年齢に
ふさわしいまちづくりに参加する権利を有する」という，未成年者にも市
政への参加を保障する規定を設けたことが話題となったが，この条例の制
定を，集合的アイデンティティの構築を企図したアイデンティティ・ワー
クとして捉えようとする観点からは，とりわけ重要なのは前文である。前
文については，自治基本条例プロジェクト・チームが作成した自治基本条
例試案においては，「詳細な文章を示すことは，よそ者が勝手に町の特性
をイメージするだけのものであり，条文化作業においてもいい影響を与え
ない」(木佐・逢坂編 2003: 95頁)という理由で，前文に盛り込むことが考
えられる事項として，「制定理由」，「町の特性」，および「町の目指す姿」
を列挙したうえで，それぞれについて簡単な文例を掲げるにとどまってい
た。そして，ニセコ町は，この文例にこだわることなく，独自の前文を作
成した。すなわち，ニセコ町としてのオリジナリティが最も強くあらわれ
ているのが前文なのである。それは，次のようなものである。

13　ちなみに，ニセコ町まちづくり基本条例は，制定以来，計4回改正されてい
　る。このうち，2006年3月の改正と2007年3月の改正は，地方自治法の改正を
　踏まえ，それにあわせた細かな文言の修正を施すだけのものであったが，2005
　年12月の改正と2010年3月の改正は，同条例の「町は，この条例の施行後4
　年を超えない期間ごとに，この条例がニセコ町にふさわしいものであり続けて
　いるかどうか等を検討するものとする」という規定(制定時の45条1項，2005
　年12月の改正以降は57条1項)に基づいて実施された，一般の町民から公募に
　よって選ばれた委員を含む検討委員会における検討の結果を踏まえた改正であ
　り，いくつかの新たな条項が付け加えられている。そのため，現在では，同条
　例は15章編成となり，前文と全57条の条文によって構成されている。なお，一
　般の町民から公募によって選ばれた委員を含む検討委員会による3度目の検討
　が，2013年から2014年にかけて行われているが，この時には，検討委員会が，
　同条例の改正は必要ない旨の答申を行ったため，追加的な改正は行われていな
　い。

第1章　自治基本条例というプロジェクト　23

　　ニセコ町は，先人の労苦の中で歴史を刻み，町を愛する多くの人々
　の英知に支えられて今日を迎えています。わたしたち町民は，この美
　しく厳しい自然と相互扶助の中で培われた風土や人の心を守り，育
　て，「住むことが誇りに思えるまち」をめざします。
　　まちづくりは，町民一人ひとりが自ら考え，行動することによる
　「自治」が基本です。わたしたち町民は「情報共有」の実践により，
　この自治が実現できることを学びました。
　　わたしたち町民は，ここにニセコ町のまちづくりの理念を明らかに
　し，日々の暮らしの中でよろこびを実感できるまちをつくるため，こ
　の条例を制定します。

　この前文の主語は「わたしたち町民」となっているが，当然のことなが
ら，ニセコ町民のすべてが，条例制定に直接に関わったわけではない。し
たがって，「わたしたち町民」を主語とするこの前文は，町長であった逢
坂誠二をはじめとする条例案の作成に関わった町職員や一部の町民，およ
びその条例案に賛成票を投じた町議会議員が思い描いた，「町民はこうあっ
て欲しい」という，あるべき町民の集合的アイデンティティを文章化した
ものとして理解すべきである。
　その，あるべき町民の集合的アイデンティティの中心的な要素は，「美
しく厳しい自然と相互扶助の中で培われた風土や人の心を守り，育て，『住
むことが誇りに思えるまち』」を創り出すことを目指して，そしてまた，
「日々の暮らしの中でよろこびを実感できるまち」を創り出すことを目指
して，すなわち「まちづくり」のために，「一人ひとりが自ら考え，行動
する」ことである。「まちづくり」のために「自ら考え，行動する」とは，
地域の公共的課題を自らの問題として受け止め，その公共的課題の解決の
ために，地域の政治や行政に積極的に関わっていくことを意味する。すな
わち，この前文には，地域の公共的事柄に積極的に関与していく，住民自
治の担い手としての町民の，集合的アイデンティティが提示されているの
である。
　あるべき町民のこうした集合的アイデンティティは，けっして古くから

24

ニセコ町民の間で共有されていたわけではない。そのことは，ニセコ町ま
ちづくり基本条例が制定される27年前の1973年11月に制定されたニセコ
町民憲章から，明確に読み取ることができる[14]。ニセコ町民憲章には，次
のように記されている。

　　私たちはニセコ町の自然を愛し，恵まれた大地で勤労と生産に励む
　日々を感謝しながら希望にみちた生活につとめ，より豊かな未来を作
　るために願いをこめてこの憲章を定めます。
　　一，自然を愛し住みよい環境をつくりましょう。
　　一，きまりを守り明るい社会をつくりましょう。
　　一，力を合わせ豊かな生産にはげみましょう。
　　一，健康で働き楽しい家庭をつくりましょう。

14　ニセコ町まちづくり基本条例の前文とニセコ町民憲章を対比させることに
　よって，前者の特色を明確化するという発想は，『ニセコ町まちづくり基本条
　例の手引き』において同様の対比がなされていることに着想を得ている。ただ
　し，『ニセコ町まちづくり基本条例の手引き』においては，ニセコ町まちづく
　り基本条例は，「理念，制度共に盛り込まれた総合的な条例であり，特にわた
　したち町民の権利を明示し保護する点」において，ニセコ町民憲章とは「性質
　を異にする」と述べられているのに対して，本書においては，ニセコ町まちづ
　くり基本条例もニセコ町民憲章も，その本質が，集合的アイデンティティの構
　築を企図したアイデンティティ・ワークである点において違いはなく，大きな
　違いは，町民に共有されるべきものとして掲げられている集合的アイデンティ
　ティの内実であるという認識に立脚している。なお，辻山幸宣は，「自治基本
　条例は，かつての市民間の約束事を列記した『市民憲章』とは異なり，分権型
　システムのもとでの法的な効力をも視野に入れたものでなければならない」と
　指摘しているが(辻山 2002: 54頁)，この辻山の指摘は，『ニセコ町まちづくり
　基本条例の手引き』が依拠している発想と同様の発想に基づくものである。松
　下啓一の，市民憲章と自治基本条例は，いずれも「市民の行動規範」を定め
　ている点においては重複する点があるが，自治基本条例には，「役所や議会が，
　その持てる権限や能力を発揮して，人々が幸せに暮らせる社会をつくるための
　ルール」や「市民の権利や各種手続」についても規定されている点において両
　者は異なるという指摘(松下啓一 2007a: 13-14頁)も同様である。

一，希望に生きるたくましい町民となりましょう。

　このニセコ町民憲章には，1973年の時点で，この憲章の作成に携わった人々が思い描いていた「私たち」すなわちニセコ町民のあるべき姿が，スローガンのかたちで提示されているが，それは，ニセコ町まちづくり基本条例の前文において描き出されているあるべき町民の姿とは，明らかに異なっている。すなわち，ニセコ町民憲章においては，自然を愛し，ルールを守り，生業に励み，家族を愛し，希望を持って生きることが，町民としてのあるべき姿として奨励されているが，そこには，そうした町民が町の政治や行政にどのように関わっていくべきなのかについては，何も示されていない。この何も示されていないという点に，町の政治や行政は町長，町議会議員，および町職員に任せておけばよく，一般の町民は，町長，町議会議員，および町職員がすることにむやみに容喙するよりもむしろ，各人の職分をまっとうすべきであるという発想を読み取ったとしても，それほど穿った読解とは言えないであろう。これに対して，ニセコ町まちづくり基本条例の前文においては，町の政治や行政に積極的に関わっていこうとする意欲を持ち，その意欲を具体的な行動に移していくことが，あるべき町民の姿として提示されている。この違いは，歴然たるものである。

　ニセコ町まちづくり基本条例において，「自ら考え，行動する」，住民自治の担い手としての町民という集合的アイデンティティが示されているのは，前文のみではない。「自ら考え，行動する」というフレーズは，2条において，「まちづくりは，自らが考え行動するという自治の理念を実現するため，わたしたち町民がまちづくりに関する情報を共有することを基本に進めなければならない」というかたちで，再び使用されている[15]。また，10条1項の「わたしたち町民は，まちづくりの主体であり，まちづくりに参加する権利を有する」という規定に含まれる「まちづくりの主体」

15　この規定は，「自治基本条例試案(Ver. 4.0)」では，「まちづくりは，町民と町とが一体となって進められるものであることを踏まえ，まちづくりに関する情報が共有されることが基本とされなければならない」となっていた。

という文言も，それ自体は自治基本条例プロジェクト・チームが作成した自治基本条例試案からそのまま引き継がれているものではあるが，前文を踏まえて読むならば，「自ら考え，行動する」，住民自治の担い手としての町民という集合的アイデンティティを含意しているものとして読解可能である。加えて，「わたしたち町民は，まちづくりの主体であることを認識し，総合的視点に立ち，まちづくりの活動において自らの発言と行動に責任を持たなければならない」と規定する12条や，「わたしたち町民は，まちづくりへの参加が自治を守り，進めるものであることを認識し，その拡充に努めるものとする」と規定する13条は，「自ら考え，行動する」ということの意味を，より詳しく述べたものであると理解することができる。

　さらに，通常の条例であれば「町民」という表現を用いるであろうと思われる箇所に，繰り返し「わたしたち町民」という表現を用いているのは[16]，町民に，この条例を，自分たちのものとして受け容れて欲しいという願望のあらわれであると理解することができる。そして，ニセコ町民がニセコ町まちづくり基本条例を，自分たちのものとして受け容れるということは，すなわち，「まちづくり」のために「自ら考え，行動する」，住民自治の主体という集合的アイデンティティを引き受けるということに他ならない。

　このように，ニセコ町まちづくり基本条例は「自ら考え，行動する」町民という集合的アイデンティティを力強く表明し，そうした集合的アイデンティティの受容を町民に求めるものであると考えるならば，「情報共有」と「参加」という2つの「まちづくりの基本原則」も，この条例のなかでは，「自ら考え，行動する」町民という集合的アイデンティティによって統合されているという理解が可能となる。「情報共有」すなわち「まちづくりに関する情報を共有すること」(同条例2条)は，「自ら考え，行動する」

16　ニセコ町まちづくり基本条例には，「わたしたち町民」というフレーズが，前文で2回，条文中で10回使用されている。これに対して，「自治基本条例試案(Ver. 4.0)」においては，「わたしたち町民」というフレーズは，目的規定において使用されているだけである。

ための前提条件であり、「参加」すなわち「町の仕事の企画立案，実施及び評価のそれぞれの過程」（同条例5条）に町民として関与することは、「自ら考え，行動する」という実践そのものに他ならない。自治基本条例プロジェクト・チームが作成した自治基本条例試案は、そこには含まれていなかった「自ら考え，行動する」町民という集合的アイデンティティを基軸として、構成し直されていると言ってよい[17]。

　この条例が、「わたしたちのまちの憲法」（木佐・逢坂編 2003）として町民に受け止められ、様々な場面において参照されるようになったならば、そこに示されている「自ら考え，行動する」町民という集合的アイデンティティは、次第に町民の多くに受容され、彼らの日常の行動に影響を及ぼしていくであろう。すなわち、町の政治や行政に積極的に関わっていこうという意欲を持ち、その意欲を具体的な行動に移していくことが自然なことと考えられるようになり、実際、そうした行動が多数現出するようになるであろう。そうした状況を作出することこそが、この条例の制定に際して意図されたことではなかったかと考えられる。この条例の制定が、集合的アイデンティティの構築を企図した、アイデンティティ・ワークとして理解できるというのは、そうした意味においてである。

　なお、敢えて付言するまでもないことではあるが、ある町の住民のすべてが、常に、自分は「自ら考え，行動する」町民であるという、あるい

17　ちなみに、ニセコ町職員として同町まちづくり基本条例案の作成作業に関わった福村一広は、同条例が制定された後に、「ニセコ町の基本条例は、住民に『責任を持って，考え行動すること』を求めて」おり、「その住民自らの活動を支えるため、住民との情報共有化や住民参加の基本原則、まちづくりに対する基本的な住民の権利を明確にしている」と書き記しているが（福村 2002: 109頁）、この叙述を素直に読めば、住民に「責任を持って，考え行動すること」を要請することこそが、ニセコ町まちづくり基本条例の制定意図であり、「情報共有」と「参加」という2つの「まちづくりの基本原則」は、この制定意図を実現するための手段的な位置に置かれているという理解が導かれる。すなわち、ニセコ町まちづくり基本条例の制定は、「自ら考え，行動する」町民という集合的アイデンティティの受容を町民に求めることを目的としていたという理解である。

は，そうでなければならないという意識を抱き続けるような状況は，想定し難い。そもそも，日常生活の多くの場面においては，特定の自治体の構成員であることよりもむしろ，家族の一員であることや企業の従業員であることをより強く意識し，家族の一員として，あるいは企業の従業員として求められる行動を選択しているのが，大多数の人々の実際の姿であり，そうした実状を大きく変化させることは，長期間にわたる洗脳でも行わない限りは不可能であろう。そのことを踏まえるならば，ニセコ町まちづくり基本条例の制定によって目指されたのは，すべてのニセコ町民が，自分は「自ら考え，行動する」ニセコ町民であるという意識を常に抱き続けるような状況を作出することではなく，ニセコ町民の各自が，町の政治や行政に関わることが要請されるような，あるいは期待されるような状況においては，自分は「自ら考え，行動する」ニセコ町民であるということを意識するような，そうした地域社会を形成することであったと想定すべきであろう。

　それとともに留意すべきなのは，この「自ら考え，行動する」町民という集合的アイデンティティは，ニセコ町まちづくり基本条例に突然にあらわれたものではないということである。1998年9月に制定されたニセコ町情報公開条例の前文に，既に，「まちづくりの基本は，その主体である私たち町民が自ら考え，行動することにあります」と謳われているし，このニセコ町情報公開条例の制定以降，逢坂は，繰り返し，「町民一人ひとりが自ら考え，行動する」ことの重要性を強調している（逢坂・高橋・千田 1999: 5頁; 逢坂 2000: 102頁）。また，いずれも1990年代から実施されている，町民と町職員との懇談のための「まちづくりトーク」や，町職員等が講師となり，町の行政の現状や課題等について町民に説明する「まちづくり町民講座」等（片山 2001: 10-14頁）も，「自ら考え，行動する」ことの大切さを町民に理解してもらうための取り組みとして理解することが可能である。

　そして，ニセコ町まちづくり基本条例が制定された後も，逢坂は，様々な場で，「町民一人ひとりが自ら考え，行動する」ことがニセコ町における自治の基本である旨を表明しているし（逢坂 2001: 79頁; 2002a: 51頁;

2002b: 23頁），ニセコ町では，町民に町の行政についての情報を提供するとともに，町の行政への参加を保障するための取り組みが，多彩に展開されている（山本契太2001a: 75-76頁；木佐・逢坂編2003: 141-157頁）。

これらの事実を踏まえるならば，ニセコ町まちづくり基本条例の制定は，ニセコ町民憲章に示されていたそれとは異なる，新たな集合的アイデンティティの構築に向けての第一歩ではなく，また，それ自体が完結した取り組みでもなく，1994年に逢坂が町長に就任して以来，そのリーダーシップの下で着々と進められてきた，新たな集合的アイデンティティの構築に向けての複合的な取り組みの一環であったと考えるべきであろう。

Ⅳ　法の構築作用とその活用

既述のとおり，ニセコ町まちづくり基本条例が制定されてから，同種の条例が全国各地の自治体で続々と制定されるようになった。そこで問題となるのが，それらの自治基本条例と総称される条例は，いずれも，ニセコ町まちづくり基本条例と同様に，新たな集合的アイデンティティの構築を企図したアイデンティティ・ワークとして捉えることができるのか否かである。

全国各地の自治体で制定されている自治基本条例のすべてについて，これまでニセコ町まちづくり基本条例を対象にして試みてきたのと同様の細かな読解を試みることは，本書の射程を大きく超える作業である。しかしながら，各地の自治体の自治基本条例の前文や条例全体の構成から判断する限り，そのほとんどは，新たな集合的アイデンティティの構築を企図したアイデンティティ・ワークとして捉えることができるように思われる。

多くの自治体の自治基本条例が前文を備えており，その前文には，地方自治の担い手は住民であることを確認し，強調する文言が含まれている。たとえば，清瀬市まちづくり基本条例は，その前文において，「わたしたち市民は，市民一人ひとりを大切にし，人と人とのつながりを育み，地域自治の担い手として市民と行政との協働によるまちづくりを行います」と宣言しているし，伊丹市まちづくり基本条例の前文には，「地方主権時代にふさわしい都市の豊かな個性や魅力を創出するとともに，すべての市民

が伊丹のまちに住むことを誇りとし，いきいきと活動でき，生きる喜びを共に感じられる成熟都市を創造して」いくことが求められているが，「その基盤は，自治の主権者である市民一人ひとりが市政に関心を持ち，自らの意思によってまちづくりに参加する，あるいは，自らがまちづくりの担い手となって活動するという，自主・自律の精神によってつくり上げる市民自治」にあることが謳われている。杉並区自治基本条例の前文では，「地域のことは，住民自らが責任を持って決めていくことが，自治の基本である」ことが確認されているし，多摩市自治基本条例の前文では，「私たちは，一人ひとりの人権を尊重しつつ責任を分かち合うとともに，誰もがまちづくりに参画することによって，私たちのまちの自治を推進し，それぞれの持つ個性や能力がまちづくりに発揮される地域社会の実現をめざし，ここに多摩市自治基本条例を制定します」という宣言がなされている。そして，いずれの条例も，これらの前文に続く条例本体に，自治体の行政過程への住民参加を保障する規定を盛り込んでいる。

　これらのことを踏まえるならば，各地の自治体における自治基本条例の制定もまた，その多くが，ニセコ町まちづくり基本条例の制定がそうであったのと同様に，地域の公共的事柄に積極的に関与していく，住民自治の担い手としての集合的アイデンティティを，住民相互の間主観的了解として構築することを企図した，アイデンティティ・ワークとして理解することができるのではないかと考えられるのである[18]。

　もちろん，条例に書き込まれていることを額面どおりに受け取ることに

18　提中富和と石井良一は，自治基本条例制定の原点は，「主権者である市民の自治体経営における主体性を覚醒させ確立するというところにあった」と述べている（提中・石井 2008: 41）。彼らの言うところの「主体性の覚醒」は，本書で住民自治の担い手としての集合的アイデンティティの共有として捉えている事態と，ほぼ同一であるように思われる。また，幸西大輔は，「自治基本条例は，地方自治に対する住民の意識の向上という役割を持って」おり，「自治基本条例の制定により，住民の自治意識が向上」するとともに，「政策を決定する過程での活発な住民参加により，政策の質的な向上が図られることも期待できる」と述べている（幸西 2007: 12）。幸西のこの指摘は，自治基本条例の制定

は，慎重でなければならないであろう。自治基本条例の制定がブームのような状況となるに伴って，何のために自治基本条例を制定するのかを深く考えることのないままに，ブームに乗って，他の自治体の事例を模倣して，安直に自治基本条例を制定した自治体もあらわれてきている可能性を否定しきれないからである。この点については，次章において，自治基本条例の全国各地の自治体への普及をもたらした要因について検討するなかで，改めて振り返るとともに，自治基本条例の制定は「何を目指したのか」ではなく「何をもたらしたのか」を検討する第5章においても，再度，検討の対象とすることになるであろう。

　ところで，条例という法形式が，新たな集合的アイデンティティを構築することを企図したアイデンティティ・ワークのために用いられていることは，すなわち，地方自治の現場において，法の構築作用が意識的に利用されているということに他ならない。

　法社会学においては，1980年代後半から，法の構築作用，すなわち，「法が，人びとの世界に対する見方を奥深いところで規定する作用を持つものであること」(佐藤岩夫 2003: 2頁)への関心が高まってきている[19]。ところが，法の構築作用について語られる場合，とりわけ我が国においては，合衆国において展開した批判法学(critical legal studies)の視角を継承し，現

目的ではなく，むしろ，自治基本条例を制定することの効果について述べたものであるが，多くの自治体の自治基本条例は，幸西が指摘するような効果を期待して制定されているとしたならば，それは，自治基本条例の制定は，その多くが，住民自治の担い手としての集合的アイデンティティを，住民相互の間主観的了解として構築することを企図した，アイデンティティ・ワークとして理解することができるということに他ならない。

[19]　G. リーチマンが「法の構成的な力(law's constitutive force)」という言葉で捉えているものや(Leachman 2013: 27)，L. エデルマン，G. リーチマン，およびD. マッカダムの共著論文において「法イデオロギーの構成的効果(constitutive effect of legal ideologies)」として言及されているもの(Edelman, Leachman & McAdam 2010: 662-663)は，こうした法の構築作用の全体もしくは一部である。

状維持的な構築作用を重視する傾向が圧倒的であったように思われる[20]。すなわち，法が，現にある社会秩序を，そこに内在している不平等や抑圧をも含めて，「自然」な，もしくは「必然的」なものとして描き出し，かつ，現にある社会秩序についてのそうした理解を，社会成員の意識のうちに，知らず知らずのうちに植えつけることによって，社会成員が根本的な社会変革の可能性を思い描くことを困難にしていることが，法の構築作用の核心として語られてきたように思われる（阿部昌樹 1994）。

　法がそうした現状維持的な構築作用を果たしうるものであり，また，現に果たしているであろうことは否定できない[21]。しかしながら，現状維持的な構築作用は，法が果たしうる構築作用のすべてではない。たとえば，M. マッキャンが，合衆国における男女間の賃金格差の是正をめぐる社会運動の研究をとおして明らかにしたことのひとつは，社会運動組織が，裁判をとおして，新たな権利主張に対する公的な認知を獲得することが，その社会運動に関与した人々がそれまで抱いていた社会や自己についてのイメージに変化をもたらし，そのことがさらなる社会運動の展開へとつながっていくという事実であった（McCann 1994）。それは，法の変化が，人々が抱く社会や自己についてのイメージの再構築と，その再構築された社会や自己についてのイメージを前提とした，新たな行動の創発を帰結するという，法の現状変革的な構築作用に他ならない。H. シルヴァースタインの動物の権利の確立を目指す社会運動の研究（Silverstein 1996）にも，同様の知見が示されている。

　また，マッキャンやシルヴァースタインの研究が，訴訟における権利言説の動員や，その権利言説の裁判所による公的な承認が果たす現状変革的

20　法の現状維持的な構築作用と，それに対する生活者の生活世界に定位した抵抗の実態との，法社会学における研究対象としての重要性を指摘した，我が国における先駆的著作として，和田（1996）を参照。

21　実は，ニセコ町まちづくり基本条例をはじめとする自治基本条例も，表層的なところでは現状変革的な構築作用を果たすことを指向しつつ，より深層的なところで，現状維持的な構築作用を果たしているのかもしれない。この点については，最終章である第6章で検討する。

な構築作用に焦点を合わせているのに対して，議会制定法が，その受益者の社会認識や自己認識に，現状変革的な構築作用を及ぼすことを指摘した研究として，合衆国連邦議会が1990年に制定した障碍を有するアメリカ人法(Americans with Disabilities Act = ADA)が，障碍を有する人々に何をもたらしたのかを，それらの人々への丹念な聞き取り調査に基づいて分析した，D. エンゲルとF. マンガーの著作が重要である(Engel & Munger 2003)。エンゲルとマンガーが調査対象とした人々は，ADAが彼らに与えた法的権利の実現を主張して訴訟を提起するといった，法制度に直接に関わった経験を有しているわけではない。しかしながら，それらの人々の多くは，ADAの施行を契機として，職場や学校での彼らの処遇のされ方が変わり，また，より多くのチャンスが与えられるようになり，その結果，障碍を負い目と感じることが少なくなり，かつてよりも肯定的な社会認識や自己認識を抱くようになったと感じている。すなわち，ADAは，障碍を有する人々の社会認識や自己認識に，現状変革的な構築作用を及ぼしたのである。そして，エンゲルとマンガーによれば，ADAのそうした効果は，同法の制定を推進した人々がまさに意図したものであった。

ニセコ町をはじめとする各地の自治体における自治基本条例の制定の取り組みも，それが，そこに示された通りの集合的アイデンティティの構築を帰結したならば，こうした法の現状変革的な構築作用の例証となりうるであろう。ただし，制定意図と制定されたことの効果とは，必ずしも一致するとは限らない。この点に関しては，I. コスティナーの指摘が重要である。

コスティナーは，社会運動に関与する人々が法による社会変化の可能性について語るその語りからは，「法による社会変化」とは何を意味するかについての，3つの異なる理解を読み取ることができるという(Kostiner 2003)。法が，社会的弱者に，仕事，安全な生活，質の高い教育等の具体的な便益をもたらすことを，法による社会変化と見なす「道具的(instrumental)」な理解と，法が，社会的弱者の政治的な発言力ないしは影響力を高めることを，法による社会変化と見なす「政治的(political)」な理解と，法が，社会的弱者のみならず，すべての人々の，それまで自明

視されていたものの見方に変化をもたらすことを，法による社会変化と見なす「文化的(cultural)」な理解の3つである。コスティナーは，道具的に理解された法による社会変化よりも，政治的に理解された法による社会変化の方が，そしてそれよりもさらに，文化的に理解された法による社会変化の方が，より実現困難であり，それゆえに，法による社会変化を道具的に理解している者よりも，政治的に理解している者の方が，そしてそれよりもさらに，文化的に理解している者の方が，法による社会変化の可能性について懐疑的であることを指摘している。

　自治基本条例の制定の取り組みが，すべての住民の社会認識や自己認識に対して現状変革的な構築作用を及ぼすことを企図したものであるとすれば，それは，このコスティナーの分析にしたがうならば，法による社会変化の最も険しい道に挑む試みであるということになる。それゆえ，その試みが全面的に成功を収める可能性は，きわめて低いと考えるべきであるということになるはずである。もちろん，全面的な成功は不可能であるとしても，エンゲルとマンガーの研究(Engel & Munger 2003)が示しているとおり，そうした試みがある範囲で功を奏する可能性は，皆無ではない。法の現状変革的な構築作用を活用することを企図して制定された法が，想定された効果を，どのような条件が充たされたときに，どの範囲で発現するかは，未だ十分に解明されていない，経験的探究に開かれた問題であると考えるべきであろう。そうした認識に基づいて，本書においては，法による集合的アイデンティティの構築を目指した自治基本条例というプロジェクトが，実際のところ，それぞれの地域にどのような変化をもたらしたのかを，第5章で分析する。

V　もうひとつのアイデンティティ・ワーク

　以上本章においては，主としてニセコ町まちづくり基本条例に焦点を合わせて，自治基本条例の制定は，集合的アイデンティティの構築を企図したアイデンティティ・ワークとして捉えることができることを示してきた。ここで確認しておく必要があるのは，ニセコ町まちづくり基本条例には，既に述べたように，「わたしたち町民」というフレーズが繰り返し

用いられているが，この条例においては，「町民」という語は，定義されることなしに用いられていることである[22]。これは，「町民」がどの範囲の人々を意味しているかは，自明であると考えられていたからではないかと推測される。その範囲とは，すなわち，地方自治法10条1項の「市町村の区域内に住所を有する者は，当該市町村及びこれを包括する都道府県の住民とする」という規定に基づいて，ニセコ町の「住民」とされる人々の範囲である。こうした推測は，『ニセコ町まちづくり基本条例の手引き』において，しばしば，「町民」という語と「住民」という語が互換的に用いられていることからも，その妥当性が確認できる。ニセコ町の区域内に住所を有する者が，ニセコ町まちづくり基本条例が「町民」という語で包括している人々なのである。そして，そうであるとしたならば，アイデンティティ・ワークの対象として想定されていたのもまた，ニセコ町の区域内に住所を有する人々であったと考えることができる。

　これに対して，後続する自治基本条例のなかには，「市民」，「区民」，「町民」，「村民」といった語を，地方自治法上の「住民」とは異なった意味を有するものとして，明確にその旨を定義したうえで用いるものが少なくない。

　その嚆矢が，杉並区自治基本条例である[23]。ニセコ町まちづくり基本条例が制定されてからおよそ2年後の2002年11月29日に制定された，全国で初めて「自治基本条例」という名称を採用したこの条例は，2条に定義規定を設けており，そのなかで，「区民」とは「区内に住み，働き，又は学ぶ人をいう」という定義を示している。この定義に従うならば，地方自治法上の「住民」すなわち杉並区内に住所を有する者に加えて，住所は杉並区外にあるが，杉並区内に通勤している者や通学している者も，杉並区自治基本条例上は，杉並区民としての扱いを受けることになる。もちろん，それは，あらゆる側面において，通勤者や通学者も，狭い意味での住

22　そもそも，ニセコ町まちづくり基本条例には，定義規定は設けられていない。

23　杉並区自治基本条例の制定経緯に関しては，田丸(2003)を参照。

民と同等の扱いを受けるという趣旨ではない。たとえば，杉並区自治基本条例には，住民投票に関する規定が設けられているが，そこには，「区に住所を有する年齢満18年以上の規則で定める者は，規則で定めるところにより区政の重要事項について，その総数の50分の1以上の者の連署をもって，その代表者から区長に対して住民投票を請求することができる」と規定されており(27条1項)，通勤者や通学者には，住民投票の実施を請求する資格はないことが明示されている。しかしながら，「区民は，区政に参画する権利及び区政に関する情報を知る権利を有する」（4条1項）といった一般的な規定は，通勤者や通学者に対しても，狭い意味での住民に対してと同様に適用されることになる。

　この杉並区自治基本条例の制定を契機として，以後，同様に，「市民」，「区民」，「町民」，「村民」といった語を，地方自治法上の「住民」よりも広い範囲の人々を指し示す語として用いる自治基本条例の制定が相次ぐこととなった。加えて，それらの後続する自治体の自治基本条例の多くにおいては，自然人のみならず，法人もまた，その自治体の区域内で事業を営んでいる限りにおいては，「市民」，「区民」，「町民」，あるいは「村民」として扱われることが，明示されるようになった[24]。

　例えば，篠山市自治基本条例は，2条1号において「市民」を「市内に居住する者，市内で働く者，学ぶ者，活動するもの及び市内で事業を営むものをいう」と定義したうえで，10条で，そのように定義された「市民」に，「まちづくりに参画する権利」と「まちづくりに関する情報について，その提供を受け，又は自ら取得する権利」を保障している。「活動する者」および「事業を営む者」ではなく「活動するもの」および「事業を営むもの」と表記されているのは，法人も含むという趣旨である。また，三春町町民自治基本条例は，2条1号において「町民」を「三春町内に在住，在学又は在勤する個人若しくは三春町内に事務所を有する法人その他の団体」と定義したうえで，11条で，そのように定義された「町民」

24　各地の自治基本条例において，「市民」等の語がどのように定義されているかを概観した文献として，土山(2015)がある。

に，「まちづくりのあらゆる過程において，自らの考えを述べるとともに，主体的にまちづくりに参画する権利」と「議会及び町が保有するまちづくりに関する情報について，その提供を受け，自ら取得する権利」を保障している。大玉村自治基本条例も，3条1号において「村民」を「大玉村に在住，在勤する個人及び村内に事務所又は事業所を有する法人，その他の団体をいう」と定義したうえで，7条1項で，そのように定義された「村民」に，「村政に参加する権利及び村政に関する情報を知る権利」を保障している。

　このように「市民」等の語を拡張的に定義した意図について，例えば，篠山市自治基本条例の逐条解説においては，「地域社会が抱えるさまざまな課題の解決やまちづくりを進めていくためには，篠山市に関係する幅広い人々が力を合わせていくことが必要であるとの認識に基づくものです」と説明されている。おそらくは，同様の認識が，杉並区をはじめとして，自治基本条例において「市民」等の語を拡張的に定義した自治体の多くに共有されているのではないかと推測される。川崎市長として同市における自治基本条例の制定を先導した阿部孝夫は，同市自治基本条例3条1号において，「市民」という語が，「本市の区域内に住所を有する人，本市の区域内で働き，若しくは学ぶ人又は本市の区域内において事業活動その他の活動を行う人若しくは団体」を意味するものであると定義されていることに言及したうえで，「市民の範囲を広げて定義しているのは，川崎という地域社会において，課題を解決しまちづくりを進めて行くためには，多様な主体が力を合わせていくことが不可欠だからである」と述べているが(阿部孝夫 2013: 18頁)，この言明と篠山市自治基本条例の逐条解説における説明との間に，異なるところはない[25]。

　こうした言明されている意図をも考慮しつつ，自治基本条例の制定を，集合的アイデンティティの構築を企図したアイデンティティ・ワークとして捉える本書の視点から，「市民」等の語の拡張的な定義を捉え直すなら

---

[25]　自治基本条例において「市民」等の語を拡張的に定義することの意義や可能性について検討している文献として，富野(2002)がある。

ば，「市民」等の語の拡張的な定義は，集合的アイデンティティを共有すべき人々の範囲を確定し直す試みであると理解することができる。

V. テイラーとN. ウィッティアは，集合的アイデンティティの構築について理解するために重要な概念として，「境界(boundaries)」，「意識(consciousness)」，および「交渉(negotiation)」の3つを挙げている。境界とは，「我々」とそれ以外の者との区分を，意識とは「我々」が共有すべきものの見方や考え方を，交渉とは，「我々」に対して敵対的な環境において，「我々」以外の者に「我々」の存在を肯定させていくための取り組みを意味する(Taylor & Whittier 1992: 110-121)。テイラー等が提示しているこれらの概念を用いるならば，ニセコ町まちづくり基本条例においては，町民とそうでない者とを区分する「境界」を再構築することは想定されておらず，もっぱら「意識」の再構築が企図されているのに対して，杉並区自治基本条例を嚆矢とする「市民」等の語を拡張的に定義している各地の自治体の自治基本条例は，「意識」とともに「境界」をも再構築しようとする試みであると考えることができる。そして，S. ロスが指摘しているとおり，「境界」の再構築も，アイデンティティ・ワークの一類型に他ならない(Roth 2008: 213-214)。

しかしながら，J. ジャスパーが指摘しているとおり，既に「我々」としての一体感をある程度まで共有している人々に働きかけて，「我々」とはどのような集団なのかについての認識の変容を促すよりも，「我々」としての一体感を有してはいない人々に働きかけて，「我々」としての一体感の共有を促すことの方が，困難の度合いは高い(Jasper 2014: 113-114)。たとえば，1950年代の合衆国において展開した，人種間平等の推進を要求する公民権運動の初期において，南部の各地で黒人による大規模な集団行動が行われたのは，公民権運動を主導した団体が，特定のキリスト教会に集う，既に「我々」としてのかなり強固な一体感を共有している人々に働きかけ，人種間不平等の是正に努めることもキリスト者としての「我々」が果たすべき役割であるという意識を共有させることに成功したからであり，キリスト者である「我々」としての一体感があらかじめ存在していなかったならば，集団行動への多くの人々の動員は，はるかに困難であった

はずであると言われている(Friedman & McAdam 1992: 162-163)。

　このことを，自治基本条例の制定という取り組みに敷衍するならば，自治基本条例において「市民」等の語を拡張的に定義している各地の自治体は，それまでは「我々」としての一体感を有してはいなかったと想定される人々にも，「我々」としての一体感の共有を促す取り組みを含んでいるという点において，ニセコ町よりも困難な課題に挑んでいることになる。この点については，指摘するにとどめざるを得ないが，多くの自治体が，自治基本条例において「市民」等の語を拡張的に定義していることの含意については，第6章において改めて言及することになるであろう。

第2章　自治基本条例の普及とその背景

Ⅰ　自治基本条例の普及

　北海道ニセコ町において同町まちづくり基本条例が2000年12月22日に制定されてから，同種の条例が，各地の自治体で続々と制定されるようになった。自治基本条例と総称されるそれらの条例は，いずれも，「参加」，「協働」，「情報共有」等の，それぞれの地域における自治のあり方を規律すべき基本理念や基本原則を宣言したうえで，自治の主体としての住民が有する，自治体の行財政運営に参加する権利を明示し，それとあわせて，住民，地域の事業者，首長，自治体職員，議会，議員等が自治体の行財政運営に関与するに際して果たすべき基本的な責務を定めるとともに，広範かつ多様な住民参加を前提として遂行される自治体の行財政運営の骨格を示すことを，その主たる内容としている。

　広域自治体でこの種の条例を既に施行しているのは神奈川県のみであるが，基礎自治体レベルでは，既に300を超える市区町村が，同種の条例を施行している。ある条例が自治基本条例に該当するかどうかを判断するための，確立した基準が存在するわけではないため，どの自治体のどの条例を自治基本条例に含めるかについては判断が分かれうるが[1]，控え目に見積

1　例えば，広域自治体レベルでは，北海道行政基本条例が2002年10月10日に制定され，同年10月18日に施行されているが，この条例を自治基本条例のひとつと見なすべきか否かについては，判断が分かれうる。全国各地の自治体の自治基本条例の網羅的収集に努めている特定非営利活動法人公共政策研究所のウェブサイトに掲載されている「全国の自治基本条例一覧」（http://koukyou-

もっても，ニセコ町まちづくり基本条例が施行されてから15年が経過した2016年4月1日現在で，355の市区町村で自治基本条例が施行されていた[2]。この時点における市区町村の数は，市が790，特別区が23，町が746，村が183の計1,742であるから，全市区町村の20.4％で自治基本条例が施行されていたことになる。各年4月1日現在における自治基本条例施行済み市区町村数が，図2－1に示したとおりである[3]。

---

seisaku.com/policy3.html）には，北海道行政基本条例も掲載されている。その一方で，例えば神原勝は，この条例を自治基本条例とは見なしていない。神原によれば，自治基本条例は，「『自治体の運営』の全体に関して，その理念，原則，制度を定めるもの」であるのに対して，行政基本条例は，「『行政の運営』にかかわる事項に対象を限定」したものであり（神原 2002: 174頁），北海道行政基本条例は後者である。実際，北海道行政基本条例には，同条例が，北海道における自治の基本を定めるものではなく，あくまでも，「道の行政運営に関し，基本的な理念及び原則を定め，並びに知事及び職員の責務等を明らかにすることにより，地方分権の進展に対応した主体的な道政運営を確立するとともに，道民の信頼にこたえる道政を実現し，もって道民の福祉の向上を図ることを目的」としたものであることが，その目的規定である1条に明記されており，その文言からは，この条例とは別に，「行政運営」に対象を限定しない，より広い意味での「自治」に関する基本条例を後日制定することを予定していると解しうる。なお，北海道行政基本条例の制定の経緯やその評価に関しては，神原編(2003)を参照。

2　特定非営利活動法人公共政策研究所のウェブサイトに掲載されている「全国の自治基本条例一覧」（前掲注 (1)）による。

3　この図に示されている単年度施行数とは，前年度の4月2日から当該年度の4月1日までの間に施行された数である。なお，この表は，特定非営利活動法人公共政策研究所のウェブサイトに掲載されている「全国の自治基本条例一覧」（前掲注 (1)）を基礎とし，この「一覧」には掲載されていない，市町村合併によって失効した自治基本条例の数を合算して作成したものである。合算に際しては，施行された時点で単年度施行数と施行済み市区町村数のそれぞれに1を加え，失効した時点で施行済み市区町村数から1を除くという扱いをした。例えば，2002年6月1日に施行された生野町まちづくり基本条例は，同町が2005年4月1日に山東町，朝来町，和田山町と合併して朝来市となったことにより，その時点で失効しているが，この場合，特定非営利活動法人公共政

図2－1　自治基本条例施行済み市区町村数の推移

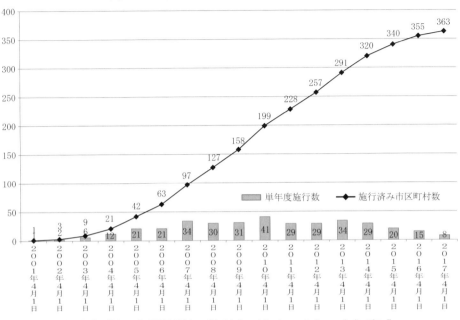

〔出所〕特定非営利活動法人公共政策研究所ウェブサイト(http://koukyou-seisaku.com/policy3.html)
掲載のデータに基づいて筆者作成

　この間、同種の条例を制定すべきことを市区町村に求める、中央府省からの働きかけはまったくなかった。すなわち、自治基本条例はもっぱら、それぞれの市区町村の主体的判断に基づいて制定されてきたのである。そのことを踏まえるならば、15年間で全国の市区町村の2割以上で自治基本条例が制定されたという事実は、この条例の普及の順調さを示していると

策研究所の「一覧」から算出された2003年4月1日現在の単年度施行数および施行済み市区町村数のそれぞれに1を加え、2005年4月1日現在の施行済み市区町村数から1を除くという扱いをしている。同様の扱いをした条例が、他にも、菊池市まちづくり基本条例(2003年4月1日施行、2005年3月22日失効)、浜北市市民基本条例(2003年7月1日施行、2005年7月1日失効)等、10条例ある。

考えてよいであろう[4]。

　このことは，情報公開条例の自治体間における普及の初期段階と比較すると，より明確となる。

　情報公開は，多くの自治体が条例によってそれを制度化した後に，国の情報公開法すなわち行政機関の保有する情報の公開に関する法律が制定されていることから，「国の介入が遅かった政策」に分類され（伊藤修一郎2002: 93頁），国の介入以前には，自治体間における比較的緩やかな普及が観察されている。その情報公開の条例による制度化が最初に行われたのは，山形県金山町においてであり，1982年4月1日に施行された同町公文書公開条例が，我が国で最初の情報公開条例である。情報公開法が施行されたのは1999年4月1日であるから，自治体における情報公開の法的制度化は，国におけるそれに17年先行していたことになる。

　その金山町公文書公開条例が施行されてからの，情報公開条例公布済み市区町村数の推移は，図2－2に示したとおりである。金山町公文書公開条例の施行から15年が経過した1997年4月1日の時点で情報公開条例を公布済みの市区町村数は，328であった（久保田2009: 88頁）[5]。この数は，上記の，ニセコ町まちづくり基本条例が施行されてから15年が経過した

4　伊藤修一郎によれば，ある種の政策の策定を自治体に促すような国の介入があると，各自治体は他の自治体に遅れまいと，急いで同種の政策を策定し，その結果，急速に政策の普及が進行するのに対し，国の介入がない場合には，自治体間における政策の普及は，より緩慢となる（伊藤修一郎2002: 47，275-276頁）。また，伊藤のこの指摘を踏まえて，金井利之は，未だ全国の市区町村における自治基本条例の制定総数が30に満たなかった時点で，国の介入がない状況での，「純粋に自治体からの内発的な展開」として進行している自治基本条例の普及を，「比較的に大きな広がり」をもったものと評価している（金井2004: 38頁）。

5　ちなみに，同じ1997年4月1日の時点で情報公開条例を公布済みであった都道府県は44であり（久保田2009: 88頁），全都道府県のおよそ94%にあたる。市区町村による制定が先行している自治基本条例とは対照的に，情報公開条例は，都道府県レベルでの普及が市区町村レベルにおけるそれに先行していたことがわかる。

時点において自治基本条例を施行していた市区町村数の355とほぼ一致する。しかしながら，いわゆる平成の大合併が本格化する以前の1997年4月1日の時点における市区町村数は，市が670，特別区が23，町が1,994，村が568の計3,255であり，したがって，この時点における，全市区町村中に占める情報公開条例公布済み市区町村の割合は10.9%となる。この数値と，2016年4月1日時点で自治基本条例を施行していた市区町村の全市区町村中に占める割合である20.4%を比較すると，最初の条例の施行から15年間という期間に限って見るならば，自治基本条例は，情報公開条例よりも，はるかに順調に普及していると言うことができる。

しかも，自治基本条例に関しては，ただ単に中央府省からその制定を求める自治体に対する働きかけがなかっただけではなく，その制定にとって

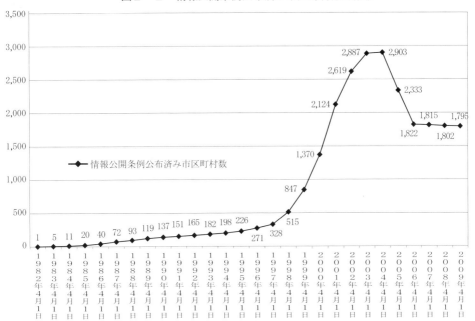

図2-2　情報公開条例公布済み市区町村数の推移

［出所］久保田（2009:88頁）掲載のデータに基づいて筆者作成

は明らかに逆風となるような2つのタイプの批判が展開されてきたことを看過すべきではない。ひとつは，法理論的な批判であり，もうひとつはイデオロギー的な批判である[6]。

　これまでに全国各地で制定されている自治基本条例のほとんどは，住民は自治体の行政過程に参加する権利等を有する旨を規定した条項を含んではいるものの，それらの条項においては，例えば，ニセコ町まちづくり基本条例10条1項の「わたしたち町民は，まちづくりの主体であり，まちづくりに参加する権利を有する」という規定がそうであるように，住民の権利は，抽象的かつ一般的に規定されているにすぎない。したがって，少なくとも現在の我が国の裁判実務を前提とする限り，自治体の行財政運営が自治基本条例の特定の条項に違反していることを理由として，住民がその行財政運営の是正を求めて行政訴訟を提起したとしても，その請求を裁判所が認容することは想定し難い。

　前章において述べたように，ニセコ町まちづくり基本条例の制定過程においては，同条例の制定によって，直ちに何かが変わることはないが，同条例が町民に保障している権利を町長や町役場が侵害するような事態が発生したときには，町民が自らの権利を町長や町役場に対して主張する法的根拠として，同条例が威力を発揮することになるという説明がなされていた。しかしながら，同条例によって保障されている権利が侵害されていることを主張する住民が，その権利侵害の是正を求めて裁判所に提訴した場合に，裁判所がその請求を認めるような判決を下す可能性は，きわめて低いと考えざるを得ないのである。そもそも，自治基本条例は，その条文の書きぶりから判断する限り，将来的に裁判規範として機能することを想定して制定されたものとは見なし難く，そうした意味で，法規性の希薄な条例であると判断せざるを得ないのである(鈴木庸夫 2001: 163頁；山口道昭 2011: 131頁)。

　法理論的な批判はまず，このように自治基本条例が法規性の希薄な条例であることを問題視する。すなわち，「条例は本来，住民の権利義務にか

6　自治基本条例に対する批判の概観として，田中(2012: 59-63頁)を参照。

かわりのある法規の定立形式」であるにもかかわらず，法規すなわち裁判をとおして実現可能な権利義務を定立するためではなく，もっぱら「自治行政の基本理念とか基本方針を強く打ち出すため」に条例を制定することは，「条例形式」の「濫用」であり，「条例一般の法規性を希薄にする」ような事態を招きかねないという批判である（原田尚彦 2005: 157頁）[7]。

　さらに，自治基本条例を「わたしたちのまちの憲法」と位置づけ（木佐・逢坂編 2003），それがあたかも自治体の存立基盤であるかのように語ることに対しても，その法理論的な難点が指摘されている。すなわち，「日本の地方公共団体は，憲法及び法律によってその存立の基礎，権限等が与えられているものであって，憲法―法律以外のものをその存立の基礎としたり，その行使する権限の拠所とするというような制度は採用されていない」という指摘である（松永 1997: 228頁）。

　これらはいずれも，条例とはそもそもいかなるものであるべきなのかについての特定の法理論的立場からの批判であり，この立場から見るならば，自治基本条例は，それを制定することの意義が疑わしい，条例らしからざる条例であるということになる。

7　原田尚彦は，地方自治に関わる法制度の概説書において，2000年代のはじめから，自治体が法規性の希薄な条例を制定することへの批判を展開していたが（原田尚彦 2001: 159頁; 2003: 166-167頁），2005年に出版されたその改訂版においては，自治基本条例を明示するかたちで，同様の批判を繰り返している（原田尚彦 2005: 157頁）。また，自治体が法規性の希薄な条例を制定することに対しては，川崎政司も，直接的に自治基本条例に言及しているわけではないが，厳しい批判を展開している。川崎によれば，「条例も法の形式を用いるにたる内容のものでなければならず，条例のすべての規定がそうである必要はないとしても，そこで定められる内容は，名宛人が誰であろうと，少なくとも一定の行為・判断・評価などをするよう何らかの形で指示・拘束し，あるいはその準則となるような規範的要素を含んでいることが求められ」る。それゆえ，「願い，思い，理想，姿勢，理念などを語るばかりで，規範性がほとんどない条例はやはり問題があるといわざるを得ない」のであり，「条例をアピールの手段としたり，理想をぶち上げるためだけの条例を制定するというのは，条例の形式の濫用という批判を免れることはできない」（川崎 2013: 153頁）。

これに対して，イデオロギー的な批判はまず，自治基本条例の全国各地の自治体への普及を推進しようとしている人々のなかに，左翼系ないしは労働組合系であると見なしうる人々が多く含まれていることに批判の矛先を向ける。すなわち，自治基本条例は，左翼系ないしは労働組合系の人々によって制定が推進されているがゆえに，その内容を詳細に吟味するまでもなく，その普及が，左翼系ないしは労働組合系の勢力の伸張につながる可能性を胚胎していることに，警戒を持って臨まなければならないという主張である[8]。こうした普及推進主体の出自を問題視する主張は，左翼勢力や労働組合に対する警戒感が強い保守的な地域においては，それだけで，自治基本条例の制定に対して抑制的な作用を及ぼしうる。

　イデオロギー的な批判はさらに，全国各地の自治体で制定されている自治基本条例の多くが，前章において述べたように，「市民」，「区民」，「町民」，あるいは「村民」という語を拡張的に定義し，住民のみならず，通勤者や通学者にも自治体の行政過程に参加する権利を認めていることを問題視する。すなわち，「市民」等の語を拡張的に使用することは，本来の住民を軽視し，それ以外の人々の意思に自治体の行財政運営を従属させることにつながるという批判である（村田 2014: 59頁）。加えて，いくつかの自治基本条例に，自治体の特定の施策の是非を問う住民投票を実施する際には，外国人住民にも投票資格を認める趣旨の規定が含まれていることも，外国人参政権の承認に途を開く可能性を含んでいるとして，批判の対象となる（自由民主党政務調査会 2012: 5頁；村田 2014: 60-61頁）。

　さらに，いくつかの市区町村の自治本条例には，その市区町村の審議会等の委員の一部を住民等から公募する趣旨の規定が含まれていることが，

8　典型的なものとして，村田（2014）および八木（2011）。また，自由民主党政務調査会が作成した政策文書には，「各地方自治体の『自治基本条例』はパターン化しているものが多く，背後に何らかの組織的動きがあることも懸念される」という記述があるが，この政策文書全体を読むと，「組織的動き」という文言で表現されているのは，全国自治団体労働組合（自治労）が，全国各地の自治体における自治基本条例の制定を後押ししていることであることがわかる（自由民主党政務調査会 2012）。

「特定の政治勢力が，組織的ないし意識的に『公募市民』となって自治体の運営を牛耳ること」を可能とするものであるとして批判される（八木 2011: 161頁）。また，自治基本条例の制定を唱道する人々はしばしば，自治体の存立は住民からの「信託」を基礎としており，自治基本条例の制定はそのことを確認する取り組みであると主張するが[9]，そうした主張は，地方自治が日本国憲法によって保障されたものであることと相容れない，誤った政治理論に依拠したものであるという批判もなされている（自由民主党政務調査会 2012: 3頁；八木 2011: 155-157頁）[10]。

このような批判が展開されているにもかかわらず，自治基本条例が全国の市区町村に順調に普及し続けていることは，説明を要する事態であると言わなければならないであろう。

Ⅱ　低コストの政策

はじめに指摘しておかなければならないことは，自治基本条例は低コストの政策であるということである。

自治体が策定し，実施する様々な政策のコストは，二つの観点から考察

9　自治体の存立は住民からの信託を基礎としているという認識に基づいて，自治基本条例を制定することの意義を論じたものとして，松下圭一（2002）と辻山（2002）がある。松下圭一によれば，自治基本条例には，「自治体機構は市民の『信託』による可変・可謬の政府機構であることを，国レベルの政府について『日本国憲法』が「信託」として明示しているのと同じく，はっきり明示する必要がある」（松下圭一 2002: 18頁）。辻山幸宣もまた，松下の考え方に賛同しつつ，自治基本条例は，「われわれが自治体政府に対して信託している内容を明示」するために制定されるべきものであると論じている（辻山 2002: 51頁）。自治基本条例に対するイデオロギー的な批判を展開する論者がしばしば槍玉に挙げるのが，松下や辻山のこうした主張である。なお，松下圭一が，自治体の正統性は住民からの信託に基礎づけられるものであるという「機構信託論」を展開した初期の著作として，松下圭一（1975）を参照。

10　この最後の批判は，地方自治の法的根拠は何かという法理論的な問いと密接に関連しており，それゆえ，上記の，自治基本条例を自治体の存立基盤であるかのように語ることに対する法理論的な批判と連接する。

することができる。ひとつは、その政策の策定および実施に要する予算の多寡であり、もうひとつは、その政策が実施された場合に地域社会の様々な構成員が被ることになる負担の多寡である。自治体の執行機関もしくは行政組織の視点から見るならば、前者を「内的コスト」、後者を「外的コスト」と呼ぶことができる。自治基本条例は、内的コストも外的コストもいずれも低い、あるいは少なくとも一見したところは低いと想定される政策であり、そのことが、自治基本条例の全国の市区町村への順調な普及を下支えしている、看過し得ない要因であると考えられるのである。

　まず内的コストに関してであるが、いかなる条例であれ、条例の制定それ自体は、新たな公共施設の建設や社会福祉的な給付事業の拡充と比較するならば、さほどの予算を使わずに行うことができる。自治体職員が、ルーティン・ワークの合間に立案作業を行うならば、追加コストはゼロに近くなるし、条例に盛り込むべき事項を検討するための公募の市民委員を含む審議会や市民会議を組織したり、条例制定への気運を盛り上げるためのシンポジウムや公聴会等をかなりの頻度で開催したりしたとしても、そのために要する費用は、巨大な公共施設を建設するために要する費用と比較するならば、けっして多額にはならない。

　この点に関して参考になるのが、2004年10月に自治基本条例を制定した大和市の経験である。大和市では、メンバーの大半を一般市民からの公募で集めた「自治基本条例をつくる会」が中心となって、2002年度から2004年度にわたり、足かけ3年をかけて自治基本条例案の立案作業を行っている。「自治基本条例をつくる会」は、全体会議と部会を含めて計119回の会合をもつとともに、メンバーではない市民との意見交換会を63回開催した。意見交換会に参加した市民は、延べ1,000人を超えるという。大和市が、この大がかりな取り組みのために計上した予算は、2002年度が258万8,000円、2003年度が862万3,000円、2004年度が364万7,000円の、計1,485万8,000円であった。「自治基本条例をつくる会」の市民メンバーには報酬は支払われていないため、計上した予算額が最も高額になっているのは「自治基本条例をつくる会」の進行を委託したファシリテーターへの業務委託費であり、それが予算総額の70%以上を占めている（大和市企

画部編 2005: 21, 39, 102 頁）。ただし，この金額には，「自治基本条例をつくる会」の職員メンバーないしは事務局として自治基本条例案の立案作業に関与した職員の給与は含まれていない。したがって，職員の給与を含む自治基本条例の制定に要した総費用は，この金額よりもかなり多額となるはずである。しかしながら，それでも，単年度の一般会計予算が 600 億円程度の市の事業としては，けっして高額なものとは言えないであろう。

　もちろん，制定した条例は施行しなければならず，施行にもまた費用を要する。しかしながら，自治基本条例の場合，施行に要する費用も，それほど高額にはならない。既に制定されている自治基本条例を見ると，そこに具体的な施策として規定されているもののなかには，情報公開や事務事業評価など，既にその自治基本条例を制定した自治体では実施済みのものも含まれている。それらを継続して実施し続けるのであれば，追加的な支出は発生しない。また，自治基本条例の制定によって，首長，職員，議員等は，そこに規定された自治の基本理念や基本原則に則り，同じくそこに規定されたそれぞれの責務を忠実に果たすことが求められることになるが，それは，それらの者への追加的な報酬を伴うものではない。結局のところ，自治基本条例の施行に要する新規の支出は，それまでは実施しておらず，自治基本条例によってはじめて制度化された住民参加の手続を実施するための費用等の，ごくわずかなものに限られることになる[11]。

11　自治基本条例に規定されている住民参加の仕組みのなかで，その実施に最も多額の支出を伴うのは，住民投票である。しかしながら，たとえ自治基本条例によって，個別の対象案件ごとに実施条例を制定することを要しない，いわゆる常設型の住民投票制度を創設したとしても，その結果として，直ちに住民投票を実施する必要が生じるわけではない。住民投票は，いざというときのための最後の手段として，換言するならば，滅多には使わない制度として制度化されるのであり，その実施に要する費用を，自治基本条例の施行に要する費用と考えることは適当ではない。実際，これまでに，自治基本条例に基づいて住民投票が実施された例はない。ちなみに，松下啓一は，住民投票は，その実施に要する莫大な経費ゆえに，実際には「ほとんど使えない制度」であり，したがって，住民投票に関する規定が設けられているか否かや，自治体が住民投票を実施しなければならない要件がどの程度緩やかなものとされているか等に

こうした内的コストの低さに加えて，自治基本条例は，その実施に伴って，住民や地域で事業を営む事業者のすべてもしくは一部が大きな負担を被ることはないという意味で，外的コストも低廉な政策である。

　一般論として，例えば，地域の環境を保全するために工場の操業を規制する政策のように，地域社会のすべての構成員に広く便益をもたらす一方で，地域社会の特定の構成員に大きな負担を課すような政策は，その政策が実施されることによって負担を被ることになる者からの強い反対が予想されるため，制度化することが著しく困難である[12]。また，都市計画や景観保全の観点からの建築規制のように，地域の土地所有者すべてに，自らが所有する土地を利用する，その利用方法に関して制約を課す政策も，その制約が厳しいものであれば反対を招来しやすく，それゆえ，制度化は困難である。

　それに対して，自治基本条例は，地域社会の特定の構成員に重い負担を課すような政策ではない。大多数の自治体の自治基本条例が，住民や事業者の責務を定める規定を設けているが，そこに規定されている責務は，「主体的かつ積極的にまちづくりに取り組む責務」，「自らの行動や発言に責任を持つ責務」，「地域の環境に配慮する責務」，「公益的な活動に協力する責務」といった抽象的なものであり，それらの責務を負う者に，具体的な費用の負担や行動の制約を意識させるようなものではない。しかも，それらの責務は，あくまでも努力義務であり，その履行を怠ったとしても，何らかの法的な制裁を科されることはない。自治基本条例に含まれる住民等の責務を規定する条項のこうした性格は，自治基本条例は法規性の希薄な条例であるという先述の批判の論拠のひとつとなっているが，そうした法規性の希薄さは，すなわち，外的コストの低さということに他ならない。そして，そうした外的コストの低さは，自治基本条例の制定に際して大きな

　よって，各自治体の自治基本条例を評価するのは誤りであると指摘している（松下啓一 2007a: 188 頁）。

12　そうした「費用集中・便益分散型」の政策の条例による制度化が試みられた事例の分析として，阿部昌樹（2002; 41-83 頁）。

反対の声が巻き起こるという事態は，先に述べたイデオロギー的な批判が盛り上がらない限りは起こり得ず，それゆえに，自治基本条例は，地域社会に軋轢を生じさせることなく制定可能であるということを含意している[13]。

　自治基本条例が，このように内的コストも外的コストも，ともに低廉な政策であることは，自らのイニシアティブで新たな政策を形成したいと考える自治体の首長や，選挙に際して住民に示すマニフェストに新たな政策を掲げたいと考える首長候補者にとって，自治基本条例を，きわめて魅力ある政策としている。多くの自治体において，財政状況の厳しさゆえに，内的コストの高い新政策を立案し，実施することが著しく困難となっていることは，改めて指摘するまでもないであろう。新たな政策の立案に着手するとすれば，それは，内的コストの低い政策でなければならない。選挙に際して住民に示すマニフェストに掲げる政策にしても，それが十分なリアリティを有するものとして受け止められるために

13　松下啓一によれば，様々なタイプの条例のうちで最も制定が困難なのは，「相手方がいて，相手に負担を求めるような条例」であるが，自治基本条例は，「内容が抽象的で，この条例で不利益を被る人はほとんどいないから，条例そのものに関しては強い反対運動はおこら」ず，「それゆえ，首長と議会が合意すれば簡単に成功することができる」（松下啓一 2007a: 6頁）。ただし，イデオロギー的な批判の盛り上がりゆえに，自治基本条例の制定が頓挫するということは起こりうる。たとえば，高崎市では，2008年度に市役所内に自治基本条例制定検討委員会を設置して以来，ほぼ3年間かけて自治基本条例の制定に取り組み，その間，市民アンケートの実施，市民委員会の設置，タウンミーティングの開催等を実施してきたが，その過程でイデオロギー的な批判が強まり，とりわけ自治基本条例素案を対象として実施したパブリック・コメントにおいて多数の批判的意見が寄せられたことから，市議会議員の間に慎重論が強まり，条例案の市議会への上程を断念する結果となった。そして，その後，自治基本条例の制定を推進した市長が高齢を理由に引退し，それに伴って市長が交代したことなどもあり，今日に至るまで，高崎市では自治基本条例は制定されていない。

は，やはり，内的コストの低いものであることが求められる[14]。また，外的コストの高い政策は，たとえ内的コストは低くても，それを提案するやいなや強力な反対に直面することが予想されるために，現職の首長も首長候補者も，それを提案することを躊躇せざるを得ない。かくして，内的コストも外的コストもともに低廉な政策である自治基本条例の制定が，魅力的な政策オプションとなる。

実際に，これまでに制定された自治基本条例の，その制定経緯を見ると，首長のイニシアティブによって制定作業が始まっているケースが多い。自治基本条例の制定経緯や施行状況の全般的な傾向を把握することを目的として，2012年1月に，その当時既に自治基本条例を制定していた市区町村を対象として実施した「自治基本条例の制定経緯および施行状況に関する自治体アンケート調査」[15]には，自治基本条例が制定されることとなったそもそものきっかけを尋ねる設問が含まれているが，この設問に対する回答の分布は，表2－1に示したとおりである。

「首長の就任後の施政方針」という回答が最も多く，「首長の選挙中の公約」という回答がこれに次いでいる。この両者をあわせると，有効回答の半数を上回る。これに対して，自治基本条例制定のそもそものきっかけが「議員からの要望・提案」であったと回答している市区町村は5.0%，「職員からの提案」であったと回答している市区町村は2.2%，「市民団体・自治

14　この点に関して，田中孝男の次のような指摘を参照。「地方財政の悪化あるいは厳しさに伴い，自治体は，公共事業の削減に象徴されるように，財政（カネ又は札束）で色付けをした政策を採りにくくなっている。公共事業や箱物（施設）の整備よりはカネがかからないという発想の下，『条例の制定』というものを，公職の候補者がその選挙公約として掲げる場面が格段に増えてきた」（田中 2007: 119頁）。

15　2011年10月現在で自治基本条例を制定済みであった225の市区町村の自治基本条例所管課宛に調査票を郵送し，143の市区町村から回答を得ている。この調査の概要および調査結果の単純集計については，阿部昌樹（2013）を参照されたい。なお，本書においては，この調査を「自治体アンケート調査」と略称する。

第2章　自治基本条例の普及とその背景　55

表2－1　自治基本条例制定のきっかけ

	度数	%	有効%
首長の選挙中の公約	30	21.0	21.6
首長の就任後の施政方針	40	28.0	28.8
議員からの要望・提案	7	4.9	5.0
職員からの提案	3	2.1	2.2
総合計画における位置づけ	22	15.4	15.8
審議会や委員会の答申や提案	5	3.5	3.6
市民団体・自治会・NPOからの要望・提案	4	2.8	2.9
合併協議に際しての提案	10	7.0	7.2
その他	18	12.6	13.0
無回答	4	2.8	—
合計	143	100.0	100.0

〔出所〕自治体アンケート調査

会・NPOからの要望・提案」であったと回答している市区町村は2.9%で
あり，首長以外の者が自治基本条例制定のきっかけを作出したケースは，
少数にとどまっている。なお，3番目に多いのは，「総合計画における位
置づけ」という回答であり，このことは，まずは，行政過程への住民参加
を推進するために自治基本条例を制定するといった記述が総合計画に盛り
込まれ，それを踏まえて自治基本条例が制定された市区町村も少なくない
ことを示している。総合計画にそうした記述を盛り込むことを提案したの
が誰であったのかは，この「自治体アンケート調査」への回答からは明ら
かではないが，たとえそれが，職員や議員，あるいは住民であったとして
も，この「総合計画における位置づけ」という回答に，「議員からの要望・
提案」であったという回答，「職員からの提案」であったという回答，お
よび「市民団体・自治会・NPOからの要望・提案」であったという回答
を合算しても，有効回答の25.9%に過ぎない。

　多くの自治体においては，自治基本条例は，まずは，首長や選挙に臨む
首長候補者によって提案されているのであり，このことは，首長や首長候
補者にとって，自治基本条例の制定は，魅力的な政策であることを示して
いる。そして，自治基本条例の制定を首長や首長候補者にとって魅力的な
政策としている看過し得ない理由として，自治基本条例が低コストの政策

であるという事実を指摘できる[16]。すなわち，自治基本条例は低コストの政策であるがゆえに，多くの首長や首長候補者によって取り上げられ，そのことが，自治基本条例の順調な普及をもたらしていると考えられるのである[17]。

もっとも，たとえ自治基本条例が低コストの政策であったとしても，その必要性が希薄であり，提案したとしても，どこからも支持を得られないような政策であれば，首長や首長候補者は，敢えて自治基本条例の制定を提案しようとはしないであろう。低コストであるということは，それだけでは，自治基本条例を他の諸政策と比較してみた場合に，自治基本条例以外の諸政策に関しては，その普及の障害となっている重大な要因が，自治基本条例に関しては欠落しているというだけのことである。低コストであることが，それだけで，自治基本条例の普及を推し進めているとは考え難いのである。

自治基本条例の普及の推力は，別のところに求めなければならない。その推力とは，地域社会における《公共的なるもの》のあり方の再構築が求められているという状況認識である。

前章において，自治基本条例の制定は，地域の公共的事柄に積極的に関与していく，住民自治の担い手としての集合的アイデンティティを，住民相互の間主観的了解として構築することを企図した，アイデンティティ・

16　藤島光雄は，自治体の財政状況の悪化を背景として，「首長の選挙の際の公約」に自治基本条例の制定が掲げられ，その実行として，あるいは，「安上がりの自治体の周年・記念事業として」，自治基本条例の制定に取り組む自治体も少なからずあると指摘している(藤島 2011: 145頁)。

17　ちなみに，伊藤修一郎は，「対立的(再分配・規制)政策の波及速度は，非対立的(分配・制度改変)政策の波及よりも遅い」という仮説を呈示している(伊藤修一郎 2002: 50頁)。この仮説は，もっぱら，政策の実施に伴って地域社会の構成員が被る負担すなわち政策の外的コストに焦点を合わせたものである。しかしながら，政策の波及速度は，外的コストの多寡だけではなく，内的コストの多寡によっても左右されると考えられる。例えば，いわゆる「バラマキ型」の公共事業のような高額の財政支出を伴う分配政策は，とりわけ多くの自治体の財政が逼迫している状況においては，速やかには普及しないであろう。

ワークとして理解することができるという認識を示した。地域社会における《公共的なるもの》のあり方の再構築とは、そうした新たな集合的アイデンティティを共有した住民が、これまで以上に重要な役割を担うように、地域社会における《公共的なるもの》を組み換えていくということに他ならない。そうした意味での地域社会における《公共的なるもの》のあり方の再構築が必要であるという状況認識を、首長や首長候補者自身が抱いていることや、同様の状況認識を住民の多くが共有しており、それゆえに、そうした認識にかなった政策を提案することが、自らに対する住民の支持の拡大につながると首長や首長候補者が考えていることが、自治基本条例の普及の推力となっていると推測されるのである。

Ⅲ 《公共的なるもの》の再構築

　地域社会における《公共的なるもの》のあり方の再構築が求められているという状況認識は、相互に関連し合う3つの認識に分節可能である。地方分権の進展に関連したもの、地方財政の逼迫に関連したもの、そして、住民の意識の変化に関連したものの3つである。

　第1の地方分権の進展に関連した認識とは、地方分権が進展し、自治体の行財政運営に対する中央府省の関与が縮減するに伴い、自治体が自己決定可能な事項が拡大するが、この拡充された団体自治を活かしていくためには、地域社会における《公共的なるもの》のあり方を再構築する必要があるという認識である。この文脈における《公共的なるもの》のあり方の再構築とは、住民自治の充実強化ということに他ならない。すなわち、拡充された団体自治が、首長、職員、および議員の恣意的な判断によって誤ったかたちで行使されないようにするためには、自治体の行財政運営に対する住民の関与の度合いを高め、地域社会の民意が自治体の行財政運営に反映する、その精度を高めていかなければならない。そして、そのためには、自治体の行財政運営への住民参加のための種々の仕組みを制度化するとともに、それらを体系的に整序する必要があるし、また、広範かつ多様な住民参加を伴う行財政運営に対応可能なように、職員の意識の転換を図って

いく必要もある[18]。そしてさらには，住民に，種々の住民参加の仕組みを，積極的に活用してもらうようにしなければならない。自治基本条例の制定は，そうした取り組みとして位置づけられることになる[19]。

　第2の，地方財政の逼迫に関連した認識とは，今日の地方財政の窮状や，少子高齢化の進行に伴って今後より深刻化することが確実な地方財政の硬直化を前提とするならば，地域社会に公共サービスを提供する役割の大きな部分を，自治体の行政組織がこれまでどおりに担い続けることは不可能であり，それゆえに，住民や地域において事業を営む事業者等が，《公共的なるもの》の担い手として従来以上に大きな役割を演じるように，地域社会におけるアクター相互間の役割分担の転換を図っていく必要があるという認識である。この文脈における《公共的なるもの》のあり方の再構築とは，公共サービスの供給者としての役割の再配分を意味する。自治基本条例は，この公共サービスの供給者としての役割の再配分をいかに実現していくかを示す基本文書として，その必要性が強調されることになる。それゆえに，住民が共有すべき，地域の公共的事柄に積極的に関与していく，住民自治の担い手としての集合的アイデンティティは，自治体の行財政運営に積極的に参加していくことへの意欲とともに，自治体の行政組織がこれまでどおりには担いきれなくなった公共サービスの供給者としての役割を，少なくとも部分的には自ら引き受けていく意欲をも内包するものとして，その構築が目指されることになる。「協働」という語が用いられるのは，主としてこの文脈においてである[20]。

18　原田晃樹と松村亨は，「機関委任事務に慣れ親しんできた自治体職員の意識改革」の必要性を，自治基本条例の制定が要請される理由の1つとして指摘している（原田晃樹・松村 2005: 49, 52頁）。

19　自治基本条例の制定は，分権改革の進展による団体自治の拡充に対応した，住民自治の拡充を目指す自治体の自己改革の試みであるという理解は，多くの論者によって示されている。例えば，金井 (2004)，賀来 (2005)，幸西 (2007) 等を参照。

20　名和田是彦の，「自治基本条例というのは，地方分権改革によって自立を求められた自治体が，バブル経済崩壊以降の不況，財政危機，格差の拡大といっ

第2章　自治基本条例の普及とその背景　59

　第3の，住民の意識の変化に関連した認識とは，地域社会における《公共的なるもの》に積極的に関与したいという意識が住民の間で高まってきており，そのことに対応した地域社会における《公共的なるもの》のあり方の再構築が要請されているという認識である。すなわち，「1995年に発生した阪神・淡路大震災でのボランティア活動や1998年の特定非営利活動促進法の制定をきっかけとして社会貢献意識が高まり，まちづくりに参画する市民や市民活動団体が急増した」ことの結果として，地域社会において「公共的な役割を担う主体が多様化」し，それゆえに，「各主体の共通目標となるまちづくりの基本理念，地域における役割分担，市民参画のルール」を明確化する必要性が高まってきているという認識（渡邊博子 2005: 46頁）がそれである[21]。この認識を基盤とするならば，《公共的なるもの》に積極的に関与したいという住民の思いに十全に応えられるように自治体の行財政運営を改革していくために，そしてまた，いかなる仕組みを通して《公共的なるもの》への関与が可能であるかを住民に一覧性のあるかたちで示すために，自治基本条例の制定が求められることになる。換言するならば，地域の公共的な事柄に積極的に関与していく，住民自治の担い手としての集合的アイデンティティは，既に多くの住民に共有されており，自治基本条例の制定は，それ自体としては，新たな集合的アイデンティティを構築することを目指した取り組みとしてよりも，むしろ，既に

た厳しい時代状況を意識しつつ，今後の自治体運営の基本姿勢を宣言し，市民全体で共有する，という趣旨のものだということができよう」という指摘（名和田 2007: 31頁）を参照。金井利之も，自治基本条例の多くが，「協働」を自治の基本原則ないしは基本理念として掲げているのは，「自治体政府の外部の地域社会の自治資源」を今後はより一層活用するという趣旨であり，そこには，「分権改革ではあまり税財政の充実が進まなかったこと，あるいは，近い将来に税財源が縮減しうること」の認識が反映されていると指摘している（金井: 2004: 46頁）。

21　神奈川県自治総合研究センターが2004年に公表した調査報告書においても，「住民の自治体運営に対する参加と自己決定の要請が強まってきていること」が，「自治基本条例の必要性を支える重要な要素」として挙げられている（神奈川県自治総合研究センター 2004: 5頁）。

多くの住民が内面化しているアイデンティティに公的な，そしてまた法的な承認を付与するための取り組みとして重要であるというのが，この第3の認識である。

この第3の認識が正鵠を射たものであるとしたならば，自治基本条例の制定は，アイデンティティ・ワークとしては難度の低いものであるということになる。前章において，アイデンティティ・ワークという語は，集団もしくは諸個人が，集合的アイデンティティ，すなわち，自らがいかなる集団であるかについての自己定義の共有を促進するために，あるいは共有された自己定義を維持していくために取り組む諸活動を指し示す語として用いるべきことを示したが，第3の認識を前提とするならば，自治基本条例の制定をとおして実践されるアイデンティティ・ワークは，住民相互間で既に間主観的に共有されている自己定義を維持していくことを主眼としたものであるということになる。そうした取り組みは，新たな自己定義の間主観的共有を促進することと比較するならば，格段に容易であると考えられる。

この点で参考になるのが，本書が依拠している集合的アイデンティティやアイデンティティ・ワークという概念を彫琢してきた，ポスト資源動員論と総称される社会運動の社会学のなかで展開されている「フレーム (frame)」に関する議論である。

フレームとは，人々が自らの生活空間やより大きな世界で生起する出来事を見出し，知覚し，識別し，分類することを可能にする解釈図式を意味する (Snow, Rockford, Worden & Benford 1986: 464) [22]。どのようなフレームに依拠するかによって，出来事の意味は異なってくるし，それゆえに，その出来事に対する適切な反応も異なってくる。例えば，同性間の婚姻が認められないことは，あるフレームに依拠するならば，自然の摂理に従った当然のことであり，異議申立の対象とはなり得ないのに対して，別のフレームに依拠するならば，性的指向の相違を根拠とした許すべからざる差別で

22　スノウらのこうした「フレーム」の定義は，Goffman (1974)に依拠したものである。

あり，是正のための行動を起こすべき不正義であるということになる。

　そのようなフレーム概念に依拠した観点からすると，社会運動組織がその潜在的支持者の運動への動員に成功するのは，社会運動組織が唱道するフレームを，潜在的支持者が受容し，自らのものとした時であるが，社会運動組織が唱道するフレームの潜在的支持者による受容可能性は，いくつかの要因によって左右される[23]。しかしながら，潜在的支持者の一部が，社会運動組織が唱道するフレームを，その社会運動組織からの働きかけを受ける以前から既に共有しているならば，受容可能性を論じるまでもなく，それらの者が運動へと動員される可能性は高い。例えば，ある社会問題の是正に取り組む社会運動組織が唱道するフレームと同様のフレームをとおして世界を理解し，それゆえに，そこに存在する問題を是正する必要性を感じていたにもかかわらず，そのために行動する機会に恵まれていなかった者は，その社会運動組織がそうした機会を提供しさえすれば，積極的にその機会を利用し，その社会運動組織が期待するような行動を起こす可能性が高い[24]。

　そして，集合的アイデンティティとは，自らがいかなる存在であるかについての間主観的に共有された認識であるとしたならば，それはすなわち，特定のフレームに依拠した「自己」についての理解に他ならない[25]。それゆえ，ある集合的アイデンティティが受容されるかどうかについての検討には，あるフレームが受容されるかどうかをめぐって展開されてきた議論が，ほぼそのまま妥当するはずである。そうであるとしたならば，ある社会運動組織が唱道する集合的アイデンティティを，既に自らのアイデンティティとして内面化している諸個人は，その社会運動組織に活動の

23　社会運動組織が唱道するフレームの，潜在的支持者による受容可能性を左右する要因を検討した研究として，Snow & Benford (1988; 1992)を参照。

24　スノウらは，こうした状況における社会運動組織から潜在的支持者への働きかけを，フレームの架橋(frame bridging)と呼んでいる(Snow, Rockford, Worden & Benford 1986: 467-469)。

25　川北稔の「集合的アイデンティティの概念は，『自己』に関するフレームを意味している」という指摘(川北 2004: 61頁)を参照。

きっかけを与えられさえすれば，ほとんど抵抗なしに，その社会運動組織の活動に参加していくであろうという推測が成り立つ。

このことを，自治基本条例の制定と結びつけるならば，多くの住民が，地域の公共的事柄に積極的に関与していく，住民自治の担い手としての集合的アイデンティティを，既に間主観的に共有しているとしたならば，自治基本条例の制定は，多くの住民に，自らの自己認識を公的に，かつ法的に承認する取り組みとして肯定的に受け止められ，そうした取り組みの必要性を訴える首長や首長候補者は，多くの住民から支持を調達できるはずである。そして，自治基本条例が制定されたならば，住民は，それによって制度化された地域の公共的事柄に関与する機会を，最大限に活用するはずであるという予測が成り立つことになる。

しかしながら，実際のところは，地域社会における《公共的なるもの》に積極的に関与したいという意識が住民の間で高まってきているという認識は，それほど盤石なものとは見なし難い。いわゆる第一次分権改革によって機関委任事務制度が廃止されたことに伴い，条例制定権や法令の自主解釈権等が拡充されるかたちで，自治体が自ら決定しうる事項が拡大したことは確かであり，この拡充した自己決定権を賢明に行使していくための仕組みの構築が各自治体に求められていることもまた，疑いのないところである。地方財政が逼迫の度合いを高めており，それゆえに，地域社会における公共サービスの供給者としての役割の再配分が不可避の要請となっているという認識も，また然りである。それに対して，住民の意識の変化が地域社会における《公共的なるもの》のあり方の再構築を要請しているという認識は，確固たる事実に支えられたものであるとは言い難いのである。

Ⅳ　住民意識の現状

特定非営利活動促進法別表に掲げられた，「保健，医療又は福祉の増進を図る活動」，「社会教育の推進を図る活動」，「まちづくりの推進を図る活動」等に，同法2条1項でいうところの「不特定かつ多数のものの利益の増進に寄与することを目的」として取り組むために，同法に基づいて法人

格を取得した特定非営利活動法人の数を，《公共的なるもの》に積極的に関与したいという思いが人々の間に共有されている，その程度を示す指標と見なすならば，そうした思いの共有の度合いは，高い水準にあると言うことができる。

すなわち，図2−3に示したように，1998年3月に制定された特定非営利活動促進法[26]が同年12月に施行されてから2012年末までは，同法に基づいて法人格を取得した特定非営利活動法人の数はコンスタントに増え続け，その総数は，2012年末には40,000を超えた。その後は，解散する特定

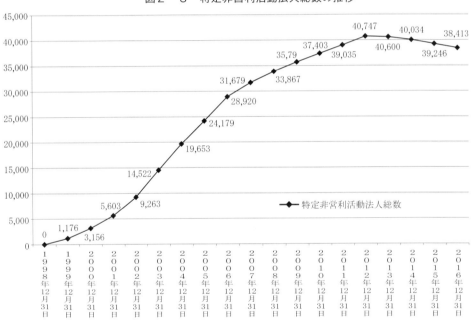

図2−3　特定非営利活動法人総数の推移

［出所］内閣府NPOホームページ（http://www.npo-homepage.go.jp/）掲載のデータに基づいて筆者作成

26　特定非営利活動促進法の制定過程に関しては，谷(1999)，初谷(2001)，小島(2003)を参照。

非営利活動法人の数が，新たに特定非営利活動法人としての法人格を取得する団体の数を上回るという状態が続いており，その結果，特定非営利活動法人の総数は微減傾向にあるものの，未だ全国で38,000以上の特定非営利活動法人が存在している。もちろん，現存する特定非営利活動法人のなかには，《公共的なるもの》への関与を目的として設立されたとは見なし難いものも含まれているし[27]，半ば休眠状態にあるものも少なくない。しかしながら，特定非営利活動法人の圧倒的多数が《公共的なるもの》への関与を目的として設立され，実際にそうした活動を行っていることは疑いようのない事実である。それゆえ，そうした特定非営利活動法人の数が，特定非営利活動促進法の施行後急激に増加し，今日でも大きくは減少していないことに，《公共的なるもの》に積極的に関与したいという思いの広がりを読み取ることは，けっして誤りとは言えないであろう。

　《公共的なるもの》に積極的に関与したいという思いの広がりは，内閣府が定期的に実施している「社会意識に関する世論調査」への回答傾向の，経年的な変化からも読み取ることができる。この調査には，「あなたは，日頃，社会の一員として，何か社会のために役立ちたいと思っていますか，それとも，あまりそのようなことは考えていませんか」という社会への貢献意識を問う質問項目が含まれているが，図2－4に示したように，この質問に「何か社会のために役立ちたいと思っている」と答えた回答者の割合は，全国各地の市区町村で自治基本条例が相次いで制定されるようになった2000年代中盤以降は，59％代から69％代で推移しており，最近の2017年1月の調査でも，65.4％の回答者が「何か社会のために役立ちたいと思っている」と回答している。この数値は，1970年代後半から1980年代中盤までの数値と比較するならば，かなり高い水準にあると言うことができる。

　そしてさらには，いくつかの自治体における自治基本条例の制定経緯のレポートからも，《公共的なるもの》に積極的に関与したいという住民の思

27　そうした特定非営利活動促進法の悪用事例に関して，阿部昌樹（2007: 81-82頁）を参照。

第2章　自治基本条例の普及とその背景　65

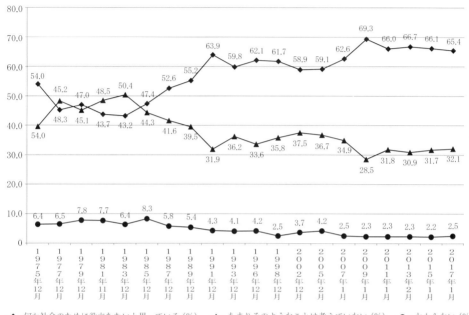

図2－4　社会への貢献意識の推移

〔出所〕内閣府世論調査ウェブサイト（https://survey.gov-online.go.jp/）掲載のデータに基づいて筆者作成

いの強さが伝わってくる。大和市においては，メンバーの大半を公募に応じた一般市民が占める「自治基本条例をつくる会」が，全体会議と部会を含めて計119回の会合をもつとともに，メンバー以外の市民との意見交換会を63回開催したうえで自治基本条例素案を作成したことは，既に言及したとおりである。この大和市の事例に加えて，公募に応じた60名以上の一般市民によって構成される「市民自治基本条例をつくる会」が，市とパートナーシップ協定を締結したうえで，「市民自治基本条例案提言書」を作成した多摩市の事例[28]や，総合計画の策定に関わった市民の一部が，

28　多摩市の事例については，岩永（2002）を参照。

自治体の行政部局からの呼びかけを待つことなく自主的に「自治基本条例をつくるみたか市民の会」を結成し，「自治基本条例試案」を作成した三鷹市の事例[29]などからも，主体的かつ積極的に《公共的なるもの》に関わっていこうとする住民の，熱い思いを読み取ることができる。

　その一方で，しかし，《公共的なるもの》に積極的に関与したいという意識は，自治基本条例の制定を要請するようなものとしては，住民の間でそれほど広範には共有されていないのではないかという疑念につながるような事実も少なくない。そうした事実としてまず挙げられるべきは，既に述べたように，多くの自治体においては，自治基本条例の制定に向けての取り組みが，住民からの要請を受けてではなく，首長のイニシアティブによってはじめられていることである。表２－１に示したように，「自治体アンケート調査」において，自治基本条例が制定されたそもそものきっかけは「市民団体・自治会・NPOからの要望・提案」であったと回答している市区町村は，有効回答総数の３％に満たない。市民の自発的な取り組みがまずあって，それに自治体の行政部局が応答することによって自治基本条例が制定された三鷹市の事例は，例外的なものにとどまっているのである。

　それに加えて，かなり古いデータではあるが，神奈川県自治総合研究センターが2003年に実施した調査には，その時点では自治基本条例を策定中であった自治体から，「制定の経緯から，行政主導的な性格が強く，非常に高い関心を寄せている一部の市民活動団体を除き，まだ一般市民の段階では条例の認識は低い状況にある」という意見や「市民参加を制度化しても，実際にどれだけ参加があるのか不安である」という意見が，また，その時点で既に自治基本条例を制定済みであった自治体から，「行政主導による条例制定であることから，首長が代わった場合に形骸化するおそれがある」という意見が寄せられている(神奈川県自治総合研究センター2004: 86頁)。これらの意見は，自治基本条例によって制度化されるであろう，あるいは制度化された，地域社会における《公共的なるもの》に住民

29　三鷹市の事例については，内仲(2006)を参照。

が主体的に関与する仕組みに強い関心を抱き，それらの仕組みを活用しようと考えている住民は，皆無とは言えないものの，それほど多くはないことを示唆している。

　実際，これらの意見を踏まえて，広範な住民参加を経て自治基本条例が制定された事例として喧伝されているものを振り返るならば，広範な住民参加とはいえ，自治基本条例の制定過程に関与した者が区域の全人口に占める割合は，ごくわずかなものにとどまっていることを認めざるを得ない[30]。行政部局による条例案等の策定過程への住民参加の試みに対して，その条例案等を審議する議会もしくは議員から，行政部局はごく一部の住民の声を聞いたにすぎないという指摘がなされることがしばしばあるが，参加した者が地域の全人口に占める割合を重視するならば，住民投票を実施しない限りは，こうした批判は常に妥当するのであり，そのことは，自治基本条例の制定過程における住民参加の試みにも等しくあてはまるのである[31]。

　また，自治基本条例の普及の背景で，「行政主導」の「おざなりの住民参加」が横行し，「その結果として行政の飾り物でしかなく役に立たない

30　大和市企画部編(2005: 194頁)は，1,000人を超える市民が，意見交換会への参加等をとおして自治基本条例の策定プロセスに関わったことについて，「大和市の全人口に比べれば1％にも満たない数字」であることを認めつつ，それでもなお，それ以前の住民参加の取り組みと比較するならば，「ケタ違いの数字」であると述べている。「ケタ違いの数字」であることを誇ることも，「1％にも満たない数字」であることを冷ややかに指摘することも，いずれも誤りとは言えないであろう。

31　このことを踏まえ，森啓は，いずれの自治体も，自治基本条例の制定に際して，提案されている自治基本条例案への賛否を問う住民投票を実施しようとしないことを，「現状変革の労苦を避け便宜に流れる安直思考」であると厳しく批判している(森 2004: 4頁)。自治基本条例の制定に際しての住民投票に関しては，条例案の議会による可決後のいずれかの時点において住民による「批准投票」を実施することを考えるべきであるという，神原勝の提案(神原 2008: 108頁)も参照。ただし，議会による条例案の可決後に住民投票を実施し，過半数の賛同を得られなかった場合には，その条例を無効にすることには，条例の

自治基本条例の濫造」が行われているという指摘がなされているが（富野
2007: 8頁），それが事実であるとしたならば，「行政主導」の「おざなり
の住民参加」が横行する，その背景には，自治体の行政部局の怠慢ととも
に，住民の側の，自治基本条例の制定過程に積極的に関わっていこうとい
う意欲の低さ，もしくは，そうした意欲を有する住民の僅少さもあると考
えるべきであろう。

　もちろん，特定非営利活動法人の数や内閣府が実施している世論調査に
おいて「何か社会のために役立ちたい」と回答している者の割合を踏まえ
るならば，「都市における住民と行政との関係は，率直に言えば，行政依
存の強い要求批判型無責任市民と，国に対する依存と住民に対する閉鎖的
姿勢を積極的に変えようとはしない都市行政の組み合わせが未だに相当数
を占めているのが現状であろう」といった指摘（富野 2005: 231頁）は，と
りわけ「行政依存の強い要求批判型無責任市民」が地域社会において占め
る割合に関しては，かなりの程度割り引いて受け止める必要がある。しか
しながら，大多数の住民は，《公共的なるもの》に積極的に関与したいとい
う思いを強く抱いており，それゆえに，自治基本条例の制定を待ち焦がれ
ているはずであると首長や首長候補者が考えたとしたならば，それもま
た，誤った現状認識であると考えざるを得ないであろう。全国に38,000を
超える特定非営利活動法人が存在しているとしても，いずれの地域社会に
おいても，特定非営利活動法人の活動に関わっている者は未だ少数にとど
まっているのが現状であるし，「何か社会のために役立ちたい」という思
いを抱いている者のすべてが，その思いを，自治体の行政過程に参加し，
あるいは，地域社会における《公共的なるもの》の担い手としての役割を自
治体の行政組織と分担することによって実現しようとするとは限らないの
である[32]。

――――――――――――――――――
　制定および改廃を議会の権限とする地方自治法96条1項1号に抵触するのでは
　ないかという問題がある。
[32]　内閣府が実施している前述の「社会意識に関する世論調査」では，「何か社
　会のために役立ちたいと思っている」と答えた者に，どのような活動をとおし
　て社会のために役立ちたいかを，複数の選択肢から該当するものをすべて選択

このことは，自治基本条例によって，自治体の行政過程への多様な住民参加の仕組みや，地域社会における《公共的なるもの》の担い手としての役割を自治体の行政組織と住民とが分担する協働の仕組みを制度化したとしても，住民の多くは，そうした仕組みの制度化のそもそもの前提となっている集合的アイデンティティを十分に内面化せず，それゆえに，それらの住民参加や協働の仕組みを積極的に利用しようとはせず，その結果，自治基本条例が，例規集のなかにただ「存在している」だけの条例として形骸化してしまう可能性が，けっして小さなものではないことを含意している[33]。そして実際，「つくって終わりという事例も散見される」という指摘もなされているのが現状なのである(松下 2007b: 41 頁)。自治基本条例の制定は，それ自体を単独で捉えるならば，アイデンティティ・ワークとして，その成功が約束されたものであるとは言い難いのである。

***

するというかたちで答えるよう求めている。2017 年 1 月の調査では，この問いに対する回答として，「社会福祉に関する活動(老人や障害者，子どもに対する，身の回りの世話，介護，食事の提供，保育など)」を挙げた者の割合が38.8%と最も高く，以下，「町内会などの地域活動(お祝い事や不幸などの手伝い，町内会や自治会などの役員，防犯や防火活動など)」が30.1%，「自然・環境保護に関する活動(環境美化，リサイクル活動，牛乳パックの回収など)」が29.2%，「自分の職業を通して」が24.8%，「自主防災活動や災害援助活動」が24.2%という順となっている。これらの活動はいずれも，市区町村の行政組織との関わりを持つことなしにも可能なものである。また，「自分の職業を通して」を選択した者に関しては，その者の職業生活が居住地とは異なる場所で営まれているとしたならば，「何か社会のために役立ちたい」という思いは，地域社会における《公共的なるもの》への関与にはつながらないし，「社会福祉に関する活動」や「自然・環境保護に関する活動」も，居住地においてしか従事し得ないようなものではない。なお，この調査には，そのなかから回答者が社会のために役立つために行いたい活動を選ぶ選択肢のなかに「自治体の審議会等への参加」といったものは含まれていない。

33　北村喜宣は，1990 年代に制定された環境基本条例が，多くの自治体で，ただ「存在している」だけの意味しかないものとなってしまっていることを指摘し，自治基本条例が同様の末路をたどることへの危惧を表明している(北村 2004: 255-257 頁)。

しかしながら，自治基本条例が必要であるという認識や，自治基本条例が制定されたならばそれを積極的に活用していこうという意欲が，住民の間にさほど広範には共有されていないことが，多くの地域社会の現実であるとしたならば，そして，そうした現実ゆえに，たとえ自治基本条例を制定したとしても，瞬く間に形骸化してしまう可能性が高いとしたならば，自治基本条例の制定は見送るべきなのであろうか。先に挙げた，地域社会における《公共的なるもの》のあり方の再構築が求められているという状況認識を構成する３つの認識のうち，分権改革の進展が広範な住民参加を可能とするような仕組みの制度化を要請しているという認識と，地方財政の逼迫が地域社会における公共サービスの供給者としての役割の再配分を要請しているという認識とが，いずれも誤ったものではないとしたならば，これら２つの認識のみを根拠としてでも，自治基本条例は，その制定を検討するに値する条例であると言えるのではないであろうか。

そうであるとしたならば，問題は，自治基本条例が必要であるという認識や，自治基本条例が制定されたならばそれを積極的に活用していこうという意欲を，いかにして多くの住民に共有されたものとしていくかである。それはすなわち，地域の公共的事柄に積極的に関与していく，住民自治の担い手としての集合的アイデンティティを，住民相互の間主観的了解として構築していくためには，自治基本条例を制定することそれ自体に加えて，何が必要なのかを問うことに他ならない。

この問いへの答えは，前章で見たニセコ町の経験が示唆しているように思われる。ニセコ町においては，同町まちづくり基本条例が制定される以前から，「自ら考え，行動する」町民という集合的アイデンティティを多くの町民に受け容れてもらうための取り組みが，様々なかたちで行われていた。そうした取り組みは，同町まちづくり基本条例が制定された後にも，継続して行われている。ニセコ町においては，同町まちづくり基本条例の制定は，新たな集合的アイデンティティの構築に向けての第一歩ではなく，また，それ自体が完結した取り組みでもなく，1994年に逢坂誠二が町長に就任して以来，そのリーダーシップの下で着々と進められてきた，新たな集合的アイデンティティの構築に向けての複合的な取り組みの一環

であったと考えることができるのである。このことを踏まえるならば，自治基本条例の制定それ自体に加えて，それに前後してどのようなアイデンティティ・ワークが展開されたかが，住民相互間における新たな集合的アイデンティティの間主観的共有の程度を左右する可能性が高いと考えられる。そうした追加的なアイデンティティ・ワークとして，どのようなものが効果的なのかは，第5章において検討することになろう。

　ところで，地方財政が逼迫している状況ゆえに，住民自治の担い手としての新たな集合的アイデンティティは，自治体の行財政運営に積極的に参加していくことへの意欲とともに，自治体の行政組織がこれまでどおりには担いきれなくなった公共サービスの供給者としての役割を，少なくとも部分的には自ら引き受けていく意欲をも内包するものとして，その構築が目指されており，そのこととの関連で，「協働」という語が用いられていることを先に指摘した。すなわち，自治基本条例の制定をアイデンティティ・ワークとして見たとき，「協働」する主体の構築ということが，その重要な部分を占めているということができる。この点を確認することが，次章の課題である。

第3章　自治基本条例における「協働」への指向

I　ニセコ町まちづくり基本条例の改正

　ニセコ町まちづくり基本条例は，計4回改正されている。4回の改正の
うち，2006年3月の改正と2007年3月の改正は，地方自治法の改正を踏
まえた細かな文言の修正にとどまるものであったが，2005年12月の改正
と2010年3月の改正は，一般の町民からの公募によって選ばれた委員を
含む検討委員会における検討を踏まえた，条項の追加を伴う本格的な改正
であった。

　このうち2010年3月の改正に際しては，第8章の表題が「まちづくり
の協働過程」から「計画策定過程」に変更されている[1]。そして，この改正
によって，ニセコ町まちづくり基本条例は，「協働」という文言をまった
く含まないものとなった。この「協働」という文言の同条例からの削除に
関連して，同条例の制定を研究者として支えた木佐茂男と，ニセコ町職員
として同条例の制定や施行に関わってきた加藤紀孝との間で，興味深い問
答が行われている。すなわち，木佐の，「ニセコ町条例の場合には，章の
タイトルにたまたま『協働』という語が何の脈絡もなしに，何か『残って
いた』ような感じで，条文の中に『協働』という語は全くなかったもので

1　「まちづくりの協働過程」は，制定当初は第7章であったが，2005年12月改
　正の際に，第5章「コミュニティ」（14条〜16条）の後に，町議会や町議会議員
　の責務等に関する規定が，第6章「議会の役割と責務」（17条〜24条）として
　新たに追加されたことに伴って繰り下げられ，第8章となっていた。

すから，極めて不自然でしたね」という，2010年3月改正前の同条例への言及に対して，加藤は，「協働については，条例のなかで定義をしているわけでもなく，単に章のタイトルに入っていただけで，どうしてこのような形で条例が成立したのか今となれば不思議な部分かもしれません」と応じつつ，しかし，制定当時には，計画策定過程等への住民参加に関する規定を含むいくつかの条項を包括する章のタイトルとして，「まちづくりの協働過程」が，「ある程度表現としてしっくりする」ものであったと付言している。そのうえで加藤は，「協働」という語の削除について，「協働という言葉が，財源が乏しいため，行政から住民へのさまざまな負担転嫁というような意味合いで使われることがどうしても多くなってきているように思えていたため，ニセコの条例の場合はこれでスッキリしたという気がしています」と語っている（木佐・片山・名塚編 2012: 164-165頁）。

　ニセコ町まちづくり基本条例が制定された2000年当時に，同町の職員である加藤が，なぜ，自治体の計画策定過程等への住民参加を「協働」という語で捉えることを，「ある程度表現としてしっくりする」と感じたのかは，それ自体として重要な問いである。本章の第1の目的は，この問いに答えることである。すなわち，「協働」という語が，全国各地の市区町村で自治基本条例が制定されるようになる直前の時期に，地方自治に関連したある種の実践について語るための語として普及し，その種の実践をこの語を用いて語ることが，地方自治の現場において「ある程度表現としてしっくりする」と考えられるようになった，その経緯を探究することが本章の第1の目的である。この目的の実現を目指して，本章においては，やや長い時間軸を設定し，「協働」という語の使用例を検討していく[2]。「協働」という語それ自体は，けっして，ニセコ町まちづくり基本条例が制定

---

[2]　本章における「協働」という語の使用の歴史を振り返る試みは，けっして，「協働」という語が用いられている文献のすべてを渉猟したうえでの網羅的なものではなく，「協働」という語の使用例が，明治期から連綿と存在していることを，いくつかの具体例を挙げつつ示すことを意図したものにすぎない。なお，戦前期における文献の検討は，国立国会図書館がその所蔵資料を漸次デジタル化し，公開していることによって可能となったことを付言しておきたい。

されるよりも少し前に，突如として用いられるようになったものではないが，しかし，同条例が制定された当時には，この語がそれ以前には見られなかった様相で，地方自治の現場に定着していたことが示されることになるであろう。

　本章の第2の目的は，そうした地方自治の現場における「協働」という語の定着を踏まえて，自治基本条例におけるこの文言の使用実態を明らかにすることである。

　木佐や加藤は，二人の問答を収録した書籍が刊行された2012年の時点において，「協働」という語をニセコ町まちづくり基本条例から完全に抹消したことが，語るに値する，あるいは記録しておくに値する事実であると認識していた。もしも「協働」という語の抹消が些末な字句の改変にすぎないと認識されていたならば，そもそもこの問答はなされなかった可能性が高いし，たとえなされたとしても，この問答を含む二人の対談を編集して書籍に収録する過程で，削除されていた可能性が高い。語るに値する，あるいは記録しておくに値する事実であると認識されたがゆえに，語られ，書籍に収録されたのである。

　それでは，なぜ二人は，ニセコ町まちづくり基本条例からの「協働」という語の抹消が，語るに値する，あるいは記録しておくに値する事実であると考えたのであろうか。結論を先取りするならば，それは，ニセコ町まちづくり基本条例に後続する自治基本条例の多くにおいては，「協働」という語が，それぞれの条例の中核に位置づけられ，しばしば，「協働の原則」が，それぞれの自治体における自治の基本原則のひとつとして明示されており，しかも，そうした「協働」という語の使用の隆盛が，2012年の時点においても継続していたからに他ならない。加藤の言うように，「協働という言葉が，財源が乏しいため，行政から住民へのさまざまな負担転嫁というような意味合いで使われることがどうしても多くなってきている」のかどうかはともかくとして3，「協働」という語が，多くの自治体の

3　前章で指摘したように，財政状況の逼迫に伴って，自治体の行政組織がこれまでどおりには担いきれなくなった公共サービスの供給者としての役割を，少

自治基本条例において用いられ続けていることは疑いなく，このことが，そうした趨勢に逆行する「協働」という語の抹消を，語るに値する，あるいは記録しておくに値する事実としているのである。

このことを踏まえて，全国各地の自治体の自治基本条例における「協働」という語の多用を量的なデータによって確認したうえで，この「協働」という語が自治基本条例においてどのように用いられているのかを，同じく量的なデータによって明らかにすることが，本章の第2の目的である。

Ⅱ 「協働」の概念史

1. 戦前における「協働」という語の使用

「協働」という語は，けっして，ごく近年において用いられるようになった新語もしくは造語の類ではなく[4]，その用例は，明治期まで遡ること

なくとも部分的には住民に担ってもらうことが必要であるという認識と関連させて「協働」という語が用いられることが多いことは確かである。しかしながら，そのことを捉えて「行政から住民へのさまざまな負担転嫁」であると否定的に論じることに対しては，異論もあるのではないかと思われる。これまでの，自治体の行政組織が多様な公共サービスの提供を担ってきた状態のほうが不健全であったという見方も成り立ちうるからである。この点については，第6章において，改めて言及することになろう。

4　辻山幸宣は，「『協働』という用語を初めて目にする人もいるだろう」し，「耳から『きょうどう』と入ってくれば『共同』あるいは『協同』という文字を思い浮かべる人が多いのではなかろうか」という推測を開陳したうえで，「この用語はまだ新しい」と述べているが（辻山 1998: 16頁），前半の推測の1998年の時点における妥当性はともかくとして，後半の「協働」という語が「まだ新しい」という叙述は，1998年の時点においても，明らかに事実に反していた。丹間康仁の，「協働という語を，1990年代に創出された新しい造語と位置づけることは，誤りを含んだ解釈であるといわざるをえない」という指摘（丹間 2015: 26頁）が正鵠を射たものである。ただし，その丹間にしても，「協働」という語の使用例が明治期にもあることを示しているわけではなく，東京都港区に所在するある建物が「協働会館」と命名されたのが1947年であることに言及したうえで，この語が，「遅くとも1940年代には用いられていた」と述べるにとどまっ

ができる。例えば，F. ウォーカーの『政治経済学(*Political Economy*)』の邦訳が『欧氏経済論』というタイトルで1898（明治31）年に刊行されているが，この訳書においては，原著において資本家もしくは経営者と労働者との間のあるべき協調的な関係を表現するために用いられている"co-operation"という語(Walker 1892: 341-351)が，「協働組織」と訳されている(ウォーカー 1898: 447-462頁)[5]。

　また，大正期には，吉野作造が，1919（大正8）年に刊行された著作において，普通選挙制度について論じるなかで，国民の「団体生活」として国家を捉える観点を，「社会協働論」という語で表現している。吉野によれば，「社会協働論」に依拠するならば，国家とは国民の「社会協働」のための団体であり，それゆえに，国民は，国家の経営に関する責任を分担しなければならないが，その一方で，この責任をまっとうするために，国家に対して物質的および精神的な保障を要求する権利を有しているとともに，国家がその運命を決しようとする際には，その決定に参加する固有の権利を有している。そして，この国家の運命を決するような決定に参加する国民の固有の権利が，選挙権に他ならない(吉野 1919: 23-26頁)。この吉野の著作における用法に従うならば，「協働」とは，国民相互間の，同じ国家の構成員であることに由来する共同的もしくは連帯的関係を示す語に他ならない。

　年号が昭和に変わってからも，「協働」の語は，様々な文脈において用いられている。例えば，O. シェルドンの『管理の哲学(*Philosophy of Management*)』の邦訳が1930（昭和5）年に刊行されているが，原著において，工場労働者に工場の管理および運営への参加を促すことをとおして，工場労働者の生産性向上への意欲を高めていくことの必要性を説く文脈において，労使間のあるべき協調的関係を表現するために用いられて

　ている(丹間 2015: 25-26頁)。

5　この訳書の書名を含め，戦前および戦後初期の著作において用いられている旧字および旧仮名遣いは，新字および新仮名遣いに改めている。また，本訳書を含め，本文中で戦前の文献に言及する際には，刊行年の元号表記を括弧書きで示す。

いる"co‐operation"という語(Sheldon 1923: 193-198)が，この訳書におい
ては「協働」と訳されている(シェルドン 1930: 246-254頁)。シェルドン
の著作における"co‐operation"という語の用法は，先に挙げたウォーカー
の著作におけるそれとほぼ同義であり，その"co‐operation"という語に，
ウォーカーの著作の翻訳に際しては「協働組織」という語が充てられてい
るのに対して，シェルドンの著作の翻訳に際しては「協働」という語が充
てられているのである[6]。

　さらに，社会学の文献においても，「協働」という語の使用例が見られ
るようになる。例えば，小松堅太郎は，1928（昭和3）年に刊行した『社
会学概論』において，社会の構成員が互いに共有した目的を実現するた
めに各自の活動を調整することを「協働」と表現し，「協働」には「任意
協働」と「強制協働」があることや，「組織」とは「協働」を持続的なも
のとするための仕組みであることを指摘している(小松：1928: 87-101頁)。
社会の成り立ちを説明するための基礎概念の一つとして，「協働」という
語が用いられているのである。また，1930（昭和5）年に刊行された永井
亨の『社会の話』は，社会における個人間および階級間の関係を「闘争」
と「協働」とに大別している(永井：1930: 182-183頁)。ここでは，「協働」
という語は「闘争」という語の対義語として用いられている。

　この時期にはまた，公共部門と民間部門の双方の多様な主体が，共有
された目的の実現を目指して協力し合い，協調的に行動することを「協
働」という語で表現する著作も散見される。例えば，東京市役所が1936
（昭和11）年に刊行した『特別衛生地区保険館事業年報（第二回）』におい
ては，東京市が創設した保険館が，警察署，区役所，医師会，歯科医師会
等と連携し，協力しつつ，保健衛生関連施策の実施に取り組んでいること
を「協働」という語で表現している(東京市役所 1936: 7-10頁)。この東京
市役所の報告書によれば，保険館の使命の一つは「地区内住民の健康並び

6　ちなみに，シェルドンの著作を邦訳した蒲生俊文は，自身の著作において
　も，シェルドンの著作に言及するなかで，"co‐operation"の訳語として「協働」
　という語を用いている(蒲生 1936: 194頁)。

に福利増進を目的とし，必要なる一切の機関と協働して，保健衛生事業を
遂行することである」（東京市役所 1936: 3頁）。また，1941（昭和16）年に
刊行された南波杢三郎の『新警察防犯策』においては，「防犯事業の大成
は，『国家』，『社会団体』，『公衆』が三位一体となり，それぞれその有る
力の緊密に団結した協働作用によらなければ，到底その成功が望み得ない
ところの極めて難問題である」という指摘がなされたうえで，警察署を核
として，官公署，学校，防犯協会，町内会等が連携して取り組む「協働的
防犯対策」を推進していくことの必要性が強調されている（南波 1941: 425-
433頁）[7]。これらの著作における「協働」という語の使用に，今日における
「公私協働」論の萌芽的なものを読み取ることは，十分に可能であろう。

2．戦後から1980年代までの「協働」という語の使用

　戦後においても，「協働」という語は様々なコンテクストにおいて使用
され続けている。本章との関連でまず特記しておく必要があるのは，1950
年に制定された保護司法に基づいて保護司制度の運用が開始されて間もな
い頃から，法務事務官である保護監察官と無報酬で更生保護事業に従事す
る保護司との関係を「協働態勢」と呼び，そのあるべき姿が探究されるよ
うになったことである。例えば，栗原一夫は，1956年に公表された論考
において，罪を犯した特定の者との関係で主任官となる保護監察官と，そ
の罪を犯した者の更生の直接的な担当者となる保護司との関係を「協働態
勢」と表現したうえで（栗原 1956: 44頁），「協働態勢」は，「主任官も担当
者も，それぞれに単独ではケースワーカーとしての完全な機能を有しては
いないという謙虚な認識から出発し，相互の立場を認め，理解と信頼を深
め，それぞれの機能を補充し合って，有機的な結合を成立」させるような
ものでなければならないと主張している（栗原 1956: 46頁）。

7　南波のこの著作においては，「協働作用」に，ある箇所では「ミットウイル
　クング」と，別の箇所では「チームワーク」とルビが振られている。ドイツ語
　の"Mitwirkung"と英語の"teamwork"とが同義と見なされ，それに相当する日
　本語として「協働作用」という語が用いられているのである。

保護司は，形式的には国家公務員であるが，その実質は民間の篤志家である。保護観察所に配置された専任で有給の国家公務員である保護監察官とそうした保護司とが協力し合い，連携して，罪を犯した者や非行歴のある少年の更生に尽力するというスタイルは，いわゆる「公私協働」に他ならない。しかも，公民のそれぞれの主体が，それぞれの立場を認め合い，理解と信頼を深め，機能を補充し合って更正保護事業に従事していくべきであるという「協働態勢」論は，今日における「公私協働」論とかなりの程度一致するものである。そして，このように「協働態勢」として保護監察官と保護司との関係を捉える視点は，1950年代においてのみ唱えられた一過性のものではなく，今日に至るまで継承されているのである[8]。

戦後においてはまた，経営学の領域において，とりわけC. バーナードの『経営者の役割(*The Functions of the Executive*)』に論及する際に「協働」という語を用いる論考が見られるようになる。バーナードによれば，「公式組織とは，人々の間の意識的で，思慮深い，目的指向的なcoöperation」であるが(Barnard 1938: 4)，この"coöperation"に，多くの論考が「協働」という訳語を充てたのである[9]。そして，バーナードのこの著書の邦訳が1956年に刊行された際にも，"coöperation"の訳語としては「協働」とい

---

8 北澤(1968)，杉原(1978)，松本(1985)，蛯原(1986年)，北澤(1995年)，久保(1995年)，鈴木康之(1998)，黒澤・後藤・荒木(2000年)，松本(2005)等を参照。ちなみに，法務省が毎年刊行している『犯罪白書』には，1968年版に，「保護観察は，現行法制上，保護観察官と保護司の協働態勢のもとで行なわれる」という記述が盛り込まれて以降，2009年版まで一貫して，保護観察官と保護司の「協働態勢」についての言及が見られる。また，2010年版以降においては「協働態勢」という表現は用いられていないが，「保護観察は，……保護観察官と，法務大臣から委嘱を受けた民間のボランティアである保護司が協働して実施する」といった，その一部に「協働」という語を含む記述は，最新の2017年版に至るまで消滅していない。法務省のウェブサイト(http://www.moj.go.jp/housouken/houso_hakusho2.html)に掲載された，各年版の『犯罪白書』を参照。

9 馬場(1956)，山本安次郎(1957)，降旗(1957)，土屋(1958)等を参照。

う語が用いられた（バーナード 1956）[10]。かくして「協働」という語は，経営学，そして行政学においても，「組織」について論じるために利用可能な重要な語彙として定着していくことになったのである[11]。

さらに，更正保護の領域における保護監察官と保護司の関係を「協働態勢」と捉える論考に加えて，戦前期においてそうであったのと同様に，この時代にも，より一般的に，公共部門と民間部門とを架橋するような種々のアクターの間の連携を，「協働」という語で捉えた論考が散見される。比較的早い時期のものとしては，例えば，共同募金会による共同募金が十分な住民の協力を得られていないことを指摘したうえで，共同募金をはじめとする各種の社会福祉事業への協力を，「奉仕」としてではなく，貧困という社会問題の解決に向けての多様な主体の「協働」として認識することの必要性を強調した論考が，1960年代の初頭に公表されている（菅原 1961）。

これに対して，地方自治との関連で，住民と自治体の行政組織とが連携し，協力し合うことを「協働」という語で捉える論考が公表されるように

10　ちなみに，1968年に刊行された新訳においても，"coöperation"は「協働」と訳されている（バーナード 1968）。

11　経営学の領域における文献として山本安次郎・田杉編（1972），飯野（1978），庭本（1979），阪柳（1984）等が，行政学の領域における文献として手島（1964），西尾勝（1976），今村（1978）等がある。ただし，バーナードの組織論に論及している文献のすべてが，"coöperation"の訳語として「協働」という語を用いているわけではない。例えば，最も早い時期に『経営者の役割（*The Functions of the Executive*）』を我が国に紹介した古瀬（1952）は「協同」という語を用いているし，『経営者の役割（*The Functions of the Executive*）』の邦訳が刊行された後にも，占部（1966）は，「協同」という語を用いている。さらに，河野（1980）は，"coöperation"の訳語としては「協働」という語を充てるのが一般的であることを認識しつつ，敢えて「協同」という語を充てている。それとともに，我が国においてバーナードの研究の本格的な検討がなされ始めるのとほぼ同時期に，占部都美が，F. Mueller（1952）に論及する際に，ミュラーが用いている"Kooperation"という語を「協働」と訳していることも注記しておく必要があろう（占部 1954: 59頁）。

なるのは，1970年代以降のことのようである。そうした論考としてまず注目すべきなのは，中田幸子が東京都民政局の委託を受けてまとめた『ボランティア活動に関する研究』（東京都民政局 1972）であろう。1972年に東京都民政局という一自治体の一行政部局によって刊行されたこの報告書において，中田は，当時のスコットランドにおける取り組みに論及しつつ，「公的機関はボランティアに積極的な地位を与え，公私協働の態勢を築いていくべきではないか」と述べている（東京都民政局 1972: 43頁）[12]。中田はまた，ほぼ同時期に，自身が所属していた大学の紀要誌に公表した他の論考においても，スコットランドにおける実践を参照しつつ，自治体の行政組織と民間のボランティア活動団体との「協働態勢」（中田 1972 67頁）もしくは「公私協働体制」（中田 1974: 17頁）を構築していくことが，今後の社会福祉事業の展開にとって重要であることを強調している。

その後，1976年には，寄本勝美が，「『住民』協働による自治の発展を求めて」と題する論考を公表している。この論考において寄本は，1975年に沼津市が導入した，各家庭から出される廃棄物を自治会が再資源化可能なものとそうでないものとに分別し，そうして分別された廃棄物を市の清掃職員が回収し，そのうち再資源化可能なものは市が業者に売却したうえで，その売却代金の一部を自治会に配分し，残りを市の事業収入とするという仕組みを，「職員と住民による『協働』」の一例として描き出している（寄本 1976a）[13]。

また，同じ1976年に，阿部志郎の「公私協働の理念に基づく公衆衛生を」と題する論考も公表されている。この論考において阿部は，隣家に住む老人が病気になっても治療を受けないでいることに気づいた住民が，そ

12　この報告書において中田は，Rowe (1970) を注に掲げており，そのことから，「協働」という語は，ロウのこの論文で用いられている"co-operation"の訳語として使用されたものと推測される。

13　厳密には，この論考において寄本は，沼津市の試みを「職員と住民による『協働』あるいは『共同作業』」と捉えている（寄本 1976a: 443頁）。すなわち，「協働」は「共同作業」とほぼ同義の語として用いられている。なお，同じ著者が同じ例について論じたものとして，寄本（1976b）がある。

のことを民生委員に連絡し，それを民生委員が保健所に伝え，保健婦や
ホームヘルパーの協力によって事なきを得た事例を紹介し，そこに「住民
のうちに潜在しているニードを地域のなかで発見し，たとえ素朴ではあっ
ても，住民の連絡と協力で第一次的解決を図り，その上で，行政の責任に
属すると思われるものには地域の要求に基づいて，行政が対応する」とい
う「公私協働の理念」を基礎とする公衆衛生のあるべき姿の一端を見出し
ている(阿部志郎 1976: 47 頁)。

　翌1977年には，足立忠夫の講演録「公共市民学の提唱」が公表されて
いる。「市(市民)・公(公務員)・学(学者)の協働体制の確立の急務」とい
う副題がつけられたこの講演録において，足立はまず，「知的エリートと
それ以外の広汎な市民」との間の生活経験や欲求の乖離が常態化してい
ることと，この乖離を埋めるための両者の「協働」の必要性とを指摘す
る。そして，そうした「協働」を具体化するためには，「こんにちのわれ
われの生活に，いな，ときには，われわれの生死にさえ深くかかわる公共
問題ないしは行政問題の解明に対して，それぞれの地域における市民と公
務員と学者の，すなわち，市・公・学の協働体制をつくること」が必要
であり，「これなくして，問題の解決も，したがって，われわれの健康で
文化的な生活も，さらには，日本の民主政治も語りえない」ことを強調す
る(足立 1977a: 177, 185 頁)。公共的課題を解決するために，住民，自治体
職員，および研究者が，それぞれの知識や経験を持ち寄り，議論すること
が，「協働」という語で捉えられているのである[14]。

　1980年代に入ってからも，地方自治との関連で「協働」について論じ
た論考は，散発的にではあるが公表され続けている。寄本が副題に「協
働」という語を含む著書(寄本 1989)を公刊したのも，足立が1977年に公
表した講演録の内容を敷衍した著作(足立 1982)を公刊したのも，1980年

14　ただし，足立は，ほぼ同時期に公表された論考においては，「市(市民)・
　公(公務員)・学(学者)の協同体制による『〈公共市民学〉の構想』」(足立
　1977b: 179頁)と，「協同」という語を使用しており，「協働」という語を用いる
　ことに，どれほどのこだわりがあったのかは定かでない。

代のことである。それらに加えて，例えば，「まちおこし」や「むらおこし」に，自治体と住民とが対等な立場で関わり，それぞれが負担もすれば，責任やリスクも負うという実践を「協働」という語で捉えた亀地宏の論考(亀地 1984)や，住民，企業および自治体が，都市の担い手として，それぞれの特性を活かして，地域社会における人々の暮らしを支える公共サービスの「協働的供給」を実現していくことの必要性を論じた吉田民雄の論考(吉田 1986)が公表されるのも，1980年代のことである。また，田村明と森啓が共同で編集した書物の「まえがき」には，地域文化の形成への契機となる可能性を胚胎した「まちづくり」の実践が全国各地で展開されており，その過程で，住民と市町村の行政組織との多様な「協働関係」が形成されているという記述があるし(田村・森 1983: Ⅳ頁)，田村は，単独執筆の論考においても，市町村の行政活動の範囲が拡大し，従来は住民の自主的な活動に委ねられてきた文化の領域にも関わるようになるにつれて，とりわけその外延部においては，住民の「力が有効に生かされるよう」な，住民と市町村の行政組織との「協働関係をつくりだす」ことの必要性が高まってきていることを指摘している(田村 1983: 12頁)。

　1980年代にはまた，神奈川県庁内に設置された研究組織である神奈川県自治総合研究センターが，県職員や県内のいくつかの市の職員の共同研究の成果をまとめた『民間活力の活用・導入──協働社会の創造に向けて』という研究報告書を公表している。この研究報告書においては，当時喧伝されていた「民活」すなわち公共的課題の解決のための民間活力の活用を，自治体が民間の力を利用する取り組みとしてではなく，「地域の主体である市民・企業・自治体の三者が，協働で地域の公共的課題解決にあたるシステム」として捉え直すことの必要性が強調されるとともに，市民や企業が自治体に使われるのではなく，それぞれが主体的に，自治体と連携しつつ，地域の公共的課題の解決に関わっていくような仕組みが具備された社会が「協働社会」と呼称され，その到来が展望されている(神奈川県自治総合研究センター 1986)。

　加えて，多摩市行政改革推進本部が，「市民と行政が意見を交換しながら『生活の場』であるまちづくりを進められるよう，双方の情報の共有化

の推進や，生活者としての市民の声を市の施策に一層反映できるようなシステムの充実と開発に努める」ことを行政改革の目的の一つに据え，それを「市民と行政との協働関係の確立」という表題の下に掲げた『多摩市行政改革大綱』を策定し，公表したのも1980年代，より正確には，神奈川県自治総合研究センターの研究報告書が公表されたのと同じ1986年のことである。

　そして，1980年代の末年にあたる1989年には，荒木昭次郎の論考「自治体の行政と市民──その協働システムをめぐって」が公表されている。この論考において荒木は，公共サービスの効率的かつ効果的な提供のためには，提供者と利用者との"collaboration"が不可欠であり，提供者である専門職公務員と利用者である市民の双方を，公共サービスの"coproducer"と見なすべきであるという V. オストロムの主張（Ostrom 1977, 35-37）を紹介するとともに，オストロムが用いた"coproduction"に「協働生産」という訳語を充てている。そのうえで，「協働とは，意思をもった複数の行為主体が共通の目的を達成していくために互いに心を合わせ，力を合わせ，助け合いながら働いていくシステムである」という，荒木自身の「協働」という語の定義を提示している（荒木 1989: 82-85, 91頁）。

　1989年にはまた，福祉行政の領域においては，「住民の生活の立場に対応した小回りのきく総合的なソフトな行政サービスの供給形態」が求められるようになっており，それを可能とするためには，国，自治体，社会福祉法人，民間企業，自治会等の多様なアクターが関わる「官公民私の協働体制」の構築が必要であることを指摘した雀部猛利の論考（雀部 1989）も公表されている。

3．1990年代における「協働」という語の使用

　1990年代に入ってからも，地方自治との関連において，「協働」という語は使用され続ける[15]。

15　1990年代に関しては，地方自治との関連で「協働」という語が用いられている文献のみに焦点を合わせ，それ以外の領域における「協働」という語の使

1990年にはまず，大森彌の『自治行政と住民の「元気」』が出版されている。この著書のなかで大森は，「行政(役所)と住民との関係を，この双方が手を携えて事に当たる『協働』の関係として形成することなしには地域は本当によくならないとする考え」が，まちづくりの実践に関わっている人々やそうした実践を肯定的に評価する人々の間には強いことを指摘し，「参加」という語よりも「協働」という語が好まれる理由を検討している。大森によれば，「協働」とは，「行政と住民とが対等の立場で向かい合って，しかも一つの共通の課題にはじめから取り組み，双方が力を合わせることで，活動のエネルギーが増幅し，いままでできないと思われていたことが可能になり，そのことで自他を発見し，地域が生きる力を増すこと」を意味する。そうした意味を有する「協働」という語が選好されるのは，そこに，住民の地域の担い手としての潜在的可能性への信頼や，住民が変わることによって自治体職員も変わっていくという可能性が含意されているからに他ならない。大森は，そうした分析を踏まえ，「協働」という語を用いて語られるような実践の拡がりに，「地域における住民自治の息吹」を感じ取っている(大森 1990: 210-220頁)。

1990年にはまた，荒木昭次郎が前年に公表した論考を敷衍した著作『参加と協働』が刊行されている。この著作において荒木は，「協働とは，意思をもった複数の行為主体が共通の目的を達成していくために互いに心を合わせ，力を合わせ，助け合っていくシステム概念である」という，1989年に公表した論考において提示したものとほぼ同様の「協働」という語の定義を示すとともに(荒木 1990: 239頁)，そうした意味での「協働」や，その一つの下位範疇である「コプロダクション」すなわち「地域住民と自治体職員とが，心を合わせ，力を合わせ，助け合って，地域住民の福祉の向上に有用であると自治体政府が住民の意思に基づいて判断した公共的性質をもつ財やサービスを生産し，供給していく活動体系」(荒木 1990: 9頁)が求められる理由や，機能する条件を探究している。

1990年代にはさらに，鳴海正泰が，自治体の行政組織と住民との関係

用は取り上げない。

の変化を図式化する際に，「協働」という語を使用している。鳴海によれば，自治体レベルにおける市民と行政組織との関係は，市民が行政組織から委嘱を受け，行政組織の末端機構的な立場で地域課題に取り組む「市民協力モデル」から，行政組織が市民からの要求や批判を受け止めつつ地域課題に取り組む「市民要求モデル」を経て，市民と行政組織とが「それぞれ自立しながら協働と緊張の関係」に立って地域課題に取り組む「市民自治モデル」へと移行しつつある。こうした移行図式を示したうえで鳴海は，近年において「市民自治モデル」に準拠した実践が全国各地で見受けられるようになってきたことを踏まえるならば，1970年代が「市民参加の時代」であったこととの対比で，1990年代は「市民的協働の時代」と捉えることができるのではないかという展望を語っている（鳴海 1994: 104-106頁）。

　これらの著作とともに，1990年代における地方自治と関連した「協働」という語の使用例として重要なのは，第1に，自治体の行政組織とボランティア活動団体等との関係を「協働」という語で捉える論考が数多く公刊されるようになったことであり，第2に，自治体の総合計画や条例に，「協働」という語が用いられるようになったことである。

　まず第1の点に関してであるが，1990年代から徐々に，合衆国等における民間非営利活動団体（Non-Profit Organization = NPO）の活動に対する関心が高まり[16]，ボランティア活動団体等に，その活動を永続的なものとするために，法人格を付与することの必要性が主張されるようになった。そして，1994年には，当時の自治省が，「地域づくりのための民間非営利活動に対する地方公共団体のかかわりの在り方に関する研究会」を立ち上げ，自治体の行政組織とボランティア活動団体をはじめとする民間非営利活動団体との望ましい関係について，検討を始めた。この研究会は，1997年3月に最終報告書を公表しているが，そこでは，次のように述べられている。

16　初期の文献として岡部（1992）が，訳書としてサラモン（1994）がある。

民間非営利団体は，自主性，自立性を基礎に，柔軟，迅速で独創的な活動を行うことを長所の一つとするものであり，それを生かすためには，行政との関係の在り方としては，従属的，依存的でない関係を確立，維持することが重要である。すなわち，一定の目的意識を共有しうる状況における，行政と民間非営利団体との関係としては，「相互の特性の認識・尊重」を基礎として，相互に「対等関係」のもとで，「協調・協働」していくこと，つまり両者が互いに対等の当事者として認め合う「パートナーシップ」関係を構築していくことが必要であると思われる。

　自治体の行政組織とボランティア活動団体等とのあるべき関係を指し示すために「協働」という語を用いるとともに，その同じ関係を「『パートナーシップ』関係」とも表現しているこの報告書の公表を一つの契機として，その後，「協働」という語が"partnership"の訳語として用いられる例が増えていくことになる[17]。

　また，この自治省の研究会の発足から，その最終報告書の公表に至る過程で，阪神・淡路大震災が発生する。1995年1月17日のことである。この大災害の発生後に，多くの人々が被災地を訪れ，被災者支援のためのボ

---

[17]　時期的にはやや後になるが，例えば，武藤編(2001)は，「協働」は"partnership"と同義もしくはほぼ同義であるという理解の下で編集されている。また，田尾雅夫は，"coproduction"は，「市民社会の成熟や行政資源の枯渇に対応した有効な理念であることは疑いない」が，「特定の研究集団に固有の概念として使われる傾向がある」ため，「協働関係を，さらに包括的，一般的な概念で捉えるとすれば，近年ではパートナーシップがそれに該当する」と述べるとともに，「パートナーシップ」とは，「行政と市民の協働によるサービスの創出，提供，さらに，その評価を含む一切の連携関係のことである」と定義づけている(田尾 2000: 138頁)。さらに，coproductionとしての協働，collaborationとしての協働，およびpartnershipとしての協働を対比した論考として，江藤(2000)がある。なお，いかなる理由によるのかは不明であるが，これらの論考はいずれも，かつては"co-operation"の訳語として「協働」の語が用いられることが通例であったことを一顧だにしていない。

ランティア活動に取り組んだことを契機として，被災地でのボランティア活動に代表されるような草の根的な社会貢献活動を，国や自治体は積極的に支援していくべきであるという論調が高まった。そうした論調は，国レベルにおいては，所定の要件を充たしたボランティア活動団体等に法人格を与えるとともに，税制上の優遇措置を認める特定非営利活動促進法に結実した。1998年3月に制定されたこの新法が，その施行後，同法に基づいて法人格を取得した特定非営利活動法人を多数産み出すことになったことは，前章において見たとおりであるが，特定非営利活動法人の叢生は，自治体に対して，それらの法主体とどのような関係を構築していくべきかを，新たな課題として提示することとなった。自治体レベルにおいてはまた，法人格を取得してはいないものの地域において積極的に社会貢献活動を展開しているボランティア活動団体や，さらには，特定の団体に加入してはいないものの，社会貢献活動に従事することへの強い意欲を有している住民への対応も，重要な課題として認識されるようになった。かくして，よりよい地域社会の形成に向けての，社会貢献意欲を有する住民もしくはその団体と自治体の行政組織とのあるべき関係を集約的に示すものとして，「協働」という語が，広く用いられるようになっていったのである[18]。

　そうした特定非営利活動法人やその他のボランティア活動団体等と自治体の行政組織とのあるべき関係を「協働」という語で捉える言説の，1990年代における集大成と見なしうるのが，1997年10月に横浜市が設置した同市市民活動検討委員会が1999年3月に公表した報告書において提言した「横浜市における市民活動との協働に関する基本方針」，いわゆる「横浜コード」である。この「横浜コード」は，「市民活動と行政が協働して公共的課題の解決にあたるため，協働関係を築く上での基本的な事項を定め，公益の増進に寄与することを目的とする」ものとされ，そこでは，市民活動団体と市の行政組織との「協働」に関する6つの原則が提唱されて

―――――――――――
18　自治体とボランティア活動団体等とのあるべき関係を「協働」という語を用いて論じた論考として，平石(1996)，久住剛(1997)，清成(1997)，栃本(1997)，牛山(1998)，高寄(1998)等がある。

いる。すなわち，市民活動団体と市の行政組織とは対等の立場に立たなければならないという「対等の原則」，市の行政組織は，市民活動団体の活動が自主的に行われることを尊重しなければならないという「自主性尊重の原則」，市の行政組織は，市民活動団体が自立化する方向で協働を進めなければならないという「自立化の原則」，市の行政組織と市民活動団体とは，それぞれの長所，短所や立場を理解し合わなければならないという「相互理解の原則」，市の行政組織と市民活動団体とは，協働に際して，その活動の全体または一部について目的を共有しなければならないという「目的共有の原則」，および，市の行政組織と市民活動団体との関係は公開されなければならないという「公開の原則」の６つである。

　この「横浜コード」は，ほぼそのまま横浜市の市としての基本方針として採用されるとともに，多くの自治体において参照されていくことになる。かくして，自治体の行政組織と特定非営利活動法人やその他のボランティア活動団体等とのあるべき関係を「協働」という語で捉える言説や，その「協働」の内実はどのようなものであるべきかについての認識が，多くの自治体において共有されていくことになったのである。

　それと並行して，第２の，自治体の総合計画や条例に「協働」という語を盛り込む例が散見されるようになる。例えば，神戸市が阪神・淡路大震災前から策定作業を開始し，阪神・淡路大震災後の1995年10月に公表した『第４次神戸市基本計画』では，「ともに築く人間尊重のまち」という理念を実現するための基本的な視点の一つとして「協働のまちづくり」が位置づけられ，「快適で活力ある地域社会づくりに向け，市民・事業者・市が，適正な役割分担のもとに，ともに考えともに実践する"協働"の理念に基づいてまちづくりをすすめる」ことが宣言されている。神戸市はまた，1995年２月に制定された同市震災復興緊急整備条例の３条において，「市長，市民及び事業者は，市街地の復興に当たっては，震災の教訓を生かした，災害に強い街づくりの形成を協働して行うように努めなければならない」と規定している[19]。そしてさらに，神戸市は，阪神淡路大震災と

19　神戸市震災復興緊急整備条例の制定経緯やその内容に関しては，鈴木三郎

ともにその2年後の1997年に同市で発生した連続児童殺傷事件をも踏まえて，同年12月に制定された神戸市民の安全の推進に関する条例においても，その2条1項に，「市，事業者及び市民は，その能力を生かし，それぞれの役割を果たしつつ相互に補い合い，協働することにより，すべての人が安心して暮らすことができる安全なまちづくりを推進するように努めなければならない」と，「協働」という語を用いて同条例の基本理念を規定している。

「協働」という語を盛り込んだ条例として，神戸市の震災復興緊急整備条例や市民の安全の推進に関する条例よりも自治体関係者の注目を集めたのは，箕面市が1997年3月に制定した，同市市民参加条例であろう[20]。同条例は，目的規定である1条に，「この条例は，まちづくりにおける市民参加の基本的な事項を定めることにより，市と市民が協働し，地域社会の発展を図ることを目的とする」と規定したうえで，総則的規定としての定義規定[21]である2条において，「市民参加」と「協働」をそれぞれ定義している。すなわち，同条例によれば，「市民参加」とは「市の意思形成の段階から市民の意思が反映されること及び市が事業を実施する段階で市と市民が協働すること」をいい，「協働」とは「市と市民がそれぞれに果たすべき責任と役割を自覚し，相互に補完し，協力すること」をいう。箕面市はまた，この市民参加条例が制定された同じ日に，まちづくり理念条例を制定しており，この条例でも，市民がまちづくりの主体であることを定め

(1995)を参照。なお，この条例は，その附則2項に「この条例は，この条例の施行の日から起算して3年を経過した日に，その効力を失う」と規定しており，この規定に基づいて，1998年2月15日に失効している。

20　箕面市市民参加条例の制定経緯やその内容に関しては，埋橋・長沢(1997)を参照。

21　「総則的規定としての定義規定」という表現は，石毛(2012)に拠っている。同書によれば，法令や条例の定義規定には，その法令や条例において用いられる重要な意義を有する語や使用頻度の高い語を，ひとつの条でまとめて定義する「総則的規定としての定義規定」と，個々の条項のなかで，その条項で用いられている語を括弧書きにより定義する「括弧書きによる定義規定」の2種類がある(石毛2012: 79，82頁)。

た3条に「市民は，まちづくりの主体であって，まちづくりに参加することにおいて平等であり，市民相互に協働するとともに，市と協働してまちづくりの推進に努めるものとする」と規定している。「協働」という語を含む条例を同日に2つ制定したのである。

　法律に「協働」という語がはじめて用いられたのは，2003年7月に制定された「環境の保全のための意欲の増進及び環境教育の推進に関する法律」においてである（紙野 2008: 5頁）。この法律は，その21条に，「国は，協働取組（二以上の国民，民間団体等がそれぞれ適切に役割を分担しつつ対等の立場において相互に協力して行う環境保全の意欲の増進その他の環境の保全に関する取組をいう。以下この条において同じ。）について，その在り方，その有効かつ適切な実施の方法及び協働取組相互の連携の在り方の周知のために必要な措置を講ずるよう努めるものとする」と規定している。すなわち，同法では，「二以上の国民，民間団体等がそれぞれ適切に役割を分担しつつ対等の立場において相互に協力して行う環境保全の意欲の増進その他の環境の保全に関する取組」を指し示す語として，「協働取組」という語が用いられている。神戸市や箕面市は，この法律が制定されるよりも前に，条例中に「協働」の語を用い，さらに箕面市は独自の定義をこの語に付与したのである。「協働」という語が，法言説に取り込まれていったのは，そうした自治体の実践をとおしてであった。そして，とりわけ箕面市の市民参加条例は，先進的な取り組みとして，多くの自治体において参照されていくことになったのである[22]。

　なお，条例による「協働」という語の使用と，前述の，自治体の行政組織と特定非営利活動法人やその他のボランティア活動団体等とのあるべき

22　箕面市市民参加条例が，先進的な取り組みとして，多くの自治体において参照されていくことになった，その要因としては，当時の箕面市長であった橋本卓が，講演やエッセイの執筆等をとおして，この条例の制定を対外的に積極的にアピールしたことが重要であったように思われる。橋本（1998；2002a; 2002b; 2002c）等を参照。また，埋橋・長沢（1997）や箕面市企画部広報広聴課（1999）等の，箕面市職員が地方自治関連の雑誌に寄稿した論考も，全国の自治体職員や地方自治研究者の間での同条例の認知度を高めることに貢献したと考

第3章　自治基本条例における「協働」への指向　93

関係を「協働」という語で捉える言説との融合として，いくつかの自治体
において制定された社会貢献活動支援条例を挙げることができる。1990年
代に制定されたものとしては，例えば，1998年3月に制定された岩手県社
会貢献活動の支援に関する条例がある。この条例の6条2項には，「県は，
社会貢献活動を支援するに当たっては，県と社会貢献活動者等との対等な
関係の下に，協働及び協調を旨としなければならない」と規定されてい
る。また，同年12月に制定された宮城県の民間非営利活動を促進するた
めの条例は，その前文において，社会全体が民間非営利活動団体等による
自発的かつ主体的な「活動を支え，促進し，県民と行政，企業がそれぞれ
の社会的な意義と役割を尊重しながら対等な立場でパートナーシップを構
築するとともに，互いに連携し，協働していくことが大切である」と謳っ
ている。さらに，翌1999年3月に制定された高知県社会貢献活動推進支
援条例も，その16条1項に，「県は，社会貢献活動に対する支援に関して
事業者，県民及び社会貢献活動団体(以下この項において「県民等」とい
う。)から広く意見を聴き，並びに県民等と協議を行うことにより，県民等
の参加及び協働による社会貢献活動に対する支援を推進するものとする」
と規定しているし，同年9月に制定された兵庫県の県民ボランタリー活動
の促進等に関する条例にも，その11条に，「県は，協働による地域の課題
の解決を図るため，県，市町，県民ボランタリー活動を行うもの，事業者
等が相互に協力及び連携を行うことができるよう必要な施策を講ずるもの
とする」という規定が盛り込まれている。
　そして，このような状況を踏まえ，1990年代後半には，自治体職員を主
たる読者として想定して，自治体の行政組織が今後取り組むべき「協働」
とはいかなる実践であり，そうした取り組みを推進していくためには何が
必要であるかを解説した書籍が，いくつか刊行されている[23]。

えられる。
23　辻山編(1998)は，その代表的なものである。ちなみに，この書籍は，「分権

4．自治基本条例制定前夜の状況

　繰り返しになるが，「協働」という語は，けっして，ごく近年においてはじめて用いられるようになった新語もしくは造語の類ではなく，その用例は，明治期まで遡ることができる。しかしながら，この語は，1990年代には，それ以前にはなかった様相で，全国の自治体職員や地方自治研究者に共有されるようになった。「協働」という語のそうした共有を促した要因としては，第1に，自治体の行政組織とボランティア活動団体等とのあるべき関係を「協働」という語で捉える言説が広範に流布するようになったことを，第2に，自治体の総合計画や条例に「協働」という語が用いられるようになったことを挙げることができる。これら2つの要因が相俟って作用することによって，1990年代の後半には，「協働」という語は，新しい時代の地方自治のあり方を指し示すポジティブなシンボルであるとともに，自治体の各種の公式文書において，そして条例においてさえも問題なく使用することのできる語として，全国の自治体職員や地方自治研究者に共有されていったのである。

　ニセコ町職員として同町まちづくり基本条例の制定実務に携わった加藤紀孝が，同条例が制定された2000年当時に，自治体の計画策定過程等への住民参加を「協働」という言葉で捉えることを，「ある程度表現としてしっくりする」と認識したのは，かくして「協働」という語を共有していった人的範囲のなかに，加藤もいたからに他ならない。

時代の自治体職員の役割と能力アップについて，個々の職員が自らの学習・研鑽に役立てることができるものとするとともに，職員研修などの教材としても利用できる内容となる」ことを目指して編集された，「分権時代の自治体職員」と題した計8巻のシリーズの第7巻として刊行されている（同書「編集の言葉」を参照）。その他に，同時期に刊行された，自治体の行政組織とボランティア活動団体等との「協働」に言及した書籍として，松下啓一(1998)や世古(1999)がある。なお，2000年代に入ると，類書が続々と刊行されることになるが，ここでは，「市民・住民と自治体のパートナーシップ」と題した計3巻のシリーズを構成する人見・辻山編(2000)，武藤編(2001)，および山岡・大石田編(2001)のみを挙げておくことにする。

そのことを確認したうえで，以下では，2000年代に入ってから各地で続々と制定されるようになった自治基本条例において，「協働」という語がどのように用いられたのかを見ていくことにしよう。

Ⅲ　自治基本条例における「協働」言説の展開

1．自治基本条例のなかでの「協働」という語の使用

既述のとおり，2000年12月に制定されたニセコ町まちづくり基本条例は，章の表題に「協働」という語を含んでいたが，条例中における「協働」という語の使用はそれのみであり，この語が章の表題の一部として使用されていることに，ほとんど実質的な意味はなかった。

これに対して，翌2001年12月に制定された宝塚市まちづくり基本条例では，「協働」という語が，この条例を特徴づけるものとして用いられている。すなわち，この条例においてはまず，その前文において，「まちづくりは，市民と市の協働を基本とし，市民の持つ豊かな創造性，知識，社会経験等が十分に生かされることが必要」であるという認識の下に，「市民と市がまちづくりの基本理念を共有し，協働のまちづくりを進めるため，この条例を制定」すると述べられている。続いて，目的規定である1条には，「この条例は，本市のまちづくりの基本理念を明らかにするとともに，市民と市の協働のまちづくりを推進するための基本的な原則を定め，もって個性豊かで活力に満ちた地域社会の実現を図ることを目的とする」と規定されている。また，総則的規定としての定義規定は置かれていないものの，「まちづくりの基本理念」を定めた2条に，「主権者である市民と市が，それぞれに果たすべき責任と役割を分担しながら，相互に補完し，及び協力して進めること(以下「協働」という。)」という括弧書きによる定義規定が含まれており，それによって，この条例の2条以下において「協働」という語がどのような意味で使用されているのかが明らかにされている。そのうえで，この条例は，「市民の主体的なまちづくり活動を促し，協働してまちづくりを進め」ることと，「地域コミュニティの役割を認識し，その活動を促し，協働してまちづくりを進め」ることとを，市の責務として規定するとともに，「協働のまちづくりの仕組みを確立」す

ることを，市長の責務として規定している。全18条からなる条例に，「協働」という語が，前文における2回の使用を含めて，計7回使用されているのである[24]。

その後，全国各地の自治体において制定された自治基本条例も，その大多数が，「協働」という語を，その条例を特徴づける基幹的な語の一つとして用いており，その点に着目するならば，多くの自治体において自治基本条例の「標準」として参照されたのは，ニセコ町まちづくり基本条例ではなく，宝塚市まちづくり基本条例であったと言うことができる。宝塚市まちづくり基本条例はまた，その構成も参照の対象となり，その結果，「まちづくり」もしくは「自治」の「基本理念」を定める条項を設け，そのなかで「協働」という語を，そこでその定義を示すかどうかはともかくとして，「まちづくり」もしくは「自治」の「基本理念」を構成する重要な語として用いるとともに，それとは別の条項において，法人としての市やその執行機関としての市長等が，「協働」に関連した何らかの責務を負っていることを明記する自治基本条例が，全国各地の自治体で，相次いで制定されていくことになった。

次いで，2002年3月に制定された生野町まちづくり基本条例[25]においては，「まちづくりは，町民一人ひとりが自律するとともに，互いに尊重しあい，助け合いながら，継続的，創造的に進めていくことを基本とする」という「自律共助の原則」，「まちづくりは，町民と町及び町民同士がまちづくりに関する情報を共有しながら進めていくことを基本とする」という「情報共有の原則」と並んで，「まちづくりは，町民の意思を反映していくとともに，町民と町及び町民同士が相互理解のもとに協働で進めていくことを基本とする」という「参画協働の原則」が，「まちづくりの基本原則」の一つとして掲げられた。生野町はその後，2005年4月1日に山東町，朝来町，和田山町と合併して朝来市となり，町としては消滅したが，「まちづくりの基本原則」，「自治の基本原則」，あるいは「自治運営の基本原則」

24　宝塚市まちづくり基本条例の解説として，住吉(2002)。
25　同条例の制定に至るまでの生野町の自治の取り組みに関して，浮谷(2001)。

等の「原則」的なものの構成要素として「協働」を位置づける発想は，その後，多くの自治体に継承されていくことになった。2004年3月に制定された富士見市自治基本条例が，その5条に「市民及び市は，相互理解と信頼関係を深めるとともに，お互いの知恵と力を出し合い協働によるまちづくりを進めることを基本とする」という「協働の原則」を掲げているのは，その一例である。

　さて，これらの早い段階で制定された条例が，いずれも「まちづくり基本条例」という名称であったのに対して，2002年11月には，杉並区が，全国ではじめて，「自治基本条例」という名称の条例を制定する[26]。この杉並区自治基本条例は，名実ともに自治基本条例であることに加えて，「協働」という語の使用に関わる2つの特色を有している。

　その第1は，総則的規定としての定義規定を設け，そのなかで，「協働」という語を定義していることである。すなわち，同条例2条4号によれば，「協働」とは，「地域社会の課題の解決を図るため，それぞれの自覚と責任の下に，その立場や特性を尊重し，協力して取り組むこと」を意味する。こうして杉並区が先鞭をつけた，自治基本条例中に総則的規定としての定義規定を設け，そこで「協働」という語の定義を明示するという方式も，その後，全国各地の自治体によって受け継がれ，それぞれの自治体が，それぞれに「協働」という語の定義に工夫を凝らしていくことになった。そのなかには，2006年6月に制定された音更町まちづくり基本条例の「まちづくりのために，共に協力し合うことをいう」という，ごく短い定義もあれば(同条例2条4号)，2008年9月に制定された雲南市まちづくり基本条例の「市民，議会及び行政が対等な立場に立って，お互いの意見を尊重し，学習を通じて一人ひとり意識を高めあい，役割と責任を担いあいながら共通の目標に向かって取り組むこと」という，より詳細な定義もある(同条例2条1号)。なお，こうした総則的規定としての定義規定におけるものと，宝塚市まちづくり基本条例のような括弧書きによる定義規定におけるものとを含めて，自治基本条例における「協働」という語の定義に

26　杉並区自治基本条例の制定経緯に関しては，田丸(2003年)を参照。

関しては，後に計量的手法を用いて，より細かく検討することにしたい。

　杉並区自治基本条例の，「協働」という語の使用に関わる第2の特色は，「協働」に関連した住民等の責務を規定したことである。宝塚市まちづくり基本条例は，前述のとおり，法人としての市やその執行機関としての市長等が「協働」に関連した責務を負っていることを規定していたが，同様の責務を住民等が負っている旨の規定を含んではいなかったし，生野町まちづくり基本条例にも，「協働」に関連した住民等の責務は規定されていなかった。それに対して，杉並区自治基本条例は，その5条に，「区民は，行政サービスに伴う納税等の負担を分任する義務を果たすとともに，区と協働し，地域社会の発展に寄与するよう努めるものとする」という規定を置き，住民等もまた，努力義務にとどまるものではあるが，法人としての市やその執行機関としての市長等とともに，「協働」に関連した責務を負っていることを明記したのである[27]。同様の規定は，2003年3月に制定された伊丹市まちづくり基本条例や，2004年3月に制定された富士見市自治基本条例にも盛り込まれている。

　その一方で，「協働」に関連した住民等の権利を規定した自治基本条例も制定されるようになる。その嚆矢は，2004年12月に文京区が制定した「文の京」自治基本条例であり，その8条1項には，「区民は，地域社会の一員として協働・協治の社会の実現に参画する権利を有する」と明記され

---

[27]　第1章で述べたように，杉並区自治基本条例は，定義規定である2条に，「区民」とは「区内に住み，働き，又は学ぶ人をいう」と規定している。すなわち，同条例においては，区内に住所を有する住民だけではなく，区外から区内に通勤している者や通学している者も，「区民」として扱われている。「区と協働し，地域社会の発展に寄与するよう努めるもの」とされているのも，そうした意味での「区民」であり，本文中で，「住民等」という表現を用いたのは，この点を踏まえてのことである。なお，杉並区自治基本条例をはじめとする多くの市区町村の自治基本条例において，「市民」，「区民」，「町民」，「村民」といった語が，それぞれの市区町村の区域内に住所を有する住民だけではなく，区域外から区域内に通勤している者や通学している者をも包含する語として用いられていることに関しては，第1章で「もう一つのアイデンティティ・ワーク」として指摘したとおりである。

ている[28]。同様に「協働」に関連した住民等の権利を定めた自治基本条例
としては，2006年10月に制定された平塚市自治基本条例を挙げることが
できる。この条例は，9条2項に，市民が議会および市の執行機関に対し
て有する，まちづくりに関連した権利として，「情報を知る権利」，「参加
をする権利」，および「協働をする権利」の3つの権利を規定している。

　また，いずれも，条例中においては住民等とは異なった位置づけがなさ
れている事業者等をその権利の担い手としたものであるが，2006年3月
に制定された豊島区自治の推進に関する基本条例の，「事業者等は，地域
社会にかかわる多様な主体の一員として，区民と協働し，まちづくりに参
加することができる」という規定(同条例9条1項)や，2007年3月に制
定された北栄町自治基本条例の「事業者は，町民及び町と連携し，協働の
担い手としてまちづくりに参画する権利を有する」という規定(同条例6
条1項)も，協働に関連した権利を定めた規定の例として挙げることがで
きる[29]。なお，北栄町自治基本条例には，「協働」に関連した責務を定めた
「事業者は，社会的な役割を自覚し，町民及び町と協働しながら地域との

28　この「文の京」自治基本条例においては，「協働」という語は一貫して，「協
　働・協治」というかたちで「協治」と結びつけて使用されており，その「協
　働・協治」に，「区民，地域活動団体，非営利活動団体，事業者及び区が対等
　の関係で協力し，地域の情報，人材，場所，資金，技術等の社会資源を有効に
　活用しながら，地域社会の公共的な課題の解決を図る社会のあり方をいう」と
　いう定義が付与されている。ちなみに，久住智治によれば，「協働・協治」と
　いう表現は，「多様な主体が対等な関係で協働しながら地域の課題を解決して
　いく」という「ガバナンス」の考え方を示すものとして，同条例に盛り込むべ
　き事項を検討するために設置された，区民から公募された委員をも含む「『文
　の京』の区民憲章を考える区民会議」において，委員のひとりから提案された
　ものであるという(久住智治 2005: 75頁)。
29　豊島区自治の推進に関する基本条例や北栄町自治基本条例が，事業者等の
　協働に関連した権利を規定しつつ，住民等の同様の権利に関する規定を含んで
　いないのは，住民等が「協働」に関連した権利を有しているのは，敢えてその
　ことを規定する必要もないほどに自明のことであるという認識に基づいてのこ
　とではないかと推測される。

調和を図るよう努める」という規定(同条例6条3項)や,「町民,事業者,コミュニティ及び町は,お互いの理解と信頼関係のもとに協働によるまちづくりを推進するよう努める」という規定(同条例12条1項)も盛り込まれている。

　それでは,以上で見てきたような自治基本条例における「協働」という語の使用は,どの程度まで一般的な現象なのであろうか。その点を明確化するために,特定非営利活動法人公共政策研究所のウェブサイトに掲載されている「全国の自治基本条例一覧」[30]から,2002年10月に制定された北海道行政基本条例を除いた,2015年12月末日に有効なものとして通用していた342の自治基本条例[31]を対象として,(1)条例中に「協働」という語が含まれているかどうか,(2)条例の前文中に「協働」という語が含まれているかどうか,(3)条例中に「協働」という語の定義が,総則的規定としての定義規定の一部として,あるいは括弧書きによる定義規定の形式で示されているかどうか,(4)条例制定の目的を掲げた規定や,条例の制定および施行によって推進されるべき地域社会におけるまちづくりや自治の「基本原則」もしくは「基本理念」を定めた規定に「協働」という語を含んでいるかどうか,(5)法人としての自治体やその執行機関である首長,あるいは議決機関である議会の責務を定めた規定に「協働」という語を含んでいるかどうか,(6)住民や事業者等の責務を定めた規定に「協働」という語を含んでいるかどうか,および,(7)住民や事業者等の権利を定めた規定に「協働」という語を含んでいるかどうかを確認した[32]。その結果

30　http://koukyou-seisaku.com/policy3.html

31　先に言及した生野町まちづくり基本条例のように,合併によって消滅した自治体の,それゆえに失効している自治基本条例は,特定非営利活動法人公共政策研究所のウェブライトの「全国の自治基本条例一覧」には掲載されていないため,分析の対象に含めていない。また,制定後に改正されている自治基本条例については,改正後の,2015年12月末日に有効なものとして通用していた条例を分析の対象としている。その結果,ニセコ町まちづくり基本条例は,「協働」という語を含まない条例として集計されている。

32　北海道行政基本条例を除いたのは,前章注1(41-42頁)において指摘したと

は，表3－1に示したとおりである。

　かつてのニセコ町まちづくり基本条例のように，章の表題のみに「協働」という語を含んでいるものをも合わせて，2015年12月末日に施行されていた342の自治基本条例のうち，94.7％にあたる324の自治基本条例が，「協働」という語を含んでいる。「協働」という語を含んでいないのは，2010年3月の改正後のニセコ町まちづくり基本条例，2006年9月に制定された多治見市自治基本条例，2007年12月に制定された輪島市自治基本

表3－1　自治基本条例における「協働」という語の使用

	度数	％
(1)条例中に「協働」という語を含む	324	94.7
(2)前文中に「協働」という語を含む	213	62.3
(3)「協働」という語の定義規定を含む	258	75.4
(4)「目的」，「基本原則」，「基本理念」を定めた規定に「協働」という語を含む	293	85.7
(5)自治体・首長・議会等の「協働」に関連した責務を規定している	255	74.6
(6)地域住民等の「協働」に関連した責務を規定している	158	46.2
(7)地域住民等の「協働」に関連した権利を規定している	18	5.3

N = 342

おり，同条例が，北海道における自治の基本を定めるものではなく，あくまでも，「道の行政運営に関し，基本的な理念及び原則を定め，並びに知事及び職員の責務等を明らかにすることにより，地方分権の進展に対応した主体的な道政運営を確立するとともに，道民の信頼にこたえる道政を実現し，もって道民の福祉の向上を図ることを目的」としたものであることが，その目的規定である1条に明記されており，その文言からは，この条例とは別に，「行政運営」に対象を限定しない，より広い意味での「自治」に関する基本条例を後日制定することを予定していると解しうるがゆえにである。ただし，この条例にも「協働」の語は含まれている。すなわち，前文に「道政の推進に当たっては，道民と情報を共有し，道民が道政に参加する機会を拡大するとともに，公共的な分野における道民との協働を進め，更に市町村との連携協力を深めていかなければならない」と規定されるとともに，16条において，「道民との適切な役割分担の下に，様々な分野における公共的な課題の解決を図るため，道民との協働を積極的に進め」ることと，「道民との協働を推進するための環境の整備に努め」ることとが，行政運営に関連した法人としての北海道の責務として定められている。

条例，2010年9月に制定された北九州市自治基本条例等の18の条例のみである[33]。「協働」という語を用いることが，自治基本条例を制定する際の事実上の標準となっていると言っても誇張にはならないであろう。先行自治体の取り組みを後続する自治体が参照するという自治体間の相互参照[34]が，こうした「協働」という語の使用の標準化をもたらした，重要な要因であったのではないかと推測される。

2010年3月に行われたニセコ町まちづくり基本条例の改正によって，同条例から「協働」という語が完全に削除されたことを，研究者として同条例の制定を支援した木佐や，ニセコ町職員として同条例の制定や施行に関わってきた加藤が，語るに値する，あるいは記録しておくに値する事実であると考えたのは，こうした「協働」という語の使用実態を踏まえてのことに他ならない。木佐や加藤が，すべての自治基本条例をくまなく参照したかどうかは定かではない。しかし，そうしたことをしなくとも，全国

33　なお，それらのうちには，大多数の自治基本条例においては「協働」という語で表現されている内容を「パートナーシップ」という語で表現している草加市みんなでまちづくり自治基本条例，「共働」という語で表現している豊田市まちづくり基本条例，福津市みんなですすめるまちづくり基本条例，あわら市まちづくり基本条例が含まれており，それら4条例を除く，「協働」という語もそれと同義であると見なしうる語も含んでいないものは，14にとどまる。また，中野区自治基本条例には「公益のために活動する区民の団体と区とは，その共通する目的を達成するため，協力し合う」という，名寄市自治基本条例には「市民及び市は，それぞれの役割及び責任を分担し，相互理解のもと，連携・協力してまちづくりを進めるものとする」という，いずれも実質的には他の多くの条例において「協働の原則」という表題が付されている規定と同内容の規定が盛り込まれており，これらの条例を除くと，「協働」的なるものにまったく言及していない自治基本条例は，12にすぎないということになる。しかしながら，本章においては，あくまでも「協働」という語の使用に焦点を合わせているため，「協働」的なるものに言及しつつも，「協働」という語それ自体は用いてはない自治基本条例は，「協働」という語を含まないものとして扱っている。

34　自治体間の相互参照に関しては，伊藤修一郎(2002: 21-28頁; 2006: 30-32頁)を参照。

各地の自治体における自治基本条例の制定動向に精通している両者であれば、正確にどのくらいの数の自治基本条例で「協働」という語が用いられているかはともかくとして、かなり多くの自治基本条例で「協働」という語が用いられていることは認識していたはずである。ニセコ町まちづくり基本条例から「協働」という語が完全に削除されたことに関する両者の問答は、そうした認識を背景にして展開されたものであると考えられる。「協働」という語の使用が標準化しているという認識が、この語を敢えて削除したことは語るに値する、あるいは記録しておくに値する事実であるという判断につながったのではないかと推測されるのである。

　表3−1に関しては、さらに次の2点を指摘しておく必要があろう。その第1は、全国各地で施行されている自治基本条例の85％以上が、条例制定の目的や、条例の制定および施行によって推進されるべき地域社会におけるまちづくりや自治の「基本原則」もしくは「基本理念」を定めた規定に「協働」という語を含んでいることである。このことは、地域社会におけるこれからのまちづくりや自治のあるべき姿を語るには、「協働」という語を用いる必要がある、あるいは用いるのが適切であるという判断が、多くの自治体において、それぞれの自治基本条例の制定過程でなされたということを意味している。そうした判断がなされた背景としては、自治体間の相互参照もあるであろうが、それとともに、1990年代に、全国の自治体職員や地方自治研究者の間で、「協働」という語が広範に共有されるようになったことも無視できないように思われる。1990年代に「協働」という語の隆盛を目の当たりにした、あるいは自分自身が「協働」という語の隆盛の一端を担った自治体職員や地方自治研究者のうちの一部が、各地の自治体における自治基本条例の制定過程に関わり、この語を、自治基本条例に、まちづくりや自治のあるべき姿を語るためのキーワードのひとつとして盛り込んでいったのではないかと推測されるのである[35]。

　表3−1に関して重要な第2の点は、全国各地で施行されている自治基本条例の75％以上が、「協働」という語の定義を示していることである。

35　自治基本条例を制定した多くの自治体では、その制定過程において、首長

法令中に，その法令において用いられている語の定義規定を設ける必要が
あるのは，主として，その語の辞書的ないしは社会通念上の意味に広狭の
幅があったり，その語が多義的であったりする場合や，立法目的との関係
で，その語を，その辞書的もしくは社会通念上の意味よりも広い意味で，
あるいは狭い意味で用いなければならない場合においてであるが，「立法
により新しい制度を設けたり，新たな規制を行うような場合には，既存の
日常用語にはない新しい用語（概念）を創設する必要が生じることがあり」，
そうした場合にも，その「新しい用語」の定義規定を設けることが必要に
なるという（石毛 2012: 79, 103頁）。自治基本条例に「協働」という語の定
義が掲げられたのは，このうちの最後の理由によるのではないかと考えら
れる。すなわち，「協働」という語は新奇なものであり，定義しなければ
その意味を理解できない者が多いと，全国各地の自治体のそれぞれにおい
て，自治基本条例の制定に際して中心的な役割を担った人々の多くが考え
たために，この語の定義が多くの自治基本条例に盛り込まれたのではない
かと推測されるのである。

　再三の繰り返しになるが，「協働」という語は，けっして近年になって
用いられるようになった新語や造語の類ではない。そうであるにもかか
わらず，1990年代に，この語は新しい語として受け止められた[36]。そして，
この新しさの感覚が2000年代にも持続し，それゆえに，多くの自治体に
おいて，自治基本条例においてこの語を用いるとするならば定義が必要で
あると認識され，実際に，様々な定義が試みられることになったのではな
いかと考えられるのである[37]。さらに推測を重ねるならば，この地方自治

　が議会に提案する自治基本条例案の素案もしくは原案を作成するための検討委
　員会を設置し，そこに，住民代表とともに，地方自治に精通した学識経験者を
　参加させている。

36　本章注4 (76頁)に記したとおり，1998年に刊行された書籍に，「『協働』と
　いう用語を始めて目にする人もいるだろう」し，「この用語はまだ新しい」と
　記されていた。

37　宝塚市職員の住吉実が執筆した同市まちづくり基本条例の解説には，次
　のような記述がある。「『協働』という言葉は，インディアナ大学の政治学者

の現場において共有された新しさの感覚が，新しいものと認識された「協働」という語を，地域社会におけるこれからのまちづくりないしは自治の基本を定める，重要度の高い新条例に是非とも盛り込みたいという欲求へとつながり，そうした欲求が，自治基本条例における「協働」という語の隆盛をもたらした一因となったのではないかとも考えられる。

　それでは，全国各地で施行されている自治基本条例を総体として見たとき，そこにおいて「協働」という語は，どのようなものとして扱われているのであろうか。多様な定義に，何らかの共通性を見出すことは可能であろうか。本章の最後に，この問いに取り組むことにしよう。

2．自治基本条例における「協働」の定義
　表3－1（101頁）に示したとおり，特定非営利活動法人公共政策研究所がまとめた「全国の自治基本条例一覧」に掲載されている自治基本条例から北海道行政基本条例を除いた，2015年12月末日に施行されていた342の

ヴィンセント・オストロム氏が，『地域住民と自治体職員とが共同して自治体政府の役割を果たしていくこと』の意味を一語で表現するために造語した“coproduction”が語源であるといわれており，また，東海大学政治学部の荒木昭次郎教授は『参加と協働』の中で，協働について定義されている。これらの考え方を受けて，本市において，市民と共に進めてきたまちづくりの系譜を踏まえつつ，本市が考える協働を次のとおりに定義している。つまり，協働とは，『まちづくりの過程において，市と市民がそれぞれに果たすべき責任と役割を分担し，相互に補完し，協力することであり，協働が目指す目標は，その地域が市民にとって，より良い地域となることである』」（住吉 2002: 71頁）。オストロムが“coproduction”について論じたのは，1970年代後半であり，それを踏まえて「協働」について論じた荒木の著書が出版されたのは1990年のことである。そのことを前提とするならば，住吉のこの記述は，彼が，「協働」という語は“coproduction”を語源として比較的最近に作られた新語ないしは造語であると考えていたことを示している。こうした認識は明らかに事実に反しているが，しかし，本章との関係で重要なのは，住吉の言明の真偽ではなく，自治体職員である彼が，「協働」という語は比較的最近に作られたものであると考えていたという事実である。

自治基本条例のうちで，条例中で「協働」という語を定義しているものは75.4％にあたる258条例である。そのうち，252条例は，総則的規定としての定義規定において「協働」という語の定義を示しており，残りの6条例は，括弧書きによる定義規定のかたちで「協働」という語の定義を示している[38]。これらの258条例において示された「協働」という語の定義に含まれている語をテキストマイニングの手法を用いて抽出したうえで，同義語ないしは類義語と見なしうるものを代表語の下にまとめ，そのまとめられた語のうちのいずれかが258条例のうちの1割以上で用いられているものを，使用頻度が高い順に並べ，使用されている条例の数とそれが258条例のうちで占める割合を示したものが，表3－2である[39]。

---

[38]　なお，これら258条例以外にも，実質的には「協働」という語の定義を掲げていると見なしうる自治基本条例が，いくつか存在している。例えば，豊中市自治基本条例は，2条1項3号に，「自治の基本原則」のひとつとして「協働の原則」を掲げ，「市民，事業者及び市は，互いを理解し，尊重し，対等な立場で連携して課題に取り組むこと」と規定しているが，この規定は，実質的には，「自治の基本原則」のひとつを示すとともに，「協働」という語の定義を示すという機能をも果たしている。南相馬市自治基本条例の，「協働によるまちづくり」という表題が付された6条の「市民及び執行機関は，それぞれの役割と責務を自覚し，共通の目的を実現するために，共に協力してまちづくりを推進することに努めます」という規定も，まちづくりの基本原則の一つを掲げつつ，同時に，「協働」という語の定義を示していると見なしうる。しかしながら，これらの規定は，形式的には定義規定ではないため，本章における自治基本条例における「協働」という語の定義規定の計量分析の対象には含めていない。

[39]　テキストマイニングには，SPSS Text Analytics for Surveysを使用した。なお，ある語が他の語と同義語もしくは類義語と見なしうるかどうかは，それぞれの語が，その語を含む「協働」という語の定義規定のなかで，さらには，その定義規定を含む自治基本条例の全体のなかで，どのように使用されているのかを，個別に吟味したうえで判断した。例えば，「個人」という語は，会津坂下町まちづくり基本条例の「個人や企業・組織及び公的機関が，それぞれの役割や責務を認識し，対等な立場で協力し合い，行動すること」という定義のなかでのみ使用されているが，この定義における「個人」という語の用法は，他

例えば，「協力」という名詞や「協力する」という動詞を「協働」とい

の自治基本条例の「協働」という語の定義における「市民」，「区民」，「町民」，「村民」，「住民」という語の用法とほぼ同一である。

また，「市長」，「区長」，「町長」，「村長」が自治体の行政組織の長を意味する語として用いられているのに対し，「執行機関」，「行政機関」，「公的機関」，「機関」はそれよりも広い意味で用いられており，また，「行政」，「役所」，「役場」は，意思決定権限を有する執行機関やその補助機関ではなく，それらを包含する自治体の行政組織の全体を意味する語として用いられているが，いずれの語も，自治体行政を担うアクターを指し示す語であることから，類義語と見なし，「首長」という代表語の下にまとめた。なお，「公的機関」および「機関」という語は，議決機関としての議会を含みうるが，これらの語を議会を含む意味で用いている自治基本条例は存在しない。また，「首長」という語を「協働」という語の定義規定において使用している自治基本条例は皆無である。そうであるにもかかわらず，この語を代表語としたのは，そうすることによって，自治体の議決機関である「議会」や法人としての「自治体」それ自体との対比が明確になると考えてのことである。

ちなみに，代表語の下に集約することが最も困難であったのは，「市」，「区」，「町」，「村」という語であった。これらの語は，法人としての「自治体」それ自体を指し示す語として用いられている場合もあれば，「議会」を含む「自治体」の諸機関およびそれらに勤務する者の総体を指し示すものとして用いられている場合もあれば，「自治体」の「執行機関」およびそれらに勤務する者の総体を指し示すものとして用いられている場合もある。そこで，「市」，「区」，「町」，「村」という語については，個々の自治基本条例におけるそれらの語の用法を個別に精査したうえで，代表語レベルでは，「自治体」か「首長」のいずれかの同義語として扱うか，あるいは「首長」の同義語と「議会」の同義語との双方を含んでいるものとして扱うこととした。具体例を挙げるならば，相生市自治基本条例には，「市」とは「基礎的な地方公共団体としての相生市をいう」という定義規定が含まれているため(同条例3条3号)，同条例3条6号の「市民等と市が，互いに尊重しながらそれぞれの果たすべき役割を自覚し，相互に補完し，及び協力し合うことをいう」という「協働」という語の定義規定は，代表語のレベルでは「自治体」を含むものに分類した。えびの市自治基本条例には，「市」とは「市長及び行政機関をいう」という定義規定が含まれているため(同条例3条4号)，同条例3条6号の「市民及び市が相互の果たすべき責務を認識し，それぞれの立場及び特性を対等なものとして尊重する考え

表3－2　自治基本条例の「協働」の定義における主要語の使用頻度

代表語	同義語・類似語	使用条例数	使用率（%）
協力	協力，協力する	240	93.0
住民	市民，区民，町民，村民，住民，個人	218	84.5
それぞれ	それぞれ	200	77.5
役割	役割	183	70.9
相互	相互，互い	179	69.4
首長	市長，区長，町長，村長，執行機関，行政機関，公的機関，機関，行政，役所，役場，市，区，町，村	177	68.6
議会	議会，市議会，区議会，町議会，村議会，市，区，町，村	153	59.3
立場	立場	147	57.0
対等	対等，平等	125	48.4
尊重	尊重，尊重する	118	45.7
責任	責任	116	45.0
目的	目的，目標	75	29.1
行動	行動，行動する，活動，活動する	72	27.9
補完	補完，補完する	72	27.9
自覚	自覚，自覚する	71	27.5
責務	責務	61	23.6
まちづくり	まちづくり	56	21.7
連携	連携，連携する	55	21.3
共通	共通	47	18.2
自治体	市，区，町，村	40	15.5
取り組む	取り組む	40	15.5
特性	特性	39	15.1
共に	共に，ともに	38	14.7
自主性	自主性，自主的，自発的，自立性，自立する	36	14.0
課題	課題，地域課題，共通課題，公共的課題，公共の課題	32	12.4
認識	認識，認識する，認める	27	10.5

N = 258

の下，公共的な目的を果たすため，協力して，共に行動することをいう」という「協働」という語の定義規定は，代表語のレベルでは「首長」を含むものに分類した。鳥取市自治基本条例には，「市」とは「議会及び執行機関をいいます」という定義規定が含まれているため(同条例2条3号)，同条例2条5号の「市民及び市がそれぞれの役割と責任を自覚し，互いの主体性を尊重しながら，対等の立場で協力し合うことをいいます」という「協働」という語の定義規定は，代表語のレベルでは「首長」と「議会」の双方を含むものに分類した。他の自治基本条例についても，「市」，「区」，「町」，または「村」という語をどの

う語の定義に使用している自治基本条例は240あり，この数値は，「協働」
という語の定義規定を含んでいる258条例のうちの93.0％にあたる。ま
た，「協働」という語の定義に，「市民」，「区民」，「町民」，「村民」，「住民」，
「個人」のいずれかの語を含んでいる自治基本条例は218あり，この数値
は，「協働」という語の定義規定を含んでいる258条例のうちの84.5％に
あたる。これらの語の使用頻度が高いということは，自治基本条例の「協
働」という語の定義規定中では，この語は，代表語のレベルにおいて捉え
るならば，まずもって，「住民が誰かと協力すること」もしくは「誰かが
住民と協力すること」を指し示す語として扱われていることを意味してい
る。

　それでは，住民が協力する，あるいは住民と協力する，その相手方は誰
かと言えば，語の使用頻度から判断するならば，それは，「首長」その他
の執行機関もしくはその統轄下にある自治体の行政組織か，自治体の議決
機関としての「議会」か，あるいは法人としての「自治体」それ自体であ
るということになる。岸和田市自治基本条例2条4号の「市民，事業者及
び市が，それぞれの責任と役割分担に基づき，互いの特性を尊重しながら
協力しあうこと」という定義規定のように，協力の相手方を法人として
の「自治体」それ自体としている例はそれほど多くはなく，大和市自治基
本条例3条4号の「市民，市議会及び執行機関が，自主性を尊重し対等な
立場で相互に補完し，協力すること」という定義規定のように，協力の相
手方を自治体の機関等としている例が多い。なお，長浜市市民自治基本条
例のように，「市」とは「市の執行機関」を意味すると定義したうえで（同
条例2条2号），住民と協力する相手方としては，そうした意味での「市」
すなわち「市の執行機関」のみを想定している自治基本条例はあるが[40]，

　代表語の下に分類するかは，条例中にそれらの語の定義が示されていれば，そ
　れに従い，そうでない場合には，条例中でそれらの語がどのように用いられて
　いるかに基づいて判断した。
40　長浜市市民自治基本条例の「協働」という語の定義は，「市民及び市又は市
　民相互がその役割分担に基づき，相互補完的に対等な立場で協力して行動す
　ること」というものであり（同条例2条4号），この定義と，同条例2条2号に

住民と協力する相手方として，自治体の議決機関である議会のみを想定している自治基本条例は存在しない。「議会」が住民と協力する相手方として規定されるのは常に，首長その他の執行機関とともにである。いずれにせよ，自治基本条例における「協働」という語の定義の中核をなしているのは，「住民と自治体もしくはその機関ないし組織との協力」ということなのである。要するに，「公私協働」である[41]。

それ以外の様々な語は，おおむね，「どのように協力するのか」や「何のために協力するのか」に関連した語である。例えば，「対等な立場で協力する」，「それぞれの役割を自覚したうえで協力する」，「まちづくりのために協力する」，「共通の課題に取り組むために協力する」といった語の連接を，表3−2（108頁）から想定することが可能である。

そうした「協働」という語の定義に含まれる様々な語の相互連関を計量的手法によって確認するために，コレスポンデンス分析を行った。その結果として得られた第1軸と第2軸で構成された平面に各語をプロットしたものが次頁の図3−1である。比較的使用頻度の高い語が図の中心付近に，それほど使用頻度が高くない語が周辺にプロットされている。また，相互に関わり合う主体として想定されている「住民」，「首長」，「議会」，「自治体」が四角で，それらの主体間の関わりの実質を示している「協力」が三角で，それ以外の語が丸で示されている。

第1軸の寄与率が11.7％，第2軸の寄与率が9.6％であり，ふたつの軸

掲げられている，「市の執行機関」を意味するという「市」という語の定義とを組み合わせるならば，「市民」が「相互補完的に対等な立場で協力」すべき「市」とは，「市の執行機関」であるということになる。

41　語の使用頻度からは明らかにならないが，いくつかの自治体の自治基本条例は，「公私協働」とともに，民間部門に属する主体相互間の協力も「協働」という語の定義に含めている。京丹後市まちづくり基本条例2条4号の「市民及び市並びに市民相互が目的を共有し，それぞれの役割と責任を担いながら，お互いに補完し協力すること」という定義や，生駒市自治基本条例2条5号の「市民と市又は市民と市民とが，それぞれの役割と責任を担いながら，対等の立場で，相互に補完し，協力すること」という定義が，その例である。

図3-1 自治基本条例の「協働」の定義規定における主要語の共起関係

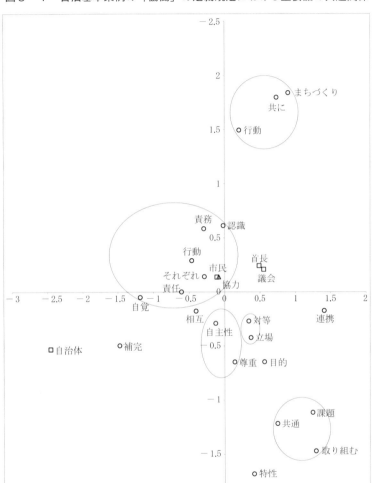

をあわせても，累積寄与率は21.3％にしかならないため，それほど信頼性は高くはないが，概ね，この図において相互に比較的近くにプロットさ

れている語は共起可能性，すなわち，ある特定の自治体の自治基本条例における「協働」という語の定義中に，ともに用いられている可能性が高いと考えられる。図３－１では，「住民」，「首長」，「議会」，「自治体」，および「協力」以外の，共起可能性の高い語を丸で囲ってある。例えば，「対等」と「立場」とは共起可能性が高く，このことは，「対等な立場で」という表現が，多くの自治基本条例で用いられていることを示唆している。また，「共通」，「課題」，「取り組む」という語は相互に共起可能性が高く，このことは，「共通の課題に取り組む」といった表現が，多くの自治基本条例で用いられていることを示唆している。他にも，「まちづくりのために共に行動する」であるとか，「それぞれの役割を認識し，責任や責務を自覚する」であるとか，「自主性を尊重する」といった表現も，自治基本条例における「協働」という語の定義に用いられやすいものであることを，この図から読み取ることができる。

こうした語の共起の実例は，容易に見出すことができる。「対等な立場で」という表現は，会津坂下町まちづくり基本条例２条２号の「個人や企業・組織及び公的機関が，それぞれの役割や責務を認識し，対等な立場で協力し合い，行動すること」という「協働」という語の定義や，大和市自治基本条例３条４号の「市民，市議会及び執行機関が，自主性を尊重し対等な立場で相互に補完し，協力することをいう」という「協働」という語の定義が，その実例である。「共通」，「課題」，「取り組む」の３語が共起している例としては，大分市まちづくり自治基本条例２条４項の「この条例において『協働』とは，市民，議会及び市長等が各々の役割分担のもと，手を取り合って共通の課題解決に取り組むことをいう」という規定を挙げることができる。「まちづくり」，「共に」，「行動する」の３語が共起している例としては，備前市まちづくり基本条例２条５号の，「『協働』とは，市民，市及び市議会が，それぞれの役割のもとで，まちづくりのために対等な立場で共に考え，協力し，又は行動することをいいます」という規定を挙げることができる。

「それぞれ」，「役割」，「認識」，「責任」，「責務」，「自覚」の６つの語のすべてが共起している実例は存在しないが，黒松内町みんなで歩むまち

づくり条例2条5号の，「町民及び町が，それぞれの役割と責任を自覚し，相互に助け合い協力することをいいます」という「協働」という語の定義や，基山町まちづくり基本条例2条4号の「町民，議会及び町がそれぞれの立場と特性を尊重しながら，自己の役割と果たすべき責務を認識し，相互に補完，協力し合いながら活動する営みをいう」という「協働」という語の定義には，このうちの4語が含まれている[42]。「自主性を尊重する」という表現は，先に挙げた大和市自治基本条例3条4号に示されている「協働」という語の定義に加えて，八潮市自治基本条例3条4号の「市民，市議会及び行政がそれぞれの役割及び責務を自覚し，自主性を尊重しつつ，対等な立場で，相互に補完し，協力することをいう」という「協働」という語の定義や，大和郡山市自治基本条例2条5号の「市民，市議会及び執行機関が，お互いの役割と責任の自覚のもと，それぞれの自主性を尊重し，対等な立場で連携，協力し合いながらまちづくりに取り組むことをいう」という「協働」という語の定義に，その実例を見出すことができる。

　こうした現に施行されている自治基本条例における「協働」という語の定義との対応関係を踏まえるならば，図3－1を，1990年代における，全国の自治体職員や地方自治研究者の間での，地方自治のあるべき姿を語るための語彙としての「協働」という語の共有を背景として，全国各地の自治体が，自治基本条例という自治体レベルの法の制定に取り組むなかで，その「協働」という語を，それぞれの自治体における地方自治の将来像を語るためにはどのように用いるべきかを，他の自治体における取り組みを参照しつつ，それぞれに模索するという実践の総和によって産み出された，いわば自治体の総体レベル[43]における「協働の法言説」を，計量的手法を用いて可視化したものであると見なすことが許されよう。

42　「それぞれ」，「役割」，「認識」，「責任」，「責務」，「自覚」の6つの語のすべてが共起している実例が存在しないのは，「認識」と「自覚」は互換的に使用されており，これら2つの語をともに使用している例はないこと，および，「責任」と「責務」も互換的に使用されており，これら2つの語をともに使用している例はないことによる。

43　自治体の個体レベルすなわち個々の自治体における実践ではなく，自治体

Ⅳ　語の使用の連続と不連続

　本章においては，まず，自治基本条例の嚆矢とされるニセコ町まちづく
り基本条例の制定を研究者として支えた木佐茂男と，ニセコ町職員として
同条例の制定や施行に関わってきた加藤紀孝が，2010年3月に行われた同
条例の改正に際して，「協働」という語が同条例から完全に抹消されたこ
とを，語るに値する，あるいは記録しておくに値する事実であると認識し
ていることと，その「協働」という語の削除についての語りのなかで加藤
が，同条例の制定当時には，計画策定過程等への住民参加に関する規定を
含むいくつかの条項を包括する章のタイトルに「協働」という語を用いる
ことを，「ある程度表現としてしっくりする」と感じていたと述べている
ことに着目した。そして，この「協働」という語が，全国各地の自治体で
自治基本条例が続々と制定されるようになる以前には，どのように使用さ
れてきたのかを，必ずしも網羅的ではないものの，時系列的にトレースし
たうえで，その同じ語が，全国各地の自治体の自治基本条例では，どのよ
うに使用されているのかを分析した。その結果，以下のようなことが明ら
かとなった。

　「協働」という語は，けっしてごく最近になってはじめて用いられるよ
うになった新語や造語の類ではなく，その用例は明治期まで遡ることがで
きるが，しかし，1990年代に，それ以前にはなかった様相で，全国の自治
体職員や地方自治研究者の間で共有されるようになった。そして，この語
のそうした共有が，2000年代以降の，全国各地の自治体における自治基本
条例の制定の取り組みに継承された。その結果，大多数の自治体の自治基
本条例に，この語が採り入れられることになった。そうして自治基本条例
に採り入れられた「協働」という語は，おおむね，住民等と自治体の執行
機関や議決機関との間の協力を・その中核とする実践を意味する語として用

の総体レベルすなわち多数の自治体間の相互作用やその結果として生じる諸現
象に焦点を合わせることの意義や重要性に関しては，伊藤修一郎 (2002; 2006)
を参照。

いられている。

「協働」という語の使用に関するこうした検討を振り返ってみると，この語の使用例は100年以上も前まで遡ることができるにもかかわらず，1990年代に，この語が，自治体職員や地方自治研究者の多くに新しい語として受け止められ，その新しさの感覚ゆえに，新時代の地方自治の理想像を語るために，広く用いられるようになったという経緯に，改めて目を引かれる。そこには，事実としては語の使用が歴史的に連続していたにもかかわらず，関係者の多くはその連続性を認識せず，それゆえに，その語を積極的に使用し，その使用が，その語の使用をさらに将来に向けて連続させていくという，いわば連続性が認識されないことが連続性をもたらすという，興味深い事実が見出される。こうしたいわば不連続の感覚ゆえの連続が「協働」という語に特異な現象なのか否かは，しかし，本章の射程をはるかに超える問いである。

なお，本章においては，2015年12月末日に有効なものとして通用していた342の自治基本条例を計量的分析の対象としたが，自治基本条例における「協働」という語の使用は，2016年以降も絶えることなく継続している。例えば，2016年10月5日に制定され，同年10月8日から施行されている尼崎市自治のまちづくり条例は，その3条3号で，「立場又は特性の異なる多様な主体が，目的及び課題を共有するとともに，お互いを尊重し，対等な立場に立って，適切な役割及び責任の分担の下で連携することをいう」という括弧書きによる「協働」という語の定義を示すとともに，5条1項では，「自治のまちづくりを支援するとともに，協働によるまちづくりを推進する」ことを，市長の責務として規定している。また，2017年3月16日に制定され，同年4月1日から施行されている太宰府市自治基本条例は，総則的定義規定のなかに，「まちづくりにかかわる多様な主体が，それぞれの役割及び責務を自覚し，市民及びコミュニティの自主性及び自律性を尊重し，対等な立場で連携し，協力して課題解決に取り組むことをいう」という「協働」という語の定義を示すとともに(同条例3条5号)，「市民，コミュニティ，議会，市長等」が「協働してまちづくりを行う」ことを，「自治の基本原則」のひとつとして掲げている(同条例4条

5項)。自治基本条例のなかで,「協働」という語を用いてあるべき自治の姿を示そうという自治体の総体レベルにおける実践は,現在進行中のものなのである。

　このことを,第1章において示した,自治基本条例の制定は,地域の公共的事柄に積極的に関与していく,住民自治の担い手としての集合的アイデンティティを,住民相互の間主観的了解として構築することを企図した,アイデンティティ・ワークとして理解することができるという,本書全体を貫く認識と関連づけるならば,次のように言い換えることができよう。すなわち,自治体の総体レベルで捉えるならば,自治基本条例の制定をとおして構築することが企図されている新たな集合的アイデンティティは,自治体もしくはその機関ないし組織と協力する主体という一面を含むものであり,自治基本条例における「協働」という語の頻出は,そのことを示している。

　この点を確認したうえで,次章においては視点を変えて,全国各地の自治体において,その多くは,本章で見てきたように,「協働」という語をひとつのキーワードとして用いることによって展開された自治基本条例というプロジェクトは,それぞれの自治体の住民にどのように受け止められたのかを,住民による自治基本条例の認知という側面に焦点を合わせて検討していくことにしたい。

第4章　自治基本条例の地域への定着

Ⅰ　自治基本条例の認知度の低さ

　自治基本条例の制定過程においては，どのような事項をその条例に盛り込むかを住民主体で検討するためのワークショップの開催，一般の住民から公募によって選ばれた委員を多く含む検討委員会における条例素案の作成，その条例素案に対する住民の意見を募るパブリック・コメントの実施等，多様な住民参加の手法が試みられるのが通例である[1]。

　第2章において，多くの自治体においては，自治基本条例は首長や選挙に臨む首長候補者によって提案されていることを示す際に言及した「自治体アンケート調査」によれば，回答を寄せた市区町村のほぼすべてにおいて，自治基本条例を制定する際に，何らかの住民参加の取り組みが実施されている。表4-1に示したように，最も多いのが「どのような条例にするかを検討するための委員会等を設置した」という回答(88.7%)であり，「自治基本条例素案に対する住民の意見を求めるパブリック・コメントを実施した」という回答(82.3%)が，これに次いでいる。比較的少数の住民代表や学識経験者によって構成される委員会等において自治基本条例素案を作成したうえで，その素案に対する意見をすべての住民から募るパブリック・コメントを実施し，寄せられた意見を斟酌したうえで，議会に提

1　自治基本条例の制定過程の実際については，木佐・逢坂編(2003)，大和市企画部編(2005)，山口道昭・西川編(2005年)，内仲(2006)，石平(2008年)，南・馬場(2008)，所沢市自治基本条例を育てる会(2013)を参照。

表4－1　自治基本条例制定過程における住民参加および広報の取り組み

	度数	%	有効%
どのような条例にするかを検討するための委員会等を設置した	125	87.4	88.7
自治基本条例についての住民向けの講演会やシンポジウムを開催した	83	58.0	58.9
自治基本条例についての職員向けの研修を実施した	64	44.8	45.4
住民が参加して自治基本条例について考えるワークショップを実施した	69	48.3	48.9
すべての住民を対象として，自治基本条例素案についての説明会を実施した	52	36.4	36.9
学区等の自治体の区域よりも狭い地域を単位として，地域ごとに自治基本条例素案についての説明会を実施した	39	27.3	27.7
自治基本条例素案に対する住民の意見を求めるパブリック・コメントを実施した	116	81.1	82.3
自治基本条例の制定に取り組んでいることやその取り組みの進捗状況について，広報誌で住民に知らせた	94	65.7	66.7
ウェブサイトに自治基本条例のページを設け，自治基本条例の制定に向けての取り組みの進捗状況を広報した	79	55.2	56.0
住民に自治基本条例の制定について知らせたり，自治基本条例に住民の意見を反映させたりするために，その他のことを行った	22	15.4	15.6
無回答	2	1.4	—
合計	143	100.0	100.0

＊複数回答可

〔出所〕自治体アンケート調査

出する自治基本条例案を確定するという手順が，標準的なものとなっていることがわかる。

　それに加えて，自治基本条例の制定に向けての取り組みが進行中であることを住民に知らせるために，様々な手法が用いられている。「自治基本条例の制定に取り組んでいることやその取り組みの進捗状況について，広報誌で住民に知らせた」と答えている市区町村(66.7%)，「自治基本条例についての住民向けの講演会やシンポジウムを開催した」と答えている市区町村(58.9%)，および，「ウェブサイトに自治基本条例のページを設け，自治基本条例の制定に向けての取り組みの進捗状況を広報した」と答えている市区町村(56.0%)が，いずれもこの質問に回答した市区町村の半数を上まわっており，自治基本条例を制定した市区町村の多くでは，その制定段階において，自治基本条例を制定しようとしていることを，なるべく広

い範囲の住民に知ってもらうために，複数の広報媒体が並行的に利用されていることがわかる。

　また，自治基本条例が制定された後に，その内容を職員や住民に周知するための取り組みを実施している市区町村も多い。「自治体アンケート調査」には，自治基本条例が制定されてから施行されるまでの間に，あるいは施行後間もない時期に，住民や職員に自治基本条例を周知させるために，どのような取り組みを実施したかを，複数回答を許容する形式で尋ねる質問が含まれているが，この質問に対する回答からは，表4－2に示したように，自治基本条例を制定した市区町村の半数以上が，制定した自治基本条例の逐条解説を作成したり(66.2%)，その内容を簡潔に解説したリーフレットやチラシを作成したり(57.0%)していることがわかる。さらに，半数の市区町村が，広報誌の通常号に自治基本条例の解説を掲載したと答えている。

　自治基本条例を制定した市区町村の多くは，その制定過程に様々なかたちで住民を巻き込むように努めるとともに，制定の前後をとおして，制定に取り組んでいることそれ自体や，制定を目指している条例や制定された条例の内容を，可能な限り多くの住民に知ってもらうために，多様なメ

表4－2　自治基本条例を住民および職員に周知させるための取り組み

	度数	%	有効%
すべての住民を対象とした講演会，シンポジウム，説明会等を開催した	38	26.6	26.8
学区等の自治体の区域よりも狭い地域を単位として，地域ごとに説明会等を開催した	22	15.4	15.5
自治基本条例を特集する広報誌の特別号を発行した	30	21.0	21.1
広報誌の通常号に自治基本条例の解説を掲載した	71	49.7	50.0
自治基本条例の内容を簡潔に解説したリーフレットやチラシを作成した	81	56.6	57.0
自治基本条例の逐条解説を作成した	94	65.7	66.2
職員を対象とした自治基本条例に関する研修を実施した	60	42.0	42.3
その他のことを行った	20	14.0	14.1
無回答	1	0.7	―
合計	143	100.0	100.0

＊複数回答可
〔出所〕自治体アンケート調査

ディアの活用を図っているのである。そして，制定過程への住民参加を保障するための取り組みは，とりわけ，パブリック・コメントのようなすべての住民が参加可能な手法の利用は，住民の意向を制定される自治基本条例に反映させるという目的に加えて，自治基本条例の制定に向けての取り組みが進行中であることを住民に知らせるという目的も有しているのではないかと考えられる。そうした住民参加の手法を用いての広報と純然たる広報とをあわせて，自治基本条例を制定した市区町村の多くは，自治基本条例が制定されようとしていることや制定されたことそれ自体に加えて，制定されようとしている，あるいは制定された自治基本条例の内容についても，可能な限り多くの住民に知ってもらうために，多大な努力を払っているということができる。

　ところが，そうした広報への尽力にもかかわらず，自治基本条例が施行されたそれぞれの市区町村において，その自治基本条例の存在それ自体やそこに含まれている条項が，住民の多くに認知されているかというと，その程度は，はなはだ心許ないのが現実である。

　全国の市区町村のうちで最初に自治基本条例を制定したニセコ町において，その自治基本条例すなわち同町まちづくり基本条例が施行されてから3年7か月が経過した2005年11月から翌12月にかけて，中学生を除く満15歳以上の全住民を対象として実施された町民アンケート調査の結果によれば，表4−3に示したとおり，同町まちづくり基本条例を知っているかどうかを尋ねる質問に，「知っている」と答えた者が42.1%，「聞いたことがある」と答えた者が37.6%，「知らない」と答えた者が18.3%，無回答が2.0%という結果になっている（内閣府社会経済総合研究所 2006: 10頁）。「知っている」と答えた者が回答者の半数を下回っているが，しかし，この結果は，他の市区町村と比較するならば，ニセコ町においては，自治基本条例の認知度が，例外的に高いことを示している[2]。

2　2009年からニセコ町長を務める片山健也は，この町民アンケート調査の結果を踏まえて，ニセコ町における同町まちづくり基本条例の認知度は80%という高い数値を示していると述べている（片山 2013: 9頁）。確かに，「知っている」

第4章　自治基本条例の地域への定着　121

表4－3　ニセコ町における同町まちづくり基本条例の認知度

〔問〕ニセコ町まちづくり基本条例をご存じですか。	
よく知っている	42.1%
少し知っている	37.6%
聞いたことがある	18.3%
知らない	2.0%

＊中学生を除く満15歳以上の全住民を対象に，2005年11月～12月に実施。回収数は1,178，
　回収率は29.3％。
〔出所〕内閣府社会経済総合研究所(2006)

　ニセコ町に続いて自治基本条例を制定したいくつかの市区が実施した，
無作為抽出された住民を対象とした調査票調査に，その市区において既に
施行されている自治基本条例を知っているか否かを尋ねる質問が含まれて
いるが，その質問に対する回答の集計結果は惨憺たるものである。表4－
4から表4－8までに示したとおり，自治基本条例について知っている者
が，名前だけを知っている者も含めたとしても，まったく知らない者を下
まわっているのが実情なのである[3]。例えば，比較的高い認知度を示して

───────────

と答えた者と「聞いたことがある」と答えた者とを合算すると約80％になる
が，ニセコ町には「まちづくり基本条例」という名称の条例があることを聞い
たことはあるが，それがどのような条例なのかについてはまったく知らない者
も含む数値を，認知度の高さの証拠として示すことの妥当性には，疑問の余地
があろう。もっとも，「聞いたことがある」と答えた者を合算しなくても，回
答者の42.1％が「知っている」と答えていることだけをもってしても，ニセコ
町における同町まちづくり基本条例の認知度は，以下に述べるように，同様の
条例を施行している他の市区におけるその条例の認知度と比較するならば，例
外的と言ってもよいほどに高いのである。
3　これらの調査の結果は，それぞれの自治体のウェブサイトで公開されてい
　る。URLは，以下の通りである。文京区世論調査：http://www.city.bunkyo.lg.jp/
　var/rev0/0012/6431/yoron20.pdf，妙高市まちづくり市民意識調査：http://www.
　city.myoko.niigata.jp/new/H17/kikaku/sogokeikaku/pdf/anketo2009/syousai.
　pdf，吹田市市政モニタリング調査：http://www.city.suita.osaka.jp/home/
　soshiki/div-shiminbunka/soudan/_39616/_39075.html，米原市市民意識調査：
　http://www.city.maibara.lg.jp/rk/files/tm_dl2/pdf/siminisikityousahoukoku_H22.

いる妙高市の調査でも，「全く知らない」と答えた者が全回答者の48.8%，有効回答者の53.4%を占めているし，最も低い認知度を示している吹田市の調査では，全回答者の76.9%，有効回答者の79.4%が「条例の名前も内容も知らない」と答えているのである[4]。

表4－4　文京区における同区「文の京」自治基本条例の認知度

〔問〕区では，「協働・協治」で豊かな地域社会の実現を目指し，区の憲法ともいえる「文の京」自治基本条例を平成17年4月1日より施行しております。あなたは，この条例をご存知ですか。1つお選びください。

よく知っている	1.5%
少し知っている	8.8%
聞いたことがある	25.9%
知らない	63.8%

＊満20歳以上の区民1,300人を無作為抽出し，2006年8月25日〜9月10日に実施（郵送留置配布・調査員による訪問回収）。有効回収数は996，有効回収率は76.6%。
〔出所〕文京区世論調査

表4－5　妙高市における同市自治基本条例の認知度

〔問〕妙高市自治基本条例の内容を知っていますか。

内容を知っている	2.9%
内容を少し知っている	12.7%
自治基本条例という言葉は知っている	26.9%
全く知らない	48.8%
無回答	8.6%

＊満15歳以上の市民3,000人を無作為抽出し，2009年6月に実施（職員による配送および郵送による配布，回収）。有効回収数は1,147，有効回収率は38.8%。なお，妙高市自治基本条例は，2007年4月に施行されている。
〔出所〕妙高市まちづくり市民意識調査

　繰り返し述べているように，自治基本条例の制定とは，地域の公共的事柄に積極的に関与していく，住民自治の担い手としての集合的アイデン

---

　　pdf，丸亀市自治基本条例に係るアンケート：http://www.city.marugame.kagawa.jp/itwinfo/i3960/file/qu_result.pdf.
4　ただし，調査方法，調査票で使用されている文言，自治基本条例が制定されてから調査までの期間等が異なるため，こうした調査結果から，例えば，妙高市では吹田市よりも自治基本条例の認知度が高いと確言することはできない。

第4章 自治基本条例の地域への定着 123

表4－6　吹田市における同市自治基本条例の認知度

〔問〕吹田市は平成19年1月に吹田市自治基本条例を施行しました。この条例についてお聞きします。

条例の内容を知っている	1.7%
条例の内容は知らないが名前は知っている	18.2%
条例の内容も名前も知らない	76.9%
無回答	3.1%

＊18歳以上85歳未満の市民2,000名を無作為抽出し，2009年8月4日〜9月17日に実施（郵送調査）。有効回収数は1,305，有効回収率は65.3%。

〔出所〕吹田市市政モニタリング調査

表4－7　米原市における同市自治基本条例の認知度

〔問〕あなたは、市のまちづくりの基本ルールである「米原市自治基本条例」をご存じですか。

よく知っている	2.9%
知っている	28.7%
知らない	66.1%
無回答	2.3%

＊市内に在住する満18歳以上の男女3,000人を無作為抽出し，2010年6月〜8月に実施（郵送調査）。有効回収数は1,202，有効回収率は40.1%。なお，米原市自治基本条例は，2006年9月に施行されている。

〔出所〕米原市市民意識調査

表4－8　丸亀市における同市自治基本条例の認知度

〔問〕「丸亀市自治基本条例」を知っていますか？

内容をよく知っている	1.2%
読んだことがある	8.4%
読んだことはないが、名前を聞いたり、見たりしたことはある	30.6%
まったく聞いたことがない	55.2%
無回答	4.5%

＊住民基本台帳より無作為抽出した16歳以上の市民3,000人を対象に，2010年7月〜8月に実施（郵送調査）。有効回収数は1,077，有効回収率は35.9%。なお，丸亀市自治基本条例は，2006年10月に施行されている。

〔出所〕丸亀市自治基本条例に係るアンケート

ティティを，住民相互の間主観的了解として構築することを企図した，アイデンティティ・ワークであるとしたならば，こうした認知度の低さは，由々しき事態と言わなければならないであろう。新たな条例を制定するこ

とそれ自体によって住民の自己認識を変えていくためには，まずもって，どのような内容の条例が制定されたのかを，住民に知ってもらわなければならないはずであるからである。もちろん，自治基本条例が制定されたことそれ自体やその内容をまったく知らない住民が，自治基本条例によって制度化された自治体の行政過程への住民参加の仕組みを利用することをとおして，あるいは，同じく自治基本条例によって制度化された住民と自治体の行政組織との協働の仕組みに関わることをとおして，地域の公共的事柄に積極的に関与していく，住民自治の担い手としての集合的アイデンティティを，内面化していく可能性もないわけではない[5]。しかしながら，そうした自治基本条例の施行実績の蓄積に伴って生じる住民の自己認識の変容は度外視し，自治基本条例の制定それ自体のアイデンティティ・ワークとしてのポテンシャルのみに焦点を合わせるならば，自治基本条例の認知度の低さは，すなわち，そうしたポテンシャルの低さを含意していると考えざるを得ないのである。

　それでは，なぜ，このように自治基本条例の認知度は低いのであろうか。もちろん，自治基本条例という名称すら知らない者に，なぜ知らないのかを尋ねたとしても，意味のある回答は得られないであろう。知らないものは知らないとしか答えようがないからである。しかしながら，自治基本条例について多少なりとも知っている者に，どのようにして自治基本条例について知ったのかを尋ね，その回答から，自治基本条例の認知度が低い理由を推測することはできるかもしれない。

　そうした観点に立ったときに興味深いのが，丸亀市が2010年に実施した「自治基本条例に係るアンケート」の結果である。この調査には，どのような媒体をとおして丸亀市自治基本条例を知ったのかを問う質問項目が含まれているからである。この問いに対する回答の分布は，表4－9に

5　第1章で取り上げたD. エンゲルとF. マンガーの研究においては，障碍を有するアメリカ人法(ADA)は，この法律に基づく諸施策が実施されることをとおして，この法律が自らにどのような権利を保障しているのかを知らない障碍者に対しても，その自己認識に変容をもたらすような構築作用を及ぼしていることが指摘されている(Engel & Munger 2003: 91)。

表4−9　自治基本条例を何で知ったのか

〔問〕「丸亀市自治基本条例」を何で知りましたか。当てはまる番号すべてに○をしてください。	
広報丸亀	80.2%
丸亀市のホームページ	8.5%
まるがめ・まちづくりガイド	8.8%
丸亀市のチラシなど	8.1%
ケーブルテレビ放送	4.8%
市議会テレビ中継	5.1%
知人・友人や家族	9.0%
その他	2.3%

＊丸亀市自治基本条例について，「内容をよく知っている」，「読んだことがある」，「読んだこと
　はないが名前を聞いたり，見たりしたことはある」と答えた者のみに質問。回答者数は434
　人。複数回答可のため，累積パーセントは100を超える。
〔出所〕丸亀市自治基本条例に係るアンケート

示したとおりであり，自治基本条例について知っている者の大多数は，その知識を，丸亀市が発行している広報誌である『広報丸亀』から得ていることがわかる。おそらくは，他の自治体においても同様に，その自治体の広報誌が，住民が自治基本条例についての知識を得るための主要な媒体となっているのではないかと考えられる。そして，こうした調査結果と，表4−1および表4−2に示したように，自治基本条例を制定した市区町村の多くが，その制定過程や制定された条例の内容を広報誌をとおして住民に知らせていることとを勘案するならば，自治基本条例の認知度が低いのは，住民の多くが自治体の広報誌を読んでいないからであろうという推測が導かれることになるはずである。

　しかしながら，事態はそれほど単純ではない。自治基本条例について知っている者の大多数は，その知識を自治体の広報誌から得ているということが確かであるとしても，そのことから，自治体の広報誌を読んでいる者であれば誰でも，自治基本条例について知っているはずであるという結論は導かれない。自治体の広報誌を読んでいても，そこから自治基本条例に関する知識を得ていない者もいる可能性を否定できないからである。

　そして，実際，米原市が2010年に実施した「市民意識調査」の結果は，そうした可能性が広範に現実化していることを示唆している。この調査に

は，表4－7にその結果を示した自治基本条例についての認知度を問う質問とは別個に，市の広報誌である『広報まいばら』の利用頻度を問う質問が含まれているが，この2つの質問のそれぞれに対する回答の関係は，表4－10に示したとおりである6。確かに，『広報まいばら』を「かかさず見ている」と回答している者のうちでは，43.8％が米原市自治基本条例を「よく知っている」もしくは「知っている」と答えており，その値は，『広報まいばら』を見たことがない者のうちでは，米原市自治基本条例を「よく知っている」もしくは「知っている」と答えている者が10.3％しかいないことと比較するならば，きわめて高い。自治体の広報誌が，住民が自治基本条例についての知識を得るための重要な媒体となっていることは，疑いのないところである。その一方で，しかし，『広報まいばら』を「かか

---

6 米原市の「市民意識調査」では，『広報まいばら』の利用頻度を問う質問への回答の選択肢は，「かかさず見ている」，「見ることの方が多い」，「見ることが少ない」，「知っているが見たことがない」，「知らない」の5つとなっているが，『広報まいばら』の存在は知っているが，見たことはない者と，その存在すら知らない者とは，『広報まいばら』を情報媒体としてまったく利用していないという点においては同様である。そこで，表4－10では，「知っているが見たことがない」と「知らない」とを「見たことがない」というひとつのカテゴリーにまとめている。

　なお，表4－10および次節に掲げる各表は，米原市が2010年の6月から8月に実施した「市民意識調査」の結果を，本章の問題関心に基づいて再分析することによって得られたものである。この「市民意識調査」は，住民基本台帳から無作為に抽出された米原市内に在住する満18歳以上の男女3,000人に調査票を郵送し，回答した調査票の郵便での返送を求める形式で実施されたものであり，回収数は1,202，回収率は40.1％であった。この「市民意識調査」の結果の次節における再分析は，この調査を所管した米原市政策調整課よりデータ・ファイルの貸与を受けることによって可能となった。同課からはまた，その所管する米原市自治基本条例の制定過程や施行状況に関して，貴重な情報を提供していただいた。記して感謝の意を表したい。なお，米原市では，2014年度に比較的大規模な機構改革を実施し，その結果，政策調整課は廃止され，同課が所管していた業務のほとんどは，新設された政策推進部政策推進課に移管されている。

表4－10 『広報まいばら』の利用頻度と自治基本条例の認知度との関係

			自治基本条例		
			よく知っている	知っている	知らない
『広報まいばら』の利用頻度	かかさず見ている	度数	24	175	255
		％	5.3	38.5	56.2
	見ることの方が多い	度数	7	122	271
		％	1.7	30.5	67.7
	見ることが少ない	度数	2	28	177
		％	1.0	13.5	85.5
	見たことがない	度数	0	6	52
		％	0.0	10.3	89.7

$R = 0.249$, $p < 0.001$

〔出所〕米原市市民意識調査の調査結果に基づいて筆者作成

さず見ている」と回答している者のなかでも，米原市自治基本条例を「知らない」と解答している者が半数以上存在している。自治体の広報誌を読んでいることは，必ずしも自治基本条例の認知に結びついてはいないのである。

　そうであるとしたならば，なぜ自治基本条例の認知度は低いのかという問いに対して，それは，自治基本条例が制定されたという事実や制定された自治基本条例の内容を住民に伝える主要な媒体である自治体の広報誌を，多くの住民は読んでいないからであると答えるのは，適切であるとは言い難いということになる。自治体の広報誌を読んでいるか否かとともに，あるいはそれ以上に，住民の自治基本条例の認知の程度を左右している，別の要因が存在している可能性が高いのである。本章においては，そうした要因を，「米原市市民意識調査」の結果を再分析することをとおして探求していくことにしたい。

　ちなみに，米原市は，滋賀県の北東部に位置する市であり，2005年2月14日に山東町，伊吹町，米原町の3つの町が合併して誕生した。そして，翌2005年10月1日に近江町を吸収合併し，旧坂田郡の全域を市の区域とする現在の米原市となっている。人口は，約4万人である。

　同市における自治基本条例の制定は，山東町，伊吹町，米原町の3つの町の合併協議のなかで，合併後の新市にふさわしい「まちづくり基本条

例」を作るべきことが提案されたことに端を発する。そして，3町合併により米原市が誕生した後の2005年5月30日に，近江町とも近々合併することを前提に，米原市と近江町の双方の住民と職員とで組織する「新・米原市まちづくり基本条例をつくる会」が組織され，この「つくる会」が，13回の全体会議と22回のグループワークを経て，米原市と近江町とが合併した後の2005年12月21日に，「米原市自治基本条例の骨子について」を市長に答申した。この答申を踏まえて，市の行政組織によって「米原市自治基本条例（素案）」が作成され，その内容を市民に伝えるための「米原市自治基本条例フォーラム」と3回の「まちづくり懇談会」が開催されるとともに，市民からの意見を募るパブリック・コメントが2回実施された。そして，パブリック・コメントに際して市民から寄せられた意見を一部採り入れた「自治基本条例案」が，2006年6月8日に市議会に提案され，同月23日に可決された。施行日は同年9月1日であり，その後，改正されることなく現在に至っている[7]。

内容的には，「多様性の尊重」という見出しを付した6条に「すべての市民は，人として尊ばれ，不当な差別から守られる権利を有する」という規定（同条1項）とともに「米原市におけるまちづくりは，文化的，歴史的，地理的および環境的多様性に配慮し，市民活動および地域社会の自主性を尊重したものでなければならない」という規定（同条2項）を置いていることが，合併によって誕生した新市の自治基本条例であることを反映した特色と言えよう。また，前章で検討した「協働」という語の使用に関しては，この語を「まちづくりに関する役割分担に基づき，市民，事業者等および市が相互補完的に対等な立場で連携および協力をすすめることをいう」と定義したうえで（2条4号），「協働」という見出しを付した12条に，「市民，事業者等および市は，まちづくりを推進するため，それぞれ自立しつつ相互補完的に役割を担い，必要に応じて協働を行うものとする」という規定（同条1項）と，「市は，まちづくりにおける参加，参画および協

---

7 米原市自治基本条例の制定経緯については，米原市政策推進部総合政策課（2007）を参照。

働に関する基本事項を，相互補完の理念に基づき，その内容等について整備するものとする」という規定(同条2項)を置いている。

Ⅱ　自治基本条例の認知度を左右する要因
―「米原市市民意識調査」の分析―

1．クロス集計分析

　まずは，性別，年齢，職業という回答者の基本的な属性と，自治基本条例の認知度との関係を見ておくことにしたい。性別との関係では，女性よりも男性の方が，自治基本条例の認知度が高い(表4－11)。年齢との関係では，30歳代までの回答者の認知度が顕著に低く，40歳代以上は，おおむね，年齢層が高くなるほど認知度が高くなっている(表4－12)。明らかに高い認知度を示しているのは60歳代以上の回答者であり，それは，この年代の回答者には，退職して自宅で過ごす時間が長くなり，時間的な余裕がある者が多く含まれていることと関係があるかもしれない。職業との関係では，自営業者，家事従事者，および無職者の認知度が高い(表4－13)。米原市が，同市よりも人口規模が大きく，都市機能も充実した彦根市や長浜市に隣接しており，また，京都への通学・通勤圏に位置していることを踏まえるならば，会社員・サラリーマン，パートタイマー，および学生は，市域外に通勤もしくは通学している可能性が高い。これに対して，自営業者，家事従事者，および無職者は，日中も米原市内にとどまっている可能性が高く，そうした生活形態の相違が，自治基本条例の認知度を左右しているのかもしれない。

表4－11　性別と自治基本条例の認知度との関係

			自治基本条例		
			よく知っている	知っている	知らない
性別	男性	度数	22	184	323
		％	4.2	34.8	61.1
	女性	度数	13	161	468
		％	2.0	25.1	72.9

R = 0.129，p < 0.001

〔出所〕米原市市民意識調査の調査結果に基づいて筆者作成

表4－12　年齢と自治基本条例の認知度との関係

			自治基本条例		
			よく知っている	知っている	知らない
年齢	10歳代	度数	0	1	16
		％	0.0	5.9	94.1
	20歳代	度数	0	12	88
		％	0.0	12.0	88.0
	30歳代	度数	0	11	121
		％	0.0	8.3	91.7
	40歳代	度数	4	29	110
		％	2.8	20.3	76.9
	50歳代	度数	2	45	155
		％	1.0	22.3	76.7
	60歳代	度数	9	100	135
		％	3.7	41.0	55.3
	70歳代	度数	14	102	103
		％	6.4	46.6	47.0
	80歳以上	度数	6	44	62
		％	5.4	39.3	55.4

R = 0.314, p < 0.001

〔出所〕米原市市民意識調査の調査結果に基づいて筆者作成

表4－13　職業と自治基本条例の認知度との関係

			自治基本条例		
			よく知っている	知っている	知らない
職業	会社員・サラリーマン	度数	3	54	252
		％	1.0	17.5	81.6
	自営業者	度数	2	29	38
		％	2.9	42.0	55.1
	パートタイマー	度数	2	26	109
		％	1.5	19.0	79.6
	家事従事者	度数	6	44	89
		％	4.3	31.7	64.0
	学生	度数	0	5	32
		％	0.0	13.5	86.5
	無職	度数	17	154	221
		％	4.3	39.3	56.4
	その他	度数	5	32	50
		％	5.7	36.8	57.5

χ^2 = 77.839, p < 0.001

〔出所〕米原市市民意識調査の調査結果に基づいて筆者作成

次いで，これからも米原市に住みたいと思っているか否かを尋ねた質問
への回答と，自治基本条例の認知度との関係を見ると，米原市に住み続け
たいと考えている者の方が，市外への転出を考えている者よりも，自治基
本条例の認知度が高いという傾向が認められる（表4－14）。米原市に住
み続けたいという意識は，市への愛着のあらわれであり，この定住意欲に
反映されている市への愛着が，市政全般への関心を高め，ひいては自治基
本条例の認知度を高めていると考えることができるかもしれない。

もっとも，市政への関心に関しては，それをより直截に尋ねる「あなた
は，市政に関心をお持ちですか」という質問が，「米原市市民意識調査」
には含まれている。この質問への回答と自治基本条例の認知度との関係
は，表4－15に示したとおりである。市政への関心を有している者の方
が，そうでない者よりも，自治基本条例の認知度が高いことは明らかであ
る。ちなみに，定住意欲と市政への関心との間には，定住意欲が高い者ほ

表4－14　定住意欲と自治基本条例の認知度との関係

| | | | 自治基本条例 | | |
			よく知っている	知っている	知らない
定住意欲	これからも住みたい	度数	28	270	510
		％	3.5	33.4	63.1
	当分の間は住みたい	度数	3	34	121
		％	1.9	21.5	76.6
	わからない	度数	0	11	55
		％	0.0	16.7	83.3
	機会があれば市外へ出たい	度数	1	17	84
		％	1.0	16.7	82.4
	すぐにでも市外へ出たい	度数	1	2	18
		％	4.8	9.5	85.7

$R = 0.155$, $p < 0.001$

〔出所〕米原市市民意識調査の調査結果に基づいて筆者作成

ど市政への関心も高いという関係が認められるものの[8]，その関係は，定住

8　定住意欲を問う「あなたは，これからも米原市に住みたいと思いますか」と

表4-15　市政への関心と自治基本条例の認知度との関係

			自治基本条例		
			よく知っている	知っている	知らない
市政への関心	関心がある	度数	28	153	120
		％	9.3	50.8	39.9
	まあまあ関心がある	度数	6	158	273
		％	1.4	36.2	62.5
	あまり関心がない	度数	0	21	332
		％	0.0	5.9	94.1
	関心がない	度数	0	2	58
		％	0.0	3.3	96.7

$R = 0.456$, $p < 0.001$

〔出所〕米原市市民意識調査の調査結果に基づいて筆者作成

意欲の程度を市政への関心の程度の代理変数として用いることが許容され
るほどに強いものではない。

　ところで，多くの自治基本条例には，自治の主体としての住民の，自治
体の行財政運営に参加する権利が明記されている。米原市自治基本条例に
も，「市民および事業者等は，原則として市による計画，実施および評価
の活動に参画する権利を有する」という規定(同条例16条2項)が含まれ
ている。また，自治基本条例を制定し，施行することは，それ自体が，自
治体としての施策の立案および実施に他ならない。これらのことを踏まえ
るならば，自治体の行財政運営に参加することへの意欲を有している者
や，自治体が立案し，実施している様々な個別施策に関心を有している者
は，自治基本条例に興味を抱くはずであり，そうした者の自治基本条例の
認知度は高くなるはずであるという推測が成り立つ。

いう質問に，「これからも住みたい」と答えた者を5，「当分の間は住みたい」
と答えた者を4，「わからない」と答えた者を3，「機会があれば市外へ出たい」
と答えた者を2，「すぐにでも市外へ出たい」と答えた者を1とし，市政への
関心を問う「あなたは，市政に関心をお持ちですか」という質問に，「関心があ
る」と答えた者を4，「まあまあ関心がある」と答えた者を3，「あまり関心が
ない」と答えた者を2，「関心がない」と答えた者を1としたうえで，両者の間
の相関を調べると，ピアソンの相関係数は0.213で，1％水準で有意である。

この推測に関連した質問として，「米原市市民意識調査」には，市の施策の立案過程や実施過程への参加および市の行政組織との協働の経験や意欲を問う質問群と，市の各種施策の認知度を問う質問群とが含まれている。前者は，「パブリック・コメントの利用」，「審議会や協議会への参加」，「自治会のメンバーとしての地域まちづくり活動への参加」，「NPOや市民団体等のメンバーとしての地域まちづくり活動への参加」，「イベント運営への参加」，「特技や知識を生かしての学校行事を含む市の行事への参画」，「市長への手紙の利用」のそれぞれについて，これまでの経験の有無と，これからそれらを経験することへの意欲を問う質問群であり[9]，後者は，「まいばら親子の絆プロジェクト」，「米原市が『非核・平和宣言のまち』であること」，「米原市が『食育』を推進していること」，「『まいちゃん子育て応援隊』制度」，「地域包括支援センターでの相談事業」，「米原市が実施している結婚相談事業」，「『米原市蛍保護条例』で市内全域をホタル保護区域に指定していること」，「『水源の里まいばら元気みらい条例』で市内全域を『水源の里』に指定していること」のそれぞれについて，その認知度を尋ねる質問群である。これらの質問群への回答と自治基本条例の認知度との関係を調べることによって，自治体の行財政運営への参加意欲を有している者や，自治体の様々な個別施策に関心を有している者は，そうでない者よりも自治基本条例の認知度が高くなるはずであるという先の推測の妥当性を検証することができるはずである。

クロス集計の結果は，表4－16から表4－30に示したとおりである。市政に参加もしくは協力する様々な方法のそれぞれについて，既にそれらの方法を用いて実際に市政に参加もしくは協力した経験を有している者の方が，現在のところはそうした経験を有してはおらず，今後は参加もしくは協力したいと意欲しているだけの者よりも，自治基本条例の認知度が高く，また，それらのいずれもが，市政に参加もしくは協力した経験がない

9　調査票では，「パブリック・コメント」に「政策等の案に対する市民意見の提出手続制度です」という説明が，また，「市長への手紙」に「市民意見や提案を市長へ直接届ける制度です」という説明が，それぞれ付されている。

のみならず，今後は参加もしくは協力したいという意欲を有してもいない者よりも，自治基本条例の認知度が高くなっている。その一方で，市政に参加もしくは協力した経験がない者のうちで，今後は参加もしくは協力するかどうかわからないと回答している者と，今後も参加もしくは協力することはできないと答えている者との間では，自治基本条例の認知度に，さほどの差は認められない。また，米原市が立案し，実施している様々な個別施策の認知度と自治基本条例の認知度との間には，「米原市市民意識調査」においてその認知度を尋ねているいずれの個別施策に関しても，その施策を知っている者は，そうでない者よりも，自治基本条例の認知度が高いという関係が認められる。自治体の行財政運営への参加や協力の意欲を有している者や，自治体が立案し，実施している様々な個別施策に関心を有している者は，そうでない者よりも自治基本条例の認知度が高くなるはずであるという推測は妥当なものであるし，自治体の行財政運営への参加や協力に関しては，参加や協力の経験が，参加や協力の意欲以上に，自治基本条例の認知を高める効果を有していると言うことができるように思われる。

　クロス集計による分析の最後に，自治体の行財政運営に対する評価と自治基本条例の認知度との関係を確認しておくことにしよう。自治基本条例に自治体の行財政運営に参加する住民等の権利が明記されるのは，金

表4－16　パブリック・コメントの経験および利用意欲と
自治基本条例の認知度との関係

			自治基本条例		
			よく知っている	知っている	知らない
パブリック・コメントの利用	すでに参加・協力している	度数	5	7	6
		％	27.8	38.9	33.3
	今後は参加・協力したい	度数	13	102	132
		％	5.3	41.3	53.4
	わからない	度数	11	162	472
		％	1.7	25.1	73.1
	今後も参加・協力できない	度数	2	28	104
		％	1.5	20.9	77.6

R = 0.219,　p < 0.001

〔出所〕米原市市民意識調査の調査結果に基づいて筆者作成

第4章　自治基本条例の地域への定着　135

表4－17　審議会・協議会への参加経験および参加意欲と
自治基本条例の認知度との関係

			自治基本条例		
			よく知っている	知っている	知らない
審議会・協議会への参加	すでに参加・協力している	度数	8	22	21
		％	15.7	43.1	41.2
	今後は参加・協力したい	度数	12	85	101
		％	6.1	42.9	51.0
	わからない	度数	6	141	397
		％	1.1	25.9	73.0
	今後も参加・協力できない	度数	5	53	204
		％	1.9	20.2	77.9

R = 0.244,　p < 0.001

〔出所〕米原市市民意識調査の調査結果に基づいて筆者作成

表4－18　自治会のメンバーとしての地域まちづくり活動への参加経験
および参加意欲と自治基本条例の認知度との関係

			自治基本条例		
			よく知っている	知っている	知らない
自治会メンバーとしての地域まちづくり活動への参加	すでに参加・協力している	度数	15	123	155
		％	5.1	42.0	52.9
	今後は参加・協力したい	度数	7	101	193
		％	2.3	33.6	64.1
	わからない	度数	5	65	269
		％	1.5	19.2	79.4
	今後も参加・協力できない	度数	4	25	115
		％	2.8	17.4	79.9

R = 0.211,　p < 0.001

〔出所〕米原市市民意識調査の調査結果に基づいて筆者作成

表4－19　NPO・市民団体等のメンバーとしての地域まちづくり活動への
参加経験および参加意欲と自治基本条例の認知度との関係

			自治基本条例		
			よく知っている	知っている	知らない
NPO・市民団体等のメンバーとしての地域まちづくり活動への参加	すでに参加・協力している	度数	7	41	41
		％	7.9	46.1	46.1
	今後は参加・協力したい	度数	14	113	155
		％	5.0	40.1	55.0
	わからない	度数	4	116	371
		％	0.8	23.6	75.6
	今後も参加・協力できない	度数	6	38	165
		％	2.9	18.2	78.9

R = 0.233,　p < 0.001

〔出所〕米原市市民意識調査の調査結果に基づいて筆者作成

表4－20　イベント運営への参加経験および参加意欲と
自治基本条例の認知度との関係

| | | | 自治基本条例 | | |
			よく知っている	知っている	知らない
イベント運営への参加	すでに参加・協力している	度数	9	54	44
		％	8.4	50.5	41.1
	今後は参加・協力したい	度数	8	96	154
		％	3.1	37.2	59.7
	わからない	度数	8	111	357
		％	1.7	23.3	75.0
	今後も参加・協力できない	度数	6	51	176
		％	2.6	21.9	75.5

R = 0.213,　p < 0.001

〔出所〕米原市市民意識調査の調査結果に基づいて筆者作成

表4－21　特技や知識を生かしての学校行事を含む市の行事への参画経験
および参画意欲と自治基本条例の認知度との関係

| | | | 自治基本条例 | | |
			よく知っている	知っている	知らない
特技や知識を生かしての学校行事を含む市の行事への参画	すでに参加・協力している	度数	10	41	28
		％	12.7	51.9	35.4
	今後は参加・協力したい	度数	12	113	186
		％	3.9	36.3	59.8
	わからない	度数	4	117	355
		％	0.8	24.6	74.6
	今後も参加・協力できない	度数	4	46	163
		％	1.9	21.6	76.5

R = 0.237,　p < 0.001

〔出所〕米原市市民意識調査の調査結果に基づいて筆者作成

表4－22　市長への手紙の利用経験および利用意欲と
自治基本条例の認知度との関係

| | | | 自治基本条例 | | |
			よく知っている	知っている	知らない
市長への手紙の利用	すでに参加・協力している	度数	3	8	8
		％	15.8	42.1	42.1
	今後は参加・協力したい	度数	15	116	151
		％	5.3	41.1	53.5
	わからない	度数	9	147	427
		％	1.5	25.2	73.2
	今後も参加・協力できない	度数	3	38	137
		％	1.7	21.3	77.0

R = 0.205,　p < 0.001

〔出所〕米原市市民意識調査の調査結果に基づいて筆者作成

表4－23 「まいばら親子の絆プロジェクト」の認知度と
自治基本条例の認知度との関係

| | | | 自治基本条例 | | |
			よく知っている	知っている	知らない
まいばら親子の絆プロジェクト	よく知っている	度数	16	23	29
		％	23.5	33.8	42.6
	知っている	度数	12	194	193
		％	3.0	48.6	48.4
	知らない	度数	5	123	568
		％	0.7	17.7	81.6

R = 0.377, p < 0.001

〔出所〕米原市市民意識調査の調査結果に基づいて筆者作成

表4－24 米原市が「非核・平和宣言のまち」であることの認知度と
自治基本条例の認知度との関係

| | | | 自治基本条例 | | |
			よく知っている	知っている	知らない
非核・平和都市宣言のまち	知っている	度数	29	254	313
		％	4.9	42.6	52.5
	知らない	度数	4	80	453
		％	0.7	14.9	84.4

R = 0.335, p < 0.001

〔出所〕米原市市民意識調査の調査結果に基づいて筆者作成

表4－25 米原市が「食育」を推進していることの認知度と
自治基本条例の認知度との関係

| | | | 自治基本条例 | | |
			よく知っている	知っている	知らない
食育の推進	知っている	度数	15	111	186
		％	4.8	35.6	59.6
	中身は知らない	度数	14	177	272
		％	3.0	38.2	58.7
	まったく知らない	度数	4	47	311
		％	1.1	13.0	85.9

R = 0.222, p < 0.001

〔出所〕米原市市民意識調査の調査結果に基づいて筆者作成

表4－26 「まいちゃん子育て応援隊」制度の認知度と
自治基本条例の認知度との関係

			自治基本条例		
			よく知っている	知っている	知らない
まいちゃん子育て応援隊	知っている	度数	12	65	60
		％	8.8	47.4	43.8
	中身は知らない	度数	13	166	225
		％	3.2	41.1	55.7
	まったく知らない	度数	9	97	480
		％	1.5	16.6	81.9

R = 0.313, p < 0.001

〔出所〕米原市市民意識調査の調査結果に基づいて筆者作成

表4－27 地域包括支援センターでの相談事業の認知度と
自治基本条例の認知度との関係

			自治基本条例		
			よく知っている	知っている	知らない
地域包括支援センターの相談事業	知っている	度数	16	105	121
		％	6.6	43.4	50.0
	聞いたことはある	度数	8	116	129
		％	3.2	45.8	51.0
	知らない	度数	5	84	310
		％	1.3	21.1	77.7
	センターを知らない	度数	4	29	205
		％	1.7	12.2	86.1

R = 0.304, p < 0.001

〔出所〕米原市市民意識調査の調査結果に基づいて筆者作成

表4－28 米原市が実施している結婚相談事業の認知度と
自治基本条例の認知度との関係

			自治基本条例		
			よく知っている	知っている	知らない
結婚相談事業	知っている	度数	23	151	148
		％	7.1	46.9	46.0
	聞いたことはある	度数	6	120	292
		％	1.4	28.7	69.9
	まったく知らない	度数	5	64	327
		％	1.3	16.2	82.6

R = 0.309, p < 0.001

〔出所〕米原市市民意識調査の調査結果に基づいて筆者作成

第4章　自治基本条例の地域への定着　139

表4－29　「米原市蛍保護条例」で市内全域をホタル保護区域に指定していることの認知度と自治基本条例の認知度との関係

			自治基本条例		
			よく知っている	知っている	知らない
ホタル保護区域	知っている	度数	30	280	478
		％	3.8	35.5	60.7
	知らない	度数	4	57	292
		％	1.1	16.1	82.7

R＝0.213，p＜0.001

〔出所〕米原市市民意識調査の調査結果に基づいて筆者作成

表4－30　「水源の里まいばら元気みらい条例」で市内全域を「水源の里」に指定していることの認知度と自治基本条例の認知度との関係

			自治基本条例		
			よく知っている	知っている	知らない
水源の里	知っている	度数	21	195	152
		％	5.7	53.0	41.3
	知らない	度数	12	136	613
		％	1.6	17.9	80.6

R＝0.380，p＜0.001

〔出所〕米原市市民意識調査の調査結果に基づいて筆者作成

井利之が指摘しているように，「自治体に対する住民による民主的統制に有効な道具立てを構築」するためであるとしたならば（金井 2010: 19頁），「自治体に対する住民による民主的統制」の必要性を実感している者の方が，そうでない者よりも，自治基本条例に対して強い関心を持つはずである。そして，自治体の行財政運営の現状に対して批判的な者の方が，自治体の行財政運営の現状に満足している者よりも，その現状を変えていくために，「自治体に対する住民による民主的統制」を強化することが必要であると考える傾向が強いのではないかと推測される。そうであるとしたならば，自治体の行財政運営に対する評価と自治基本条例の認知度との間には，前者が低いほど後者は高くなるという関係が認められるはずである。

「米原市市民意識調査」には，市の行財政運営に対する評価に関連した質問として，「教育の内容・施設の充実」，「医療体制の充実」，「自然環境の保全・活用」，「地域産業の振興」，「人権の尊重」等の28の政策領域の

それぞれにおける市の施策の現状に対する満足度を，「満足」，「どちらかといえば満足」，「普通である」，「どちらかといえば不満」，「不満」の5段階で回答することを求める質問群が含まれている[10]。これらの質問への回答に，満足度が高いほど点数が高くなるように，「満足」ならば5点，「どちらかといえば満足」ならば4点，「普通である」ならば3点，「どちらかといえば不満」ならば2点，「不満」ならば1点と点数を割り振り，それらを合計すると，各回答者の市の行財政運営に対する総体的な満足度を示すスケールが得られる。このスケールにおいては，28の政策領域のすべてにおける市の施策の現状に満足している者は140点，それらの政策領域のすべてにおける市の施策に不満を感じている者は28点が割り当てられることになる。こうして得られた各政策領域のそれぞれにおける市の施策の現状に対する満足度および市の行財政運営に対する総体的満足度の，回答者全体のなかでの平均値および標準偏差は，表4－31に示したとおりである。

　こうして算出された市の行財政運営に対する総体的満足度と自治基本条例の認知度との関係を見ると，相関係数は0.055であり，5％水準でも統計的な有意性は認められない。また，便宜的に，総体的満足度の点数が78点以下の者を「低水準の満足度の者」，79点以上84点以下の者を「中水準の満足度の者」，85点以上の者を「高水準の満足度の者」とカテゴリー化し，それぞれのカテゴリーごとの自治基本条例の認知度の分布を見ると，表4－32に示したように，自治基本条例について「よく知っている」と答えた者が占める割合は，想定どおり，低水準の満足度の者のうちで最も多いものの，自治基本条例について「よく知っている」と答えた者と「知っている」と答えた者とを合算すれば，自治基本条例について知っている者の割合は，想定とは逆に，高水準の満足度の者のうちで最も高くな

10　なお，質問票では，例えば，「教育の内容・施設の充実」であれば「老朽施設の改築等教育施設の充実，保護者の保育・教育ニーズへの対応を図ります」といった表現で，それぞれの政策領域における市の施策についての，簡単な説明が付されている。

第4章　自治基本条例の地域への定着　141

表4-31　市の施策の現状に対する満足度

	有効回答数	最小値	最大値	平均値	標準偏差
教育の内容・施設の充実	1,092	1	5	2.96	0.77
生涯学習の推進	1,089	1	5	3.07	0.70
文化・スポーツの推進	1,097	1	5	3.15	0.73
歴史・文化の継承と活用	1,096	1	5	3.14	0.67
健康づくりの推進	1,095	1	5	3.12	0.79
医療体制の充実	1,112	1	5	2.91	0.91
子育て・子育ち支援の充実	1,087	1	5	2.95	0.78
高齢者・障がい者福祉の充実	1,115	1	5	2.95	0.86
地域福祉の推進	1,095	1	5	2.95	0.71
自然環境の活用・保全	1,095	1	5	2.99	0.73
やすらぎ環境の整備	1,092	1	5	2.96	0.71
循環型社会の構築	1,094	1	5	2.98	0.74
新エネルギーの導入	1,093	1	5	2.76	0.77
快適な居住環境の整備	1,100	1	5	2.98	0.71
交通体系の整備	1,094	1	5	2.53	0.89
交通・都市基盤の整備	1,081	1	5	2.73	0.79
情報ネットワークの整備	1,065	1	5	2.89	0.61
防災・防犯体制、安全な生活環境の整備	1,082	1	5	2.90	0.68
緊急時の安全対策の充実	1,088	1	5	2.95	0.75
広域的な交流機能の整備	1,071	1	5	2.71	0.76
地域交流・国際交流の推進	1,070	1	5	2.84	0.60
地域産業の振興	1,072	1	5	2.73	0.72
観光・イベントの振興	1,083	1	5	3.00	0.69
人権の尊重	1,083	1	5	3.00	0.69
男女協働参画社会の実現	1,073	1	5	2.96	0.58
コミュニティの振興	1,071	1	5	2.96	0.58
市民と行政との協働のまちづくりの推進	1,075	1	5	2.87	0.62
行政改革の推進	1,069	1	5	2.71	0.76
総体的満足度	945	28	140	81.47	12.37

〔出所〕米原市市民意識調査の調査結果に基づいて筆者作成

る。ただし，こうした関係は，統計的に有意なものではない。市の行財政運営に対する総体的満足度が低いほど自治基本条例の認知度が高くなるという関係は，認められないと言ってよい。すなわち，「米原市市民意識調査」の結果から判断する限り，自治体の行財政運営の現状に対して批判的な者ほど自治基本条例の認知度が高くなるという想定は，妥当しないと考えられる。

表4－32　市の施策への総体的満足度と自治基本条例の認知度との関係

			自治基本条例		
			よく知っている	知っている	知らない
市の施策への 総体的満足度	高水準の満足度	度数	8	109	200
		％	2.5	34.3	63.0
	中水準の満足度	度数	7	72	234
		％	2.2	23.0	74.7
	低水準の満足度	度数	11	79	217
		％	3.5	25.7	70.6

$R = 0.051$, $p < 0.117$

〔出所〕米原市市民意識調査の調査結果に基づいて筆者作成

　さて，以上においては，自治基本条例の認知度に影響を及ぼすと想定される様々な要因について，その影響を個別に検討してきた。その結果，自治体の広報誌を読んでいるか否か以外にも，様々な要因が自治基本条例の認知度を左右していることが確認された。それでは，それらの諸要因それぞれの，自治基本条例の認知度に対する相対的な影響の程度はどうなっているのであろうか。それを検討するためには，それらの諸要因のすべてを独立変数として用いて，重回帰分析を行う必要がある。

2．重回帰分析

　まず，重回帰分析に投入する変数を確認しておくことにしよう。従属変数は，言うまでもなく，自治基本条例の認知度である。「よく知っている」を3，「知っている」を2，「知らない」を1とした。

　独立変数は，以下の通りである。

　　①性別——男性を1，女性を0とした（表4－11を参照）。

　　②年齢——60歳以上の者を1，60歳未満の者を0とした（表4－12を参照）。

　　③職業——市内で過ごす時間が長いと想定される自営業者，家事従業者，および無職者を1，それ以外の者を0とした（表4－13を参照）。

　　④定住意欲—「あなたは，これからも米原市に住みたいと思いますか」

という問いに,「これからも住みたい」と答えた者を5,「当分の間
は住みたい」と答えた者を4,「わからない」と答えた者を3,「機
会があれば市外へ出たい」と答えた者を2,「すぐにでも市外へ出
たい」と答えた者を1とした(表4－14を参照)。

⑤市政への関心――「あなたは,市政に関心をお持ちですか」という
問いに,「関心がある」と答えた者を4,「まあまあ関心がある」と
答えた者を3,「あまり関心がない」と答えた者を2,「関心がない」
と答えた者を1とした(表4－15を参照)。

⑥市政への参加・協力意欲――「パブリック・コメントの利用」,「審
議会や協議会への参加」,「自治会のメンバーとしての地域まちづくり
り活動への参加」,「NPOや市民団体等のメンバーとしての地域ま
ちづくり活動への参加」,「イベント運営への参加」,「特技や知識を
生かしての学校行事を含む市の行事への参画」,「市長への手紙の利
用」のそれぞれについて,これまでの経験の有無と,これからそれ
らを経験することへの意欲を問う質問に,「すでに参加・協力して
いる」と答えた者に4点,「今後は参加・協力したい」と答えた者
に3点,「わからない」と答えた者に2点,「今後も参加・協力でき
ない」と答えた者に1点を割り当てたうえで,その点数を合計した
(表4－16～表4－22を参照)。

⑦施策認知度――（a)「まいばら親子の絆プロジェクト」を「よく
知っている」と答えた者に3点,「知っている」と答えた者に2点,
「知らない」と答えた者に1点,（b)「米原市が『非核・平和宣言の
まち』であること」を「知っている」と答えた者に3点,「知らな
い」と答えた者に1点,（c)「米原市が『食育』を推進しているこ
と」を「知っている」と答えた者に3点,「聞いたことはあるが中
身は知らない」と答えた者に2点,「まったく知らない」と答えた
者に1点,（d)「『まいちゃん子育て応援隊』制度」を「知ってい
る」と答えた者に3点,「聞いたことはあるが中身は知らない」と
答えた者に2点,「まったく知らない」と答えた者に1点,（e)「地
域包括支援センターでの相談事業」を「知っている」と答えた者に

3点，「聞いたことはある」と答えた者に2点，「知らない」もしく
は「地域包括支援センターを知らない」と答えた者に1点，(f)「米
原市が実施している結婚相談事業」を「知っている」と答えた者に
3点，「聞いたことはある」と答えた者に2点，「まったく知らない」
と答えた者に1点，(g)「『米原市蛍保護条例』で市内全域をホタル
保護区域に指定していること」を「知っている」と答えた者に3点，
「知らない」と答えた者に1点，(h)「『水源の里まいばら元気みら
い条例』で市内全域を『水源の里』に指定していること」を「知っ
ている」と答えた者に3点，「知らない」と答えた者に1点をそれ
ぞれ割り当てたうえで，その点数を合計した（表4-23〜表4-30
を参照）。

⑧施策満足度——28の政策領域のそれぞれにおける市の施策の現状
に対する満足度を問う質問に「満足」と答えた者に5点，「どちら
かといえば満足」と答えた者に4点，「普通である」と答えた者に
3点，「どちらかといえば不満」と答えた者に2点，「不満」と答え
た者に1点を割り当て，その点数を合計した（表4-31を参照）。

⑨『広報まいばら』の利用頻度——「かかさず見ている」と答えた者
を4，「見ることの方が多い」と答えた者を3，「見ることが少ない」
と答えた者を2，「知っているが見たことがない」もしくは「知ら

表4-33　重回帰分析に利用した変数の基本統計量

	有効回答数	最小値	最大値	平均値	標準偏差
【独立変数】					
性別	1,196	0	1	0.45	0.50
年齢	1,194	0	1	0.50	0.50
職業	1,193	0	1	0.52	0.50
定住意欲	1,177	1	5	4.41	1.05
市政への関心	1,170	1	4	2.85	0.87
市政への参加・協力意欲	1,005	7	28	15.61	4.12
施策認知度	1,086	8	24	14.59	4.03
施策満足度	945	28	140	81.47	12.37
『広報まいばら』の利用頻度	1,139	1	4	3.12	0.89
【従属変数】					
自治基本条例の認知度	1,174	1	3	1.35	0.54

第4章　自治基本条例の地域への定着　145

表4－34　重回帰分析に利用した変数間の相関

	性別	年齢	職業	定住意欲	市政への関心	市政への参加・協力意欲	施策認知度	施策満足度	『広報まいばら』の利用頻度	自治基本条例の認知度
性別	——	－0.006	－0.156	0.078	0.178	0.135	－0.106	－0.060	－0.068	0.129
年齢		——	0.591	0.278	0.254	0.094	0.211	0.122	0.164	0.320
職業	＊＊	＊＊	——	0.173	0.197	0.012	0.190	0.123	0.178	0.206
定住意欲	＊＊	＊＊	＊＊	——	0.213	0.133	0.233	0.189	0.211	0.155
市政への関心	＊＊	＊＊	＊＊	＊＊	——	0.331	0.400	0.017	0.311	0.456
市政への参加・協力意欲	＊＊	＊＊		＊＊	＊＊	——	0.313	－0.025	0.236	0.306
施策認知度	＊＊	＊＊	＊＊	＊＊	＊＊	＊＊	——	0.137	0.427	0.491
施策満足度		＊＊	＊＊	＊＊			＊＊	——	0.072	0.055
『広報まいばら』の利用頻度	＊	＊＊	＊＊	＊＊	＊＊	＊＊	＊＊	＊	——	0.249
自治基本条例の認知度	＊＊	＊＊	＊＊	＊＊	＊＊	＊＊	＊＊		＊＊	——

＊＊＝1％水準で有意，＊＝5％水準で有意

ない」と答えた者は「見たことがない」者として一括し，1とした（表4－10を参照）。

これらの独立変数および従属変数の基本統計量は表4－33に，変数相互間の相関係数は表4－34に示したとおりである。

重回帰分析の結果は，表4－35に示したとおりである。従属変数である自治基本条例の認知度に，他の独立変数の影響をコントロールした後においてもなお有意な影響を及ぼしているのは，性別，年齢，市政への関心，市政への参加・協力意欲，施策認知度の5変数である。男性は女性よりも，60歳以上の者は60歳未満の者よりも，自治基本条例の認知度が高く，また，市政への関心が高い者ほど，市政への参加・協力意欲が高い者ほど，そして，市が実施している各種の施策の認知度が高い者ほど，自治基本条例の認知度は高いということができる。これに対して，職業，定住意欲，市が実施している施策への総体的満足度，および『広報まいばら』の利用頻度は，他の独立変数の影響をコントロールした後においては，自治基本条例の認知度に有意な影響を及ぼしていない。また，標準化係数（β）の値は，自治基本条例の認知度に最も強い影響を及ぼしているのは市が実施している各種の施策の認知度であり，市政への関心の強さがこれに

146

4－35　重回帰分析の結果（1）

	非標準化係数		標準化係数	t	有意確率
	B	標準誤差	（β）		
(定数)	0.061	0.124		0.488	0.626
性別	0.123	0.032	0.119	3.859	0.000
年齢	0.181	0.038	0.170	4.696	0.000
職業	− 0.010	0.037	− 0.009	− 0.261	0.794
定住意欲	− 0.028	0.015	− 0.059	− 1.897	0.058
市政への関心	0.125	0.020	0.208	6.093	0.000
市政への参加・協力意欲	0.013	0.004	0.100	3.191	0.001
施策認知度	0.049	0.004	0.378	10.925	0.000
施策満足度	0.001	0.001	0.012	0.417	0.676
『広報まいばら』の利用頻度	− 0.016	0.019	− 0.028	− 0.868	0.386

n = 812，R^2 = 0.359，調整済みR^2 = 0.352

次いでいることを示している。

　本章における行論との関係でとりわけ重要なのは，『広報まいばら』の利用頻度が，他の独立変数の影響をコントロールした後においては，自治基本条例の認知度に有意な影響を及ぼしていないということである。既述のとおり，自治体の広報誌は，住民が自治基本条例についての情報を得る主要な媒体であると想定されるが，そうであるにもかかわらず，「米原市市民意識調査」の結果から判断する限り，自治基本条例の認知度は，自治体の広報誌を読んでいるか否かによって，有意に異なってはいないのである。

　こうした結果が出てくるのは，人々が自らの暮らす地域の自治体の広報誌を利用する，その利用パターンを考えるならば，当然のことであるかもしれない。大多数の人々にとって，自治体の広報誌とは，何よりもまず，不燃ゴミの収集日や予防接種の実施日等の，自治体が提供している行政サービスのうちで，自らが日々の暮らしのなかで実際に利用するものについての情報を入手するための媒体なのではないであろうか。そして，自治体の広報誌をそのようなものとして認識している者は，そうしたいわゆる生活情報[11]以外の情報は，たとえ自治体の広報誌に掲載されていたとして

11　吉原浩治は，自治体が広報誌等をとおして住民に提供する情報を，「日常生

も，読み飛ばしてしまうのではないであろうか。自治体の広報誌を毎号必ず見ている者でも，実際に読んでいるのは一部のページのみである可能性が高いのである。そうであるとしたならば，自治体の広報誌に自治基本条例が制定・施行されたという事実やその内容について知らせる記事が，かなりのスペースを割いて掲載されていても，そのページは読まず，それゆえ，自治体の広報誌には毎号必ず目をとおしており，しかも，自治体の広報誌は自らの生活にとって貴重な情報源であると考えているにもかかわらず，自治基本条例という名称すら知らないという者がいたとしても，それは，けっして不思議なことではないということになろう。

　ただし，自治体の行財政運営全般に関心を有している者に関しては，事情は異なるかもしれない。そのような者が自治体の広報誌を読む場合，そこに掲載されている様々な記事に，たとえそれが自分の生活と直接には関連していないように思われたとしても，目をとおすかもしれない[12]。とりわけ，自治体の広報誌の一面に掲載されている記事や，複数のページにわたって写真や図表入りで掲載されている記事等は，それを，地域にとって重要な事項に関わるものであると見なしたうえで，自らの生活との直接的な関連性の有無など考えることなく，熟読するかもしれない。

　そして，自治体の広報誌に掲載される自治基本条例に関する記事は，ま

活に深いかかわりのある，保険医療情報，消費生活情報，防災情報，文化・余暇情報など」の「生活情報」，自治体の政策的判断の結果を知らせ，あるいは，自治体がどのような政策的判断を行うべきかを住民が考えるための判断材料を提供する「政策情報」，住民からの多種多様な意見，要望，主張を整理し，住民にフィードバックする「市民情報」の3類型に分類している（吉原 1986: 25-27頁）。

12　もっとも，市政への関心が高い者は，必ず自治体の広報誌を読んでいるとは限らない。「米原市市民意識調査」では，「あなたは，市政に関心をお持ちですか」という問いに，「関心がある」と答えた者(287人)のうちで，『広報まいばら』の利用頻度を尋ねる問いに「かかさず見ている」と答えた者は，162人(56.4%)にとどまり，「知っているが見たことがない」と答えた者と『広報まいばら』の存在すら「知らない」と答えた者が，それぞれ2人ずつ存在している。

さにそうしたものなのである13。自治基本条例が制定され，施行されたとしても，そのこと自体によって，地域で暮らす人々の生活に，すぐに直接的な影響が及ぶわけではない。自治基本条例の内容を知っていなくても，日々の生活にたちどころに不便が生じるわけではない。多くの人々は，自治体の広報誌に大きな活字で自治基本条例に関する記事が掲載されていても，自分の生活には直接的な関連性のないものとして読み飛ばし，しばらくすると，自治体の広報誌にそうした記事が掲載されていたことすら忘れてしまうのではないであろうか。その一方で，しかし，自治体の行財政運営全般に関心を有している者は，その同じ記事を，地域にとって重要な事項に関わる自治体の政策情報を提供するものと見なして熱心に読み，その内容を記憶にとどめることになるのではないであろうか。要するに，自治

13　ちなみに，米原市では，『広報まいばら』は，2005年度までは毎月1回，2006年度から2016年度までは毎月2回，2017年度からは毎月1回という頻度で発行されているが，自治基本条例が制定される前の2006年1月に，「新・米原市まちづくり基本条例をつくる会」の市民委員が編集した，「米原市の『自治基本条例』ってな〜に？」というタイトルの，計4ページからなる『広報まいばら』号外を発行し，さらに，『広報まいばら』2006年2月号で，全26ページ中の4ページを割いて，「『米原市自治基本条例』の制定に向けて」という特集記事を掲載している。そして，自治基本条例が制定されて間もなく発行された『広報まいばら』2006年7月15日号では，全8ページ中の6ページを割いて，「みんなで築こう"らしさ"が光る米原市―市民参加により自治基本条例を制定―」という特集記事を掲載し，そのなかで，米原市自治基本条例の前文および全条文が2ページにわたって掲げられている。また，『広報まいばら』2009年9月1日号では，自治基本条例に基づいて設置された「米原市市民自治推進委員会」が市長に提言を行ったことを受けて，その提言の概要とともに自治基本条例の内容を再度紹介する見開き2ページの特集記事が掲載さている。そして，『広報まいばら』2010年9月1日号に「ホタルンと考えよう！―親子で読む『自治基本条例』―」という2ページの記事を掲載した後に，同年10月からは2013年9月まで，毎月1日に発行される『広報まいばら』に，各号半ページ程度のスペースを割いて，「親子で読むホタルンの自治基本条例メモ」という連載を掲載し，自治基本条例の主要条文を解説つきで順次紹介している。

体の行財政運営全般に関心を有しているか否かによって，自治体の広報誌の読み方が異なり，その結果，自治体の広報誌の利用頻度と自治基本条例の認知度との関係が異なってくるのではないかと考えられるのである。

こうした推測の妥当性を検証するために，市政への関心と『広報まいばら』の利用頻度との交互作用項[14]を独立変数に加えたうえで，再度重回帰分析を行ったところ，表4－36に示したような結果が得られた。交互作用項が，かなり強い影響を自治基本条例の認知度に及ぼしているが，それとともに，この交互作用項が加わったことによって，市政への関心の程度の自治基本条例の認知度に対する影響は有意なものではなくなり，『広報まいばら』の利用頻度が有意なマイナスの影響を自治基本条例の認知度に及ぼしているという結果となっている。

ただし，この分析結果に関して注目すべきなのは，有意性よりもむしろ，それぞれの独立変数の非標準化係数(B)の値である。独立変数「『広報まいばら』の利用頻度」の非標準化係数の値が－0.176とマイナスであ

表4－36　重回帰分析の結果（2）

	非標準化係数		標準化係数	t	有意確率
	B	標準誤差	（β）		
（定数）	0.536	0.198		2.700	0.007
性別	0.113	0.032	0.110	3.547	0.000
年齢	0.173	0.038	0.163	4.521	0.000
職業	－ 0.003	0.037	－ 0.003	－ 0.090	0.928
定住意欲	－ 0.024	0.015	－ 0.050	－ 1.634	0.103
市政への関心	－ 0.061	0.064	－ 0.102	－ 0.956	0.339
市政への参加・協力意欲	0.012	0.004	0.100	3.183	0.002
施策認知度	0.048	0.004	0.371	10.752	0.000
施策満足度	0.001	0.001	0.014	0.485	0.628
『広報まいばら』の利用頻度	－ 0.176	0.055	－ 0.300	－ 3.178	0.002
交互作用(市政への関心×広報まいばら)	0.060	0.020	0.479	3.063	0.002

n = 812，R^2 = 0.366，調整済みR^2 = 0.358

14　独立変数「市政への関心」の値（1～4）と独立変数「『広報まいばら』の利用頻度」の値（1～4）を単純に掛け合わせたもので，最小値は1，最大値は16，平均値は9.12，標準偏差は4.16である。

り，その絶対値が，交互作用項の非標準化係数の値(0.060)のおよそ2.93倍であることは，「『広報まいばら』の利用頻度」とともに交互作用項を構成している独立変数「市政への関心」が2.94以上の値を取らなければ，『広報まいばら』の利用頻度が自治基本条例の認知度に及ぼす影響は，プラスにはならないことを示している[15]。このことは，独立変数「市政への関心」が3または4である者，すなわち，「あなたは，市政に関心をお持ちですか」という問いに「まあまあ関心がある」と答えた者と「関心がある」と答えた者に限ってみるならば，『広報まいばら』の利用頻度が高いほど自治基本条例の認知度も高くなるという関係が成り立つことを意味している。ただし，「あなたは，市政に関心をお持ちですか」という問いに「まあまあ関心がある」と答えた者のうちでは，『広報まいばら』の利用頻度が自治基本条例の認知度を高める効果は，無視してもよい程度のきわめてわずかなものであり，『広報まいばら』の利用頻度が自治基本条例の認知度を明らかに高めているのは，「あなたは，市政に関心をお持ちですか」という問いに「関心がある」と答えた者のうちにおいてのみである。また，独立変数「市政への関心」の非標準化係数の値(−0.061)と交互作用項の非標準化係数の値(0.060)が，正負は逆で絶対値はほぼ等しいことは，市政への関心が高くとも，独立変数「『広報まいばら』の利用頻度」の値が1であるならば，すなわち『広報まいばら』を読んでいなければ，自治基本条例の認知度は高まらないことを意味している[16]。

15　独立変数「『広報まいばら』の利用頻度」が自治基本条例の認知度に及ぼす影響は，−0.176×『広報まいばら』の利用頻度＋0.060×(市政への関心×『広報まいばら』の利用頻度)＝(−0.176＋0.060×市政への関心)×『広報まいばら』の利用頻度となる。この式の値がプラスとなるのは，0.060×市政への関心が0.176以上の場合，すなわち，独立変数「市政への関心」の値が2.94以上の場合である。ただし，この計算は，標準誤差の値を度外視して，敢えて単純化したものである。

16　独立変数「市政への関心」が自治基本条例の認知度に及ぼす影響は，−0.061×市政への関心＋0.060×(市政への関心×『広報まいばら』の利用頻度)＝(−0.061＋0.060×『広報まいばら』の利用頻度)×市政への関心となる。独

要するに，自治体の広報誌は，自治体の行財政運営全般に対して関心を有する住民に読まれる限りにおいて，そうした住民の自治基本条例の認知度を高めることに貢献しているのである。

　なお，市政への関心と『広報まいばら』の利用頻度との交互作用項を独立変数に加えた後においても，この交互作用項を投入する以前と同様に，年齢，性別，参加・協力意欲，施策認知度は，従属変数である自治基本条例の認知度に，有意な影響を及ぼしている。また，標準化係数（β）の値は，この交互作用項を独立変数に加えた後には，自治基本条例の認知度に最も強い影響を及ぼしているのはこの交互作用項であり，施策認知度の影響がそれに次いでいることを示している。

　以上の分析を踏まえるならば，なぜ自治基本条例の認知度は低いのかという問いに対する答えは，自治基本条例の制定および施行もまた，自治体の施策のひとつであり，それゆえに，自治体が立案し，実施している施策全般に対する住民の関心の低さが，自治基本条例の認知度の低さにつながっているということになりそうである。

Ⅲ　アイデンティティ・ワークとしての可能性と限界

　「米原市市民意識調査」の結果の分析からは，自治基本条例の認知度が高いのは，比較的高齢の男性で，市政への関心が高く，その市政への関心

立変数『広報まいばら』の利用頻度」の値が1の場合，すなわち『広報まいばら』を読んでいない場合には，−0.061＋0.060×『広報まいばら』の利用頻度はほぼ0であり，したがって，市政への関心が高くとも，そのことは，自治基本条例の認知度に影響を及ぼさないということになる。ただし，この計算は，標準誤差の値を度外視して，敢えて単純化したものである。また，この交互作用項を組み込んだ重回帰分析においては，独立変数「市政への関心」の従属変数への影響が有意なものではないので，この結論は，脆弱なものにとどまる。しかし，交互作用項が従属変数に強い影響を及ぼしていることを踏まえるならば，市政への関心が高い者であっても，『広報まいばら』の利用頻度が高くなければ，その者の自治基本条例の認知度はそれほど高くはないということは，疑いのないところである。

ゆえに『広報まいばら』を読んでおり，市の施策の立案過程や実施過程への参加もしくは市の行政組織との協働の経験や意欲を有しており，市が実施している様々な施策を認知している者であるという知見が得られた。こうした知見は，地域の公共的事柄に積極的に関与していく，住民自治の担い手としての集合的アイデンティティを，住民相互の間主観的了解として構築することを目指して自治基本条例の制定に取り組んだとしても，それが奏功する可能性は，それほど大きなものではないことを示唆している。

　そもそも，市の施策の立案過程や実施過程への参加もしくは市の行政組織との協働の経験や意欲を有している者とは，すなわち，地域の公共的事柄に積極的に関与していく，住民自治の担い手としての集合的アイデンティティを，既にかなりの程度まで内面化している者に他ならない。それらの者にとっては，自治基本条例は，自己認識の変容を迫るようなものではなく，むしろ，自己認識を強化するものである。それゆえ，それらの者が自治基本条例の制定やその内容を知ったとしても，そのことによって，自己認識に変化が生じるわけではない。すなわち，それらの者は，新たな集合的アイデンティティの受容を促すことを目的としたアイデンティティ・ワークの対象とする必要のない者なのである。

　新たな集合的アイデンティティの受容を促すことを目的としたアイデンティティ・ワークの対象として重要なのは，むしろ，市政への関心が低く，市の施策の立案過程や実施過程に参加したことも市の行政組織と協働したこともなく，将来的にも，市政への参加や協力に取り組んでみたいとは考えていない住民である。それらの者が，地域の公共的事柄に積極的に関与していく，住民自治の担い手としての自己認識を抱くよう仕向けることこそが，自治基本条例の制定をとおして実践されるべきアイデンティティ・ワークの本質的部分に他ならない。ところが，それらの者は，そもそも市政への関心が低いために，自治基本条例の制定に関心を持つ可能性が低く，また，市政への参加や協力への意欲も低いために，自治基本条例が制定されたことによって，市政と関わる新たなルートが制度化されたことをたまたま知ったとしても，自らには関係のないこととして，すぐに忘れてしまう可能性が高い。アイデンティティ・ワークが，その最も重要な

ターゲットに，きわめて不十分にしか到達していないのである。

　もちろん，本章における「米原市市民意識調査」の結果の分析から明らかになったのは，可能性もしくは傾向性にすぎない。自治体の行財政運営への関心をほとんど有していなかった者が，不燃ゴミの収集日を知りたくて自らが暮らす市の広報誌を読み，その一面に自治基本条例の制定についての記事が掲載されていたことから，この新たな条例について半ば偶然に知ることとなり，その内容に興味を持って，市役所で配付されているこの新条例の逐条解説も手に入れ，熟読し，その結果，この新条例によって制度化された市の審議会の委員の公募に応じたり，同じくこの新条例によって制度化されたパブリック・コメントが実施された際に，自らの思うところを書き記して，市役所の担当部署に送ったりするようになるといった事例も，けっして皆無ではないはずである。そうした事例がわずかではあれ出現したならば，地域の公共的事柄に積極的に関与していく，住民自治の担い手としての集合的アイデンティティの構築を目指したアイデンティティ・ワークは，無意味ではなかったと言うことができるかもしれない。

　そうした観点からは，そもそも自治基本条例は，大多数の住民にその存在や内容が知られていなければ，存在価値の無いものなのかといった問いも導かれる。

　米原市の人口は約4万人であり，そのうち18歳以上の者は約33,000人である。「米原市市民意識調査」の結果を踏まえて，2.9％程度が米原市自治基本条例を「よく知っている」としたならば，米原市自治基本条例をよく知っている18歳以上の住民は，950人程度ということになる。そのうち，ただ単に米原市自治基本条例を「よく知っている」だけではなく，その知識を活用し，同条例13条において保障されている「知る権利」や，16条において保障されている「まちづくりに関与する権利」を積極的に行使しようとする者がどのくらいいるかは定かではないが，仮にその割合を3割程度と推定するならば，その数は280人程度ということになる。この280人のうちには，たとえ米原市自治基本条例が制定されていなくても，様々なルートをとおして積極的に市政に関与したであろう者も，相当程度含ま

れているはずである。しかしながら，同条例が制定されたことによって，市政への関わりの度合いを高めた者も少なからず含まれているはずであり，そのなかには，同条例が制定されていなかったならば，およそ市政に関わろうとはしなかったであろう者も含まれているのではないかと推測される。

　市政に積極的に関わっている住民の割合が住民総数の１％にも満たない状況を，住民の市政参加や住民と市の行政組織との協働が盛んであると評価しうるのかと問われるならば，おおかたの者は，イエスと答えることに躊躇をおぼえざるを得ないであろう。しかしながら，自治基本条例が制定され，施行されたことをとおして，積極的に市政に関わる住民が，住民総数との対比ではごく少数であると言わざるを得ない程度の数であっても，明らかに増加し，そのことが，自治体の行政組織の仕事のやり方や住民との向き合い方に望ましい変化をもたらしているとしたならば，それで，自治基本条例の制定は，アイデンティティ・ワークとして無駄ではなかったと言うことができるかもしれない。

　もっとも，本章において検討してきたのは，あくまでも，どのような住民が自治基本条例の制定やその内容を認知する可能性が高いかであり，自治基本条例の制定やその内容を認知した住民が，その知識をどのように行動に結びつけていくかは，本章における検討の射程外である。自治基本条例が制定された後に，その効果として生じる，住民の行動の変化は，次章における検討課題である。

第5章　自治基本条例のインパクト

Ⅰ　自治基本条例は変化をもたらすか

　自治基本条例の制定は，地域の公共的事柄に積極的に関与していく，住民自治の担い手としての集合的アイデンティティを，住民相互の間主観的了解として構築することを企図したアイデンティティ・ワークであるということは，自治基本条例を制定しさえすれば，必然的に，大多数の住民の自己認識に大きな変化が生じるということを意味しない。前章で見たように，自治基本条例が施行されたそれぞれの市区町村において，その自治基本条例の存在それ自体やそこに含まれている条項が住民に認知されている程度は，けっして高くはない。このことは，自治基本条例の制定それ自体が，住民の意識に変化をもたらす可能性は，それほど大きなものではないことを示唆している。大多数の住民は，自らが暮らす市区町村で自治基本条例が制定されたとしても，そのことを知らず，それゆえに，自治基本条例が制定される以前と変わらない自己認識を抱き続けるであろうという想定の方が，自治基本条例の制定によって多くの住民の自己認識に抜本的な変化が生じるであろうという想定よりも，はるかに現実的であろう。第2章において指摘したとおり，自治基本条例の制定は，それ自体を単独で捉えるならば，アイデンティティ・ワークとして，その成功が約束されたものであるとは言い難いのである。

　しかしながら，前章において指摘したとおり，自治基本条例の制定それ自体やその内容をまったく知らない住民が，自治基本条例によって制度化された自治体の行政過程への住民参加の仕組みを利用することをとおし

て，あるいは，同じく自治基本条例によって制度化された住民と自治体
の行政組織との協働の仕組みに関わることをとおして，地域の公共的事柄
に積極的に関与していく，住民自治の担い手としての集合的アイデンティ
ティを内面化していく可能性もないわけではない。すなわち，自治基本条
例の制定それ自体ではなく，その施行実績が，住民の自己認識に変化をも
たらす可能性である。

　そもそも，法が社会にどのような変化をもたらすかは，文字によって書
かれたテキストとしての法の，その文言のみによって完全に定まってしま
うわけではなく，その法が，どのように施行されるかによって大きく異
なってくることは，自明のことである。高い理想を宣言し，その理想を
実現するための法的ルールを定立した上級裁判所の判決が，その判決内容
を実現する責任を負っているはずの公的諸機関の抵抗に遭遇し，それゆえ
に，ごく限定的な変化しか社会にもたらすことができていないといった事
態が稀ではないことは，合衆国連邦最高裁判所の著名な判決に焦点を合わ
せた諸研究が，繰り返し指摘してきたことである[1]。議会が制定した法律に
関しても，同様の事態が生じることは，けっして少なくはない[2]。それらの
ことを踏まえるならば，自治基本条例についても，施行実態の如何によっ
て，それが住民の意識に及ぼすインパクトは，大きく変わってくるはずで

1　代表的な著作として，Rosenberg (1991)。また，上級裁判所の判決において
　宣言された法的ルールの実施実態を扱った諸研究を整理し，それらにおいて示
　されている知見の理論的一般化を試みた著作として，Canon & Johnson (1998)。
2　合衆国における政策実施過程(policy implementation process)の政治学的研究
　の多くが，政策実施段階における，政策形成者が予期しなかったような，政
　策実施機関の活動をとおしての政策のなし崩し的な変容と，その結果として
　生じる政策目的の挫折の実態を解明している。そうした研究の嚆矢とされる
　J. プレスマンとA. ウィルダフスキーの著作(Pressman & Wildavsky 1973)が，
　連邦議会が1965年に制定した「公共事業および経済発展法(Public Works and
　Economic Development Act)」のカリフォルニア州オークランドにおける実施
　実態を分析したものであったことが象徴的に示しているように，政策実施過程
　の政治学的研究の多くにおいては，その実施過程が分析対象とされている「政
　策」とは，議会によって法律という形式でオーソライズされたものである。

あると考えなければならない[3]。

　それとともに留意すべきなのは，自治基本条例の制定それ自体やその内容がどの程度多くの住民に認知されるかは，住民の認知の程度を高めるために，どのような取り組みが，どれほどの頻度で実施されるかに依存しているのではないかと考えられることである。知らせる努力の程度が，認知の程度を左右するという想定は，自治基本条例のみならず，新たに創り出されるあらゆるものに妥当するはずである。そして，住民にとって，自治基本条例の制定それ自体やその内容について知ることが，自己認識を変えていくことへの，唯一ではないにしろ，重要な径路であるとしたならば，知らせる努力を積み重ねるその程度が，住民の自己認識の変容可能性を大きく左右するという推測が成り立つはずである。

　このような，自治基本条例の制定が住民の自己認識の変容をどの程度の規模でもたらすかは，自治基本条例の施行実績やそれを知らせる努力の多寡に依存しているはずであるという推測の妥当性を検証するためには，いずれも自治基本条例を制定しているが，その施行実績や知らせる努力の多寡に差異がある，複数の自治体を比較することが必要である。そこで，以下，本章においては，自治基本条例の制定および施行が住民や職員の意識や行動にもたらす変化を左右する要因を，第2章および前章においても用いた「自治体アンケート調査」の結果に基づいて探究していくことにしたい。ただし，この調査は，自治基本条例の施行状況とともに制定経緯をも把握するために実施されたものであり，それゆえ，調査対象には，自治基本条例の施行後間もない市町や，自治基本条例が制定されてはいるものの，未施行の市町も含まれているが，自治基本条例のような罰則規定のない条例が，施行後直ちに住民や職員の意識や行動に変化を生じさせることは想定し難いことから，以下における分析には，2012年1月の調査時点において，自治基本条例が制定されてから1年以上経過していた市区町村の

3　松下啓一の，各地の自治体で制定されている自治基本条例のなかには，「つくって終わりという条例も散見される」という指摘(松下啓一 2007b: 41頁)は，この点に関わるものとして理解することができるであろう。

データのみを使用する[4]。

　住民の意識や行動の変化だけではなく，職員の意識や行動の変化をも探究の対象とするのは，2つの理由による。

　その第1は，住民と職員とでは，意識や行動に変化が生じる経緯に違いがあるかもしれないということである。もし，実際に違いがあるとするならば，職員の意識や行動に変化を生じさせるためには有効な方策であっても，住民の意識や行動に変化をもたらす効果は，さほどは期待できないものや，その逆に，どちらかと言えば，職員ではなく，住民の意識や行動を変化させるために効果的な方策があるということになる。そのことが明らかにできたならば，それは，住民の意識や行動に変化をもたらすことを指向したアイデンティティ・ワークが奏功する条件の解明に結びつく。それは，まさに本章の課題を果たすことであり，そうであるがゆえに，職員の意識や行動の変化の程度を規定する要因を探究することは，十分に意義のある取り組みであると言うことができる。

　第2の理由は，職員の意識や行動の変化が，住民の意識や行動に変化をもたらす要因となる可能性があるということである。すなわち，自治基本条例の施行実績の蓄積をとおして，まずはその施行に責任を負っている職員の意識や行動が変化し，その結果，職員が，以前とは異なった態度で住民に接するようになり，それが直接の規定要因となって，住民の意識や行動も変わっていくという段階的な変化が生じる可能性も，十分に想定される。そうであるとしたならば，職員の意識や行動の変化を促進することは，それ自体が，究極的には住民の意識や行動に変化をもたらすことを指向したアイデンティティ・ワークの一環として位置付づけられることにな

4　この限定の結果，2市1町が除外され，分析対象は140市区町村となり，例えば表5－1から表5－6などは，阿部昌樹(2013)に掲載されている単純集計とは，若干数値が異なってくる。なお，以下本章においては，分析対象となっている市区町村を「自治体」と表記するが，本章における分析およびその結果として示される知見が，現時点において自治基本条例を制定している唯一の広域自治体である神奈川県にも敷衍することができるか否かについては，判断を留保せざるを得ない。

る。そうした観点からも，職員の意識や行動の変化の程度を規定する要因を探究することは，十分に意義のある取り組みなのである。

　なお，自治基本条例の施行によって生じる変化には，住民や職員の意識や行動の変化に加えて，新たな施策の創設のような制度上の変化もある。例えば，自治基本条例が施行される以前には行われていなかった条例案や計画案に対するパブリック・コメントが，自治基本条例が施行されたことによって，その自治基本条例の規定に基づいて実施されるようになったとしたならば，それも，自治基本条例の施行がもたらした変化である。また，住民投票に関して，自治基本条例には，所定の要件を充たした場合には住民投票を実施する旨の一般的規定と，住民投票の実施手続等については別に条例で定める旨の規定のみが置かれ，自治基本条例の施行後に，そうした自治基本条例の規定を踏まえて住民投票条例が制定されたならば，たとえその住民投票条例に基づく住民投票が以後一度も行われていないとしても，新たな条例の制定それ自体を捉えて，自治基本条例の施行によってもたらされた変化と見なすことができる。

　そうした制度上の変化の多くは，自治基本条例の規定それ自体に由来するものであり，自治基本条例の制定段階で意図されたとおりの変化であろう。このことは，自治基本条例の制定には，アイデンティティ・ワークとは異なる意図も内在していると考えることができることを意味している。すなわち，住民の行政過程への参加や行政組織との協働を可能とし，あるいは促進するための制度を創設するという意図である。しかしながら，新たな制度の創設は，自治基本条例の制定と住民の自己認識の変容とを媒介するものとして捉えることもできる。すなわち，自治基本条例の規定を踏まえて，自治体の行政過程への住民参加のための制度や住民と自治体の行政組織との協働のための制度を創設するのは，それらの制度が多くの住民によって活用されることをとおして，住民相互間に，地域の公共的事柄に積極的に関与していく，住民自治の担い手としての集合的アイデンティティが，間主観的に共有されるようになることを期待してのことであり，それゆえ，究極の目的は，新たな制度をつくることではなく，住民の自己認識に変容をもたらすことであるという理解である。以下の分析において

は，そうした理解に基づいて，自治基本条例が制定され，施行されたことによって生じた制度上の変化は，住民や職員の意識や行動の変化を左右する可能性のある要因のひとつとして，分析の対象とされることになる。

また，以下の分析においては，自治基本条例が住民や職員の意識や行動に及ぼす影響を左右する要因として，各自治体の自治基本条例の内容的な差異は分析の対象としない。もちろん，各自治体の自治基本条例相互間には，条文構成や用いられている文言，規定されている事項等に無視できない差異がある。しかしながら，そうした自治基本条例の内容的な差異のうちで重要なもののほとんどは，自治体が実施すべき施策や創設すべき機関に関連したものである。したがって，自治基本条例の内容的な差異が，その施行後に生じる住民や職員の意識や行動の変化の程度に影響を及ぼすとしたならば，その影響のほとんどは，新たな施策の実施や新たな機関の創設のような，制度上の変化の差異を媒介としたものであると考えられる。したがって，そうした制度上の変化を，住民や職員の意識や行動の変化を左右する可能性のある一要因として分析の対象とするならば，そのうえさらに，自治基本条例の内容的な差異をも分析対象とする意義は乏しい。自治基本条例の内容的な差異を分析対象としないのは，そうした認識に基づいてのことである。

Ⅱ　住民や職員の意識や行動の変化とその規定要因

1．従属変数

「自治体アンケート調査」においては，回答した自治基本条例所管課の職員の個人的な見解でかまわないという断り書きを付したうえで，自治基本条例の施行後に，住民や職員の意識や行動のいくつかの側面に変化が生じたと思われるか否かを，6つの質問によって尋ねている。それぞれの質問への回答の分布は，表5－1から表5－6までに示したとおりである。

こうした回答分布からは，自治基本条例が施行されている自治体の多くにおいては，少なくとも自治基本条例所管課の職員には，自治基本条例の施行は，住民や職員の意識や行動に変化をもたらしたと評価されていることを

第5章　自治基本条例のインパクト　161

表5−1　住民の参加意識／協働意識

	度数	%	有効%
おおいに高まった	7	5.0	5.2
少しは高まった	99	70.7	72.8
ほとんど高まっていない	28	20.0	20.6
まったく高まっていない	2	1.4	1.5
無回答	4	2.9	—
合計	140	100.0	100.0

〔質問〕貴自治体では，自治基本条例の施行後に，住民の，役所／役場の施策の策定や実施に関わっていこうという意識や，役所／役場と協働していこうという意識が高まったと思いますか。

〔出所〕自治体アンケート調査

表5−2　住民の互助意識

	度数	%	有効%
おおいに高まった	7	5.0	5.2
少しは高まった	96	68.6	70.6
ほとんど高まっていない	32	22.9	23.5
まったく高まっていない	1	0.7	0.7
無回答	4	2.9	—
合計	140	100.0	100.0

〔質問〕貴自治体では，自治基本条例の施行後に，住民の，住民相互で協力し合い，地域をより良くしていこうという意識は高まったと思いますか。

〔出所〕自治体アンケート調査

表5−3　住民・住民団体の意見・要望

	度数	%	有効%
かなり増えた	7	5.0	5.2
少しは増えた	65	46.4	48.2
ほとんど増えていない	59	42.1	43.7
まったく増えていない	4	2.9	3.0
無回答	5	3.6	—
合計	140	100.0	100.0

〔質問〕貴自治体では，自治基本条例の施行前よりも施行後の方が，住民や住民団体が，役所／役場に対して意見を言ったり，要望を行ったりすることが増えたと思いますか。

〔出所〕自治体アンケート調査

表5－4　職員の協働意識

	度数	％	有効％
おおいに高まった	24	17.1	17.7
少しは高まった	98	70.0	72.1
ほとんど高まっていない	12	8.6	8.8
まったく高まっていない	2	1.4	1.5
無回答	4	2.9	—
合計	140	100.0	100.0

〔質問〕貴自治体では，自治基本条例の施行後に，職員の，住民の声を積極的に聴いていこうという意識や，住民と積極的に協働していこうという意識は高まったと思いますか。
〔出所〕自治体アンケート調査

表5－5　職員の丁寧に説明しようという意識

	度数	％	有効％
おおいに高まった	18	12.9	13.2
少しは高まった	101	72.1	74.3
ほとんど高まっていない	14	10.0	10.3
まったく高まっていない	3	2.1	2.2
無回答	4	2.9	—
合計	140	100.0	100.0

〔質問〕貴自治体では，自治基本条例の施行後に，職員の，役所／役場が行っていることを住民にわかりやすく，丁寧に説明しようという意識は高まったと思いますか。
〔出所〕自治体アンケート調査

表5－6　職員の仕事を効果的・効率的に　行っていこうという意識

	度数	％	有効％
おおいに高まった	11	7.9	8.1
少しは高まった	90	64.3	66.2
ほとんど高まっていない	32	22.9	23.5
まったく高まっていない	3	2.1	2.2
無回答	4	2.9	—
合計	140	100.0	100.0

〔質問〕貴自治体では，自治基本条例の施行後に，職員の，仕事を効果的・効率的に行っていこうという意識は高まったと思いますか。
〔出所〕自治体アンケート調査

とがわかる[5]。ただし,「おおいに高まった」とか「かなり増えた」という回答は,「少しは高まった」とか「少しは増えた」という回答と比較すると,かなり少ない。このことは,自治基本条例所管課の職員の立場から見て,住民や職員の意識や行動の変化は,認められないわけではないが,それほど顕著なものではないということを示している。

ただし,すべての質問において,まったく同様の回答分布があらわれているわけではない。

住民の意識や行動の変化について尋ねた3つの質問に対する回答の分布を比較すると,住民や住民団体が役所や役場に意見を述べたり,要望を行ったりすることが増えたと思うかという質問に対しては,そうした変化はほとんど,あるいはまったく生じていないという回答の割合が,他の2つの質問に対する回答の分布と比較して,かなり高くなっている。

多くの自治体の自治基本条例は,そもそも,自治体の行政過程ないしは政策立案過程への,役所や役場からの要請に住民が応じるかたちでの住民参加を活性化させることを意図して制定されたものではあっても,住民や住民団体から役所や役場への無原則な意見表明や要望提出を活性化させることを意図して制定されたものではなく,そうした自治基本条例の制定趣旨が住民にも理解され,その結果として,住民の役所や役場への意見表明や要望提出は,自治基本条例の施行により,それほど増加してはいないということかもしれない。自治基本条例の制定をとおして構築することが企図されている,地域の公共的事柄に積極的に関与していく,住民自治の担

5　6つの質問のうち,自治基本条例の施行前よりも施行後の方が,住民や住民団体が,役所や役場に意見を言ったり,要望を行ったりすることが増えたと思うかどうかを尋ねる質問を除く5つの質問は,住民もしくは職員の意識に変化が生じたと思うかどうかを尋ねる質問である。しかしながら,他者の意識の変化を知るのは,その他者の行動に変化が生じたことを知覚することによってであるのが通常であろう。それゆえ,住民もしくは職員の意識に変化が生じたと思うかどうかを尋ねる5つの質問は,いずれも,意識に変化が生じたと思うかどうかを尋ねる質問であると同時に,意識の変化を推測させるような行動の変化を知覚しているかどうかを尋ねる質問であると考えることができる。

い手としての集合的アイデンティティは，地域をより良くするために，役所や役場や他の住民と協調的に行動することに加えて，役所や役場から求められるか否かに関わりなく，地域のために役所や役場が何かをなすべきであると考えたならば，その「なすべきこと」に役所や役場が取り組むよう，自発的に意見表明や要望提出を行っていくことをも，住民として果たすべき自らの役割として内面化しているようなものではないかもしれないのである。この点については，次章において，改めて検討することになろう。

その一方で，職員の意識や行動の変化について尋ねた３つの質問のなかでは，職員の，仕事を効果的・効率的に行っていこうという意識が高まったと思うかという質問に対する回答の分布が，職員の意識や行動の変化を尋ねた他の２つの質問に対する回答の分布と異なったものとなっている。すなわち，この質問に対しては，おおいに高まったという回答や少しは高まったという回答が，職員の意識や行動の変化を尋ねた他の２つの質問に対する回答の分布と比較して，やや少なくなっている。こうした差異は，多くの自治体においては，職務を効果的・効率的に遂行すべしという職員に対する要請は，自治基本条例が制定される以前から，数次にわたる行政改革によって強固なものとなっており，職員はそれに対応してきているため，自治基本条例の制定および施行によって，この点に関して生じた追加的な変化は，それほど大きなものではないという事実を反映しているのではないかと推測される。

このように，自治基本条例施行後の住民および職員の意識や行動の変化について尋ねた６つの質問への回答の分布は，それぞれに興味深い形状を示しているが，ここで着目したいのは，それぞれの質問ごとの回答分布の差異ではなく，自治体間の回答傾向の差異である。多くの自治体が，自治基本条例の施行によって，住民や職員の意識や行動に，それほど顕著なものではないにしろ，少なくともある程度は変化が生じたと回答している一方で，まったく，あるいは，ほとんど変化は生じていないと回答している自治体も，少数ではあるが存在している。自治基本条例の施行が住民や職員の意識や行動にもたらした変化についての，自治基本条例所管課の職員の評価は，自治基本条例が施行されているすべての自治体において一様で

はないのである。

こうした回答のばらつきは，少なくとも部分的には，それぞれの自治体において「自治体アンケート調査」に回答した職員各自が有している，主観的な評価基準の相違によって生じたものであろう。しかしながら，自治基本条例の施行が住民や職員の意識や行動にもたらした変化の程度は，実際に自治体ごとに異なっており，回答のばらつきが，そうした実際に生じている変化の程度の差異を，不完全にではあれ映し出している可能性もまた否定できない。本章においては，この後者の可能性を重視し，これらの6つの質問に対する回答を，それぞれの自治体において，自治基本条例の施行が住民や職員の意識や行動に実際にもたらした変化を示すものとして扱い，そうした変化の程度に自治体ごとの差異を生じさせている要因を探究していく。

そのために，次のような手順で，住民の意識や行動の変化を示す変数と職員の意識や行動の変化を示す変数を，それぞれ1つずつ作成した。まず，6つの質問のそれぞれに，「まったく高まってはいない」もしくは「まったく増えてはいない」と回答している場合には1点，「ほとんど高まっていない」もしくは「ほとんど増えていない」と回答している場合には2点，「少しは高まった」もしくは「少しは増えた」と回答している場合には3点，「おおいに高まった」もしくは「かなり増えた」と回答している場合には4点を割り当てた。そして，住民の意識や行動の変化を尋ねた3つの質問への回答に割り当てられた点数と，職員の意識や行動の変化を尋ねた3つの質問への回答に割り当てられた点数とを，それぞれ合算した。こうして，いずれも最小値を3，最大値を12とする，2つの合成変数が得られた。それぞれの合成変数の基本統計量は，表5－7に示したとおりである。

ちなみに，これらの2つの合成変数は有意に相関しており[6]，そのことから，住民の意識や行動に大きな変化が生じたと回答している自治体は，概して，職員の意識や行動にも大きな変化が生じたと回答していることがわ

6　ピアソンの相関係数の値は0.673であり，1パーセント水準で有意である。

表5－7　従属変数の基本統計量

	有効回答数	最小値	最大値	平均値	標準偏差
住民の意識や行動の変化	135	3	12	8.17	1.45
職員の意識や行動の変化	136	3	12	8.85	1.57

かる。このことは，職員の意識や行動の変化が，住民の意識や行動に変化をもたらす要因となる可能性があるという，先に述べた推測の妥当性を裏づけているように思われる。しかしながら，その逆の，自治基本条例の制定を契機として，まず住民の側に変化が生じ，それに対応して職員の意識や行動に変化が生じたという因果関係も否定できない。

　おそらくは，住民の意識や行動の変化と職員の意識や行動の変化とは，相互規定的な関係にあるというのが，実際のところであろう。自治基本条例の制定を契機として自己認識を新たにした住民が，その新たな自己認識に基づいて，自治体の行財政運営に積極的に関わるようになり，その結果，住民と職員との接触頻度が高まり，住民と頻繁に接触することをとおして，職員の意識や行動に変化が生じてくるという，住民の意識や行動の変化に起因する職員の意識や行動の変化は，十分に想定可能である。それとともに，それとは逆の，自治基本条例の制定を契機として住民を協働のパートナーと見なすようになった職員が，そうした意識に基づいて住民と接するようになり，住民の側は，そうした職員の接遇を受けることによって，意識や行動を徐々に変化させていくというシナリオも，十分に現実性があるように思われる。すなわち，住民の意識や行動と職員の意識や行動とは，相互に因となり果となって共変していく関係にあるのではないかと推測されるのである。このことは，職員の意識や行動を変化させることが，住民の意識や行動を変化させるための，ひとつの有効な方策であるかもしれないことを示唆している。

　しかしながら，2つの合成変数の相関は，完全なものではない。このことは，第1に，住民の意識や行動の変化の程度を左右している要因には，職員の意識や行動の変化の程度以外のものもあり，また，職員の意識や行動の変化の程度を左右している要因には，住民の意識や行動の変化の程度

以外のものもあること，第2に，住民の意識や行動の変化の程度を左右している要因群のうち，職員の意識や行動の変化の程度以外のものの全体と，職員の意識や行動の変化の程度を左右している要因群のうち，住民の意識や行動の変化の程度以外のものの全体とは，完全には一致しないであろうことを示唆している。そうであるとしたならば，住民の意識や行動を変化させるために効果的な方策は，職員の意識や行動を変化させるうえで効果的な方策と，完全には一致しないということになる。実際にそうであるのかどうかを明らかにすることが，以下，本章における重要な課題となる。

2．独立変数

　自治基本条例の施行後に生じた住民や職員の意識や行動の変化を，自治体ごとに異なったものとしている要因には，様々なものがあると考えられるが，そうした要因を操作化したものと見なしうる独立変数として，「自治体アンケート調査」の各種の質問項目への回答から，以下のものを作成した。

（1）施行後月数

　岩崎恭典は，自治基本条例は「じわじわと地域の体質改善を図る漢方薬」であり，「自治基本条例をつくったことによって，地域が直ちに変わるなどという即効性は期待してはならない」と述べている（岩崎 2009: 11頁）[7]。この岩崎の指摘が当を得たものであるとしたならば，自治基本条例

7　ちなみに，大和市の職員である柴田豊は，同市の自治基本条例の制定に関わった一市民の「この条例は『即効薬』ではなくて『漢方薬』」という言葉を紹介しているが（柴田 2005: 36頁），この一市民の指摘は，岩崎の指摘とまったく同趣旨である。また，高橋秀行と都澤慶は，「市民参加条例は市民参加推進のための即効薬ではない」と述べ，市民参加条例が住民の行動に変化をもたらすには，ある程度の期間が必要であることを指摘しているが（高橋・都澤 2011: 114頁），罰則を設け，刑罰を賦課するという威嚇によって人々の行動選択に変化をもたらすような類型の条例ではない点においては，高橋らが分析対象としている市民参加条例ないしは住民参加条例と自治基本条例は同様であり，した

が住民や職員の意識や行動に変化をもたらすには，ある程度の期間の経過が必要であるということになる。第1章において言及したとおり，ニセコ町まちづくり基本条例の制定に同町の職員として携わった加藤紀孝が，同条例が施行されてから数年が経過した後に，同条例がニセコ町に新たな文化を産み出していると感じられる旨を述べはじめたことは，そうした推測の妥当性を裏づける事実であると見なすことができるかもしれない。

「自治体アンケート調査」では，自治基本条例の施行日の記入を求めており，この施行日から調査時点である2012年1月までの月数を算出することが可能である。こうして産出した「施行後月数」の数値が大きいほど，住民や職員の意識や行動の変化は大きなものとなっていることが予想される。

（2）先行制定条例数

第1章において言及した，まちづくり基本条例の制定後間もない頃のニセコ町の「公式見解」を前提とするならば，自治基本条例の制定以前に，充実した住民自治を実現するための，そしてまた，自治体の行財政運営の健全性や効率性を高めるための，様々な取り組みが実践されており，自治基本条例は，そうした先行する自治の実践を集大成することを主目的として制定された自治体においては，住民や職員の意識や行動の変化は，自治基本条例の制定以前に既に生じており，それゆえに，自治基本条例が施行されることによって生じる変化は，ほとんどないか，あったとしてもごくわずかであると推測される。

「自治体アンケート調査」においては，①住民投票条例，②パブリック・コメント手続条例，③住民参加条例，④審議会や委員会の委員の公募に関する条例，⑤公益活動支援条例，⑥公民協働推進条例，⑦地域分権推進条例，⑧公益通報条例，⑨オンブズマン条例，⑩男女共同参画推進条例，⑪議会基本条例，⑫情報公開条例，⑬審議会等会議公開条例，⑭個人

がって，彼らの指摘は，自治基本条例にも敷衍可能なものとして読むことができるであろう。

情報保護条例，⑮首長や議員の資産公開条例，⑯財政健全化条例，⑰行政評価条例／政策評価条例／事務事業評価条例，⑱外部監査条例の18の条例を挙げ，それぞれについて，「自治基本条例の制定後に，自治基本条例の規定を踏まえて，あるいは，自治基本条例に規定された事項を実施するために，新たに制定した」か，「自治基本条例の制定後に，自治基本条例とは無関係に制定した」か，「自治基本条例の制定前に制定されていたものを，自治基本条例の制定後に，自治基本条例の規定に合わせて改正した」か，「自治基本条例の制定前に制定されており，自治基本条例の制定後も改正されていない」か，「自治基本条例と同時期に制定した」か，それとも，「まだ制定されていない」かの，いずれであるかを尋ねている。それらの質問に対する回答から，18の条例のうち，自治基本条例が制定されるよりも前に制定されていたものがいくつあるかを，自治体ごとに計算した。こうして算出された「先行制定条例数」が多いということは，自治基本条例の制定以前に多様な自治の実践がなされていたということを意味するはずであり，それゆえ，「先行制定条例数」が多い自治体ほど，自治基本条例の施行後に生じた住民や職員の意識や行動の変化は小さなものにとどまっていると予想される。

（3）先行実施施策数
　自治基本条例が制定される以前に既に取り組まれていた自治の実践としては，条例の制定だけではなく，要綱等に基づいて実施されていた様々な施策も考慮に入れる必要がある。「自治体アンケート調査」においては，①条例素案や計画案について検討する審議会や委員会の委員の公募，②審議会や委員会の議事録のウェブサイトでの公開，③条例素案や計画案について住民が相互に議論するためのワークショップ，④条例素案や計画案に対するパブリック・コメント，⑤NPO等の公益活動を行っている住民団体に対する支援，⑥役所や役場で立案した施策の，役所や役場とNPO等の公益活動を行っている住民団体との協働による実施，⑦NPO等の公益活動を行っている住民団体から提案された施策の，役所や役場と提案した住民団体との協働による実施，⑧住民が自治体の施策について意見交換す

ることができるインターネット上の電子会議室の設営，⑨自治体の区域よりも狭い地域を単位とした住民協議会やコミュニティ自治組織の創設，⑩首長や議員の資産公開，⑪行政評価，事務事業評価，または，政策評価，⑫外部監査，⑬オンブズマン制度の13の施策をあげ，それぞれについて，「自治基本条例の制定前から実施されていた」か，「自治基本条例の施行後に，自治基本条例の規定に基づいて，あるいは，自治基本条例の制定趣旨を踏まえて実施されるようになった」か，「自治基本条例の施行後に，自治基本条例とは無関係に実施されるようになった」か，それとも「実施されていない」かの，いずれであるかを尋ねている。それらの質問に対する回答から，13の施策のうち，自治基本条例が制定されるよりも前から実施されていたものがいくつあるかを，自治体ごとに計算した。こうして算出された「先行実施施策数」が多いということは，「先行制定条例数」が多いことと同様に，自治基本条例の制定以前に多様な自治の実践がなされていたということを意味するはずであり，それゆえ，「先行実施施策数」が多い自治体ほど，自治基本条例の施行後に生じた住民や職員の意識の変化は小さなものにとどまっていると予想される。

（4）制定過程での取り組み類型数

　北村喜宣は，自治基本条例の制定に際しては，「条例案策定過程における庁内外の議論を通じて，行政職員，行政組織，そして，住民は，将来の自治体運営についての学習をする」のであり，それゆえに，「条例制定過程は，制定後には『とりかえしのつかない時間』」であることを指摘し，「自治基本条例を自治体に根づかせるためのコストのかかる地道な作業は，すでに制定過程からはじまっていることを，銘記すべきである」と述べている(北村 2004: 256頁)。自治基本条例を実効性のある条例として機能させていくためには，まずもって，その制定過程において，住民や職員が，自治基本条例の施行によって実現されるべき自治とはどのようなものであるかを「学習」しなければならないという趣旨であろう。そして，北村が想定している「学習」は，ただ単に，自治基本条例に基づいて行われる「将来の自治体運営」がどのようなものであるかについての知識を獲得す

るということにとどまらず，そうした「将来の自治体運営」に積極的にコミットしていこうという意欲を高めることをも包含するものであるように思われる。北村の指摘をこのように理解するならば，自治基本条例の制定過程において，住民や職員が自治基本条例について考え，議論する機会がどれほど提供されたかが，自治基本条例の施行後に生じる住民や職員の意識や行動の変化の程度を左右するという推測が成り立つ。

「自治体アンケート調査」においては，①どのような条例にするかを検討するための委員会等の設置，②自治基本条例についての住民向けの講演会やシンポジウムの開催，③自治基本条例についての職員向けの研修，④住民が参加して自治基本条例について考えるワークショップ，⑤すべての住民を対象とした自治基本条例素案についての説明会，⑥学区等の自治体の区域よりも狭い地域を単位とした，地域ごとの自治基本条例素案についての説明会，⑦自治基本条例案に対する住民の意見を求めるパブリック・コメント，⑧自治基本条例の制定に取り組んでいることやその取り組みの進捗状況についての広報誌での住民への周知，⑨自治体のウェブサイトに自治基本条例のページを設けることによる，自治基本条例の制定に向けての取り組みの進捗状況の広報，および，⑩住民に自治基本条例の制定について知らせたり，自治基本条例に住民の意見を反映させたりするための，その他の取り組みのそれぞれを，実施したか否かを尋ねている。これらの質問において実施したか否かを尋ねている取り組みは，職員向けの研修以外は，住民の自治基本条例の制定過程への参加の促進や，自治基本条例の制定に向けての取り組みの住民への広報のためのものであり，主として住民の自治基本条例についての「学習」ひいては住民の意識や行動の変化に結びつくものであると考えられるが，職員もまた，そうした取り組みに職務として関与することにより，自治基本条例へのコミットメントを強め，そのことが，自治基本条例施行後の職員の意識や行動の変化へとつながっていくかもしれない。

そこで，それらの質問に対する回答から，「その他の取り組み」を含む10種類の取り組みのうち，実施したものがいくつあるかを，自治体ごと

に計算した[8]。こうして算出された「制定過程での取り組み類型数」が多いということは，住民や職員が，自治基本条例の施行によって実現されるべき自治とはどのようなものであるかを「学習」する機会が，豊富に提供されていたということを意味するはずであり，それゆえ，この「制定過程での取り組み類型数」が多い自治体ほど，自治基本条例の施行後に生じた住民や職員の意識や行動の変化は大きなものとなっていると予想される。

（5）制定直後の取り組み類型数

　住民や職員が，自治基本条例の施行によって実現されるべき自治とはどのようなものであるかを「学習」する機会は，自治基本条例の制定過程において提供されるそれに限られない。自治基本条例が制定され，施行された後にも，自治体は，住民や職員が自治基本条例に基づく自治体運営のあるべき姿について「学習」する機会を，様々なかたちで提供することができる。

　そうした住民や職員への「学習」機会の提供に関連した質問として，「自治体アンケート調査」においてはまず，自治基本条例の制定後間もない時期に，自治基本条例を住民や職員に周知させるために，①すべての住民を対象とした講演会，シンポジウム，説明会等の開催，②学区等の自治体の区域よりも狭い地域を単位とした，地域ごとの説明会等の開催，③自治基

8　「その他の取り組み」について，「自治体アンケート調査」には，それがどのようなものであったのかを記入する欄があり，そこに複数の取り組みを記入している自治体もあったが，それらの自治体についても「その他の取り組み」は1として，制定過程での取り組み類型数を算出した。「その他の取り組み」を実施したと回答してはいるものの，それがどのようなものであったのかは記入していない自治体が少なくなく，それらの自治体については，「その他の取り組み」の数を把握できないことを踏まえての対応である。なお，後述の制定直後の取り組み類型数，認知度向上のための施策類型数，職員研修実施類型数，新規制定条例数，および新規実施施策数の算出に際しても，その他の取り組み，その他の施策，その他の研修，その他の新規制定条例，その他の新規実施施策については，同様の扱いをした。

本条例を特集する広報誌の特別号の発行，④広報誌の通常号への自治基本条例の解説の掲載，⑤自治基本条例の内容を簡潔に解説したリーフレットやチラシの作成，⑥自治基本条例の逐条解説の作成，⑦職員を対象とした自治基本条例に関する研修，および，⑧その他のことが，それぞれ行われたかどうかを尋ねている。それらの質問に対する回答から，「その他のこと」を含む8つの取り組みのうち，行われたものがいくつあるかを，自治体ごとに計算した。こうして算出された「制定直後の取り組み類型数」が多いということは，自治基本条例の制定後間もない時期に，住民や職員が，自治基本条例の施行によって実現されるべき自治とはどのようなものであるかを「学習」する機会が，豊富に提供されていたということを意味するはずであり，それゆえ，この「制定直後の取り組み類型数」が多い自治体ほど，自治基本条例の施行後に生じた住民や職員の意識や行動の変化は大きなものとなっていることが予想される。

（6）認知度向上のための施策数

　住民や職員が自治基本条例に基づく自治体運営のあるべき姿について「学習」する機会に関連した質問として，「自治体アンケート調査」においてはさらに，自治基本条例の施行から調査の時点までに，住民に自治基本条例をよく知ってもらうために，①広報誌での自治基本条例の特集，②自治基本条例に関連したテーマを扱うシンポジウムや講演会，③自治会等の要望に応じて行う自治基本条例についての出前講座，④小学校・中学校・高等学校の児童・生徒を対象とした自治基本条例についての学習会，⑤自治基本条例の内容を解説したビデオやDVDの貸し出し，⑥自治基本条例に関するポスターの公共施設等への掲示，⑦自治基本条例の内容を簡潔に解説したリーフレットやチラシの公共施設等への配備，⑧公用封筒の裏面や公用葉書の表面下欄等への自治基本条例についての広告の掲載，および，⑨その他の施策を実施したことがあるか否かを尋ねている。

　それらの質問に対する回答から，「その他の施策」を含む9つの施策のうちで実施されたものがいくつあるかを，自治体ごとに計算した。こうして算出された「認知度向上のための施策数」が多いということは，住民

に，自治基本条例の施行によって実現されるべき自治とはどのようなものであるかを「学習」する機会が，豊富に提供されてきたということを意味するはずである。したがって，この「認知度向上のための施策数」が多い自治体ほど，自治基本条例の施行後に生じた住民の意識や行動の変化は，大きなものとなっていると考えられる。また，職員にとっても，これらの施策の実施に関与することは，意識や行動を変化させる契機となる可能性があり，それゆえ，この「認知度向上のための施策数」が多い自治体では，職員の意識や行動の変化も大きいであろうという予測が成り立つ。

（7）職員研修類型数

　職員に，自治基本条例に基づく自治体運営のあるべき姿について「学習」する機会を提供するものとしては，自治基本条例の内容や自治基本条例に基づいて職務を遂行していくうえでの留意事項等をテーマとした職員研修もまた重要である。そうした職員研修が定期的に実施されているということは，それに参加する職員に「学習」の機会を提供するのみならず，そうした職員研修の定期的な実施それ自体が，それに参加しない職員に対しても，自らが勤務する自治体では，職務の指針ないしは規範として自治基本条例が重視されているというメッセージを伝達し，そうしたメッセージを踏まえた行動を促す効果を持ちうるのではないかと考えられる。また，研修への参加をとおして職員の意識に変化が生じ，その結果，職員の住民への接し方が変わっていったならば，それに反応して，住民の意識や行動にも変化が生じるかもしれない

　「自治体アンケート調査」においては，職員の自治基本条例についての理解度を深めるために，①全職員を対象とした，原則として参加が義務づけられる研修，②全職員を対象とした，原則として任意参加の研修，③新規採用職員を対象とした研修，④採用された後，一定年数を経過した職員を対象とした研修，⑤その年度に係長や課長等の管理職に昇進した職員を対象とした研修，⑥事務職，現業職，福祉職等の特定の職種の職員を対象とした研修，および，⑦その他の研修を，それぞれ実施しているかどうかを尋ねている。それらの質問に対する回答から，「その他の研修」を含む

7類型の研修のうちで実施されているものがいくつあるかを，自治体ごとに計算した。こうして算出された「職員研修類型数」が多い自治体ほど，職員の意識や行動に生じている変化は，そしてまた，間接的な効果として，住民の意識や行動に生じている変化も，大きなものとなっていることが予想される。

（8）例規の確認状況

　自治基本条例に関連した職員研修の実施には，職員に対して，自らの勤務する自治体では自治基本条例が重視されているというメッセージを伝達するという効果が期待できるとしたならば，自治基本条例の制定後に，それ以前に制定されていた条例，規則，要綱が自治基本条例の規定と矛盾していないかどうかをチェックすることにも，同様の効果を期待することができるであろう。

　多くの自治体において，自治基本条例は，最高法規的な性格を有する条例として位置づけられている。自治基本条例それ自体のなかに，それが最高法規的な性格を有するものであることを謳う条文が盛り込まれていることが多い。そうした条文の存在が，法的観点から見て，自治基本条例に憲法に類似した最高法規的性格を付与すると考えることは困難であるが，しかし，自治体の行財政運営に関与する諸アクターが，自治基本条例を最高法規的性格を有するものとして扱ったならば，事実上，自治基本条例が最高法規的性格を有するものとして通用していくということはありうるであろう[9]。重要なのは，自治基本条例にその最高法規的性格を謳う条文を盛り込むことよりもむしろ，自治基本条例を最高法規的性格を有するものとして扱うことであると考えられる。

　そして，自治基本条例を最高法規的性格を有するものとして扱う具体的な取り組みとして重要なのが，自治基本条例の制定後に，それ以前に制定されていた条例，規則，要綱が自治基本条例の規定と矛盾していないかど

---

[9]　自治基本条例の最高法規性に関する考察として，斎藤（2004: 57-59頁）および岩橋（2008: 181-187頁）を参照。

うかをチェックすることである。自治基本条例が最高法規であるとしたならば，その自治基本条例の規定と内容的に矛盾するような条例，規則，要綱の存在は許されないはずであり，それゆえ，自治基本条例の施行に際しては，それ以前に制定されていた条例，規則，要綱を精査し，適宜に改正すべきであると考えられるからである。

「自治体アンケート調査」においては，自治基本条例が制定された後に，それ以前に制定されていた条例，規則，要綱が自治基本条例の規定と矛盾していないかどうかを，どの程度厳密にチェックしたかを，「すべての条例の確認を行った」，「一部の条例の確認を行った」，「すべての規則の確認を行った」，「一部の規則の確認を行った」，「すべての要綱の確認を行った」，「一部の要綱の確認を行った」のうちで該当するものすべてを選択するという方式で回答するよう求めている。この質問への回答に基づいて，条例，規則，要綱のそれぞれについて，自治基本条例制定後に，すべての確認を行った場合には1，一部の確認を行った場合には0.5を割り当て，自治体ごとにその合計を計算した。こうして算出された「例規の確認状況」の数値が大きいほど，条例，規則，要綱の厳密なチェックが行われたということであり，それはすなわち，自治基本条例を最高法規的性格を有するものとして扱っていこうという姿勢が確固としたものであることを意味している。そして，そうした自治体の姿勢はおのずから職員に伝わり，職員の意識や行動の変化を大きなものとするとともに，そのことを媒介として，住民の意識や行動の変化をも大きなものとすると考えられる。

（9）新設セクションの有無

自治体が職員に対して自治基本条例の重要性を伝達する方法としては，自治基本条例の施行に責任を負うセクションを新設することも考えられる。首長が自らの政策的指向を明示するために行政組織を改編するということは，多くの自治体でしばしば行われているが，同様の手法は，自治基本条例が重要な条例であることを示すためにも利用可能なのである。

「自治体アンケート調査」においては，自治基本条例や自治基本条例の規定に基づいて制定された条例を施行するために，あるいは，自治基本条

例の規定に基づいて創設された施策を実施するために，役所や役場内に新設されたセクションがあれば，その名称，そこに配属されている職員数，および，そのセクションの長の職制上の地位を記入するよう求めている。この質問への回答から，新設セクションがあれば1，なければ0の値をとるダミー変数を作成した。この「新設セクションの有無」の値が1である自治体の方が，0である自治体よりも，職員に，自らの勤務する自治体では自治基本条例が重視されているというメッセージが強く伝わっているはずであり，それゆえ，職員の意識や行動の変化は大きなものとなっており，また，そのことを媒介として，住民の意識や行動の変化も大きなものとなっていると予想される。

(10) チェック機関の有無

　自治基本条例を施行している自治体のなかには，自治基本条例それ自体の規定に基づいて，自治基本条例の施行状況を監視し，必要に応じて首長に対して提言を行う審議会や委員会を設けているところもあれば，自治基本条例にはそのような機関を設ける旨の規定はないものの，審議会等設置条例に根拠規定を置くといった方法により，同様の審議会や委員会を設置しているところもある。そうしたチェック機関の創設には，住民や職員に自治基本条例の重要性を伝達し，その意識や行動を，自治基本条例の立法目的や基本理念に適合的なものへと変化させるという効果が期待できる。そのうえさらに，そのチェック機関が，自治基本条例の施行状況の点検や首長に対する改革提言を積極的に行い，それに加えて，住民の自治基本条例についての認知度を高めるためのイベント等も企画し，実施したならば，そうしたチェック機関の活動は，住民や職員の意識や行動の変化を，より大きなものとするであろう[10]。

　「自治体アンケート調査」には，そうしたチェック機関を「自治基本条例の規定に基づいて設けている」か，「自治基本条例にそのような組織を

10　自治基本条例が実効性を持つためには，こうしたチェック機関を創設することが必要であるという指摘として，山口道昭(2009: 15-16頁)。

設ける旨の規定はないが，設けている」か，「設けていない」かの，いずれかを選択することを求める質問がある。この質問への回答から，チェック機関が設けられていれば1，設けられていなければ0の値をとるダミー変数を作成した。この「チェック機関の有無」の値が1である自治体の方が，0である自治体よりも，自治基本条例施行後の住民や職員の意識や行動の変化は大きなものとなっていると予想される。

(11) 新規制定条例数

　自治基本条例の施行後に，自治基本条例の規定に基づいて，新たな条例が制定されたならば，そのことは，それ自体として，自治基本条例の施行によってもたらされた変化と見なしうることは既述のとおりであるが，そうした制度上の変化には，自治基本条例が着実に実施されているというメッセージを，住民や職員に伝達する効果があると推測される。そして，そうしたメッセージは，住民や職員の自治基本条例についての認知度を高めるとともに，その受容を加速し，その結果，住民や職員の意識や行動に変化をもたらす可能性が高いように思われる。

　既述のとおり，「自治体アンケート調査」においては，18の条例を挙げ，それぞれについて，「自治基本条例の制定後に，自治基本条例の規定を踏まえて，あるいは，自治基本条例に規定された事項を実施するために，新たに制定した」か，「自治基本条例の制定後に，自治基本条例とは無関係に制定した」か，「自治基本条例の制定前に制定されていたものを，自治基本条例の制定後に，自治基本条例の規定に合わせて改正した」か，「自治基本条例の制定前に制定されており，自治基本条例の制定後も改正されていない」か，「自治基本条例と同時期に制定した」か，それとも，「まだ制定されていない」かの，いずれであるかを尋ねている。それらの質問に対する回答から，18の条例のうち，「自治基本条例の制定後に，自治基本条例の規定を踏まえて，あるいは，自治基本条例に規定された事項を実施するために，新たに制定した」条例がいくつあるかを，自治体ごとに計算した。「自治体アンケート調査」にはまた，18の条例以外に，「自治基本条例の制定後に，自治基本条例の規定を踏まえて，あるいは，自治基本条例

に規定された事項を実施するために，新たに制定した」条例があれば，その名称を記入するよう求める質問項目もある。そこで，この質問に具体的な条例名を挙げて回答している自治体については，調査票に列挙されている18の条例のうちの，その自治体における新規制定条例数にさらに1を加え，それを新規制定条例数とした。こうして算出された「新規制定条例数」が多い自治体ほど，自治基本条例の施行後に生じた住民や職員の意識や行動の変化は大きなものとなっていると予想される。

(12) 新規実施施策数

新規制定条例に関して妥当することは，新たに条例を制定することなく，自治基本条例の規定それ自体に基づいて，あるいは，自治基本条例の制定趣旨を踏まえ，要綱等を根拠として，新たに実施されるようになった施策にも妥当するはずである。

「自治体アンケート調査」においては，既に述べたとおり，13の施策をあげ，それぞれについて，「自治基本条例の制定前から実施されていた」か，「自治基本条例の施行後に，自治基本条例の規定に基づいて，あるいは，自治基本条例の制定趣旨を踏まえて実施されるようになった」か，「自治基本条例の施行後に，自治基本条例とは無関係に実施されるようになった」か，それとも「実施されていない」かの，いずれであるかを尋ねている。それらの質問に対する回答から，13の施策のうち，「自治基本条例の施行後に，自治基本条例の規定に基づいて，あるいは，自治基本条例の制定趣旨を踏まえて実施されるようになった」施策がいくつあるかを，自治体ごとに計算した。「自治体アンケート調査」にはまた，13の施策以外に，「自治基本条例の施行後に，自治基本条例の規定に基づいて，あるいは，自治基本条例の制定趣旨を踏まえて実施されるようになった」施策があれば，その名称を記入するよう求める質問項目もある。そこで，この質問に具体的な施策名を挙げて回答している自治体については，調査票に列挙されている13の施策のうちの，その自治体における新規実施施策数にさらに1を加え，それを新規実施施策数とした。こうして算出された「新規実施施策数」が多い自治体ほど，自治基本条例施行後に生じた住民や職員の

意識や行動の変化は大きなものとなっていると予想される。

　以上のように，「自治体アンケート調査」の各種の質問項目への回答から，自治基本条例の施行によって生じた住民および職員の意識や行動の変

表5−8　独立変数の基本統計量

	有効回答数	最小値	最大値	平均値	標準偏差
施行後月数	140	15	116	59.12	26.03
先行制定条例数	140	1	9	3.71	1.45
先行実施施策数	140	0	12	6.29	2.98
制定過程での取り組み類型数	138	0	10	5.25	2.54
制定直後の取り組み類型数	139	0	8	2.93	1.93
認知度向上のための施策数	138	0	17	2.85	3.56
職員研修実施類型数	138	0	5	0.85	0.91
例規の確認状況	140	0	3	1.56	1.16
新設セクションの有無	140	0	1	0.25	0.43
チェック機関の有無	138	0	1	0.38	0.49
新規制定条例数	140	0	8	1.07	1.46
新規実施施策数	140	0	8	1.83	2.01

表5−9　独立変数相互間の単純相関

	施行後月数	先行制定条例数	先行実施施策数	制定過程での取り組み類型数	制定直後の取り組み類型数	認知度向上のための施策数	職員研修実施類型数
施行後月数	—	−0.257	−0.263	−0.320	−0.232	−0.309	−0.128
先行制定条例数	**	—	0.482	0.365	0.125	0.135	0.164
先行実施施策数	**	**	—	0.521	0.032	0.038	0.254
制定過程での取り組み類型数	**	**	**	—	0.414	0.217	0.479
制定直後の取り組み類型数	**			**	—	0.188	0.326
認知度向上のための施策数	**			*	*	—	0.391
職員研修実施類型数			**	**	**	**	—
例規の確認状況			*	*			*
新設セクションの有無							
チェック機関の有無							
新規制定条例数	**			*	*		
新規実施施策数	**	**	**	*			

＊＊＝1％水準で有意，＊＝5％水準で有意。

化の程度を示していると想定される２つの合成変数の値の自治体ごとの相違を説明する可能性のある，12の独立変数を作成した。それぞれの独立変数の基本統計量は表５－８に示したとおりであり，独立変数相互間の単純相関は表５－９に示したとおりである。

　独立変数相互間の単純相関は，それ自体として，興味深い事実を明らかにしている。すなわち，「施行後月数」が，多くの他の独立変数と有意な相関を示しているが，このことは，自治基本条例を比較的早い時期に制定し，それゆえ，「施行後月数」が大きな値となっている自治体と，自治基本条例をより近年になってから制定し，それゆえ，「施行後月数」が小さな値となっている自治体とでは，自治基本条例制定前の状況，自治基本条例制定過程における取り組み，および自治基本条例制定後の取り組みに，異なった傾向が認められるということを意味している。

　まず，「施行後月数」が，「先行制定条例数」や「先行実施施策数」と有意な負の相関を示しているということは，比較的早い時期に自治基本条例を制定した自治体においては，自治体の行政過程への住民参加や住民と自治体の行政組織との協働を促進するための施策や，自治体の行財政運営の健全性を高めるための施策が，条例に基づくものもそうでないものも，自治基本条例制定前には，それほど多くは実施されていなかったのに対して，より近年になってから自治基本条例を制定した自治体においては，それらの施策のうちで自治基本条例制定前から実施されていたものが多いということを意味している。早くに自治基本条例を制定した自治体には，まず自治基本条例を制定し，そのうえで，その自治基本条例の立法目的や基本理念を実現するための諸施

例規の確認状況	新設セクションの有無	チェック機関の有無	新規制定条例数	新規実施施策数
0.114	0.135	0.077	0.282	0.436
0.146	0.094	0.005	0.071	−0.218
0.210	−0.074	0.007	0.074	−0.612
0.171	0.055	0.119	0.187	−0.187
0.060	0.151	0.150	0.056	0.059
0.001	0.067	0.118	−0.123	−0.116
0.180	0.043	0.114	0.122	−0.058
—	−0.018	0.063	0.137	−0.025
	—	0.268	0.051	0.206
	＊＊		0.149	0.146
		—		0.259
	＊		＊＊	—

策を制度化していくという選択をしたものが多いのに対して，それらの自
治体よりも遅れて自治基本条例を制定した自治体には，まずは個別施策の
充実を図り，それがある程度の段階に達した後に自治基本条例の制定に着
手するという選択をしたものが多いのではないかと推測される。

　同様のことが，「施行後月数」と「新規制定条例数」や「新規実施施策
数」との間に，有意な正の相関が認められることからも確認できる。すな
わち，早くに自治基本条例を制定した自治体においては，自治基本条例制
定後に，その立法目的や基本理念を実現するために新たに制度化しなけれ
ばならない施策が多く，それゆえに，「新規制定条例数」や「新規実施施
策数」が多くなっているのに対して，それらの自治体よりも遅れて自治基
本条例を制定した自治体では，自治基本条例の立法目的や基本理念を実現
するために必要な施策のうちの相当数が，自治基本条例が制定される以前
に制度化されており，それゆえに，「新規制定条例数」や「新規実施施策
数」は少なくなっているのではないかと考えられる。

　こうした，自治基本条例の制定を先行させるか，それとも個別条例の制
定や個別施策の実施を先行させるかという選択の相違に加えて，早くに自
治基本条例を制定した自治体と比較して，それらの自治体よりも遅れて自
治基本条例を制定した自治体では，自治基本条例制定過程における住民
参加や，住民の自治基本条例についての認知度を高めるための取り組み
を，より充実したものとする傾向があることを，「施行後月数」が，「制定
過程での取り組み類型数」，「制定直後の取り組み類型数」，および「認知
度向上のための施策数」と有意な負の相関を示していることから窺い知る
ことができる。条例の内容に関しては，ある特定のタイプの条例の制定に
他の自治体よりも遅れて着手した自治体は，同じタイプの条例を早期に制
定した自治体のその条例を参照し，そのうえで，そこにさらに独自の工夫
を加えて自らの条例を制定するということが恒常的に行われており，そう
したプロセスをとおして，条例が徐々に進化していくことが指摘されてい
る（伊藤修一郎 2006）。そうした指摘は自治基本条例にも妥当すると考え

られるが[11]，それに加えて，自治基本条例に関しては，条例制定過程における住民参加や，住民の条例についての認知度を高めるための取り組みにも，自治体間の参照とそれを基礎とした進化が進行しているのではないかと考えられる。

こうした独立変数相互間の関係とそれが示唆する諸事実についての認識を前提にしたうえで，以下では，これらの独立変数が，自治基本条例施行後の住民や職員の意識や行動の変化の程度に，どのような影響を及ぼしているのかを分析していくことにしたい。

3．分析

住民の意識や行動の変化の程度と職員の意識や行動の変化の程度に対して，12の独立変数のそれぞれが，他の独立変数の影響を制禦したならば，どのような影響を及ぼしているかを，重回帰分析によって算出した。その結果は，表5－10および表5－11に示したとおりである。

住民の意識や行動の変化の程度に対しても，職員の意識や行動の変化の程度に対しても，独立変数のすべてが有意な影響を及ぼしているわけではない。

まず，住民の意識や行動の変化の程度に対しては，「施行後月数」と「制定直後の取り組み類型数」が1パーセント水準で，「先行実施施策数」と「新規実施施策数」とが10パーセント水準で，それぞれ有意な影響を及ぼしている。

ただし，「先行実施施策数」の影響は，予想とは逆に，自治基本条例の

11　「自治体アンケート調査」には，自治基本条例を制定する際に，他の自治体の自治基本条例を参考にしたり，他の自治体の自治基本条例の条文を採り入れたりしたか否かを尋ねる質問があるが，この質問に，他の自治体の自治基本条例は検討すらしなかったと答えている自治体は，5.71％にとどまっている。また，それと，他の自治体の自治基本条例を検討したが，参考にはならなかったと答えている自治体(2.14％)とを合わせても7.85％であり，大多数の自治体は，他の自治体の自治基本条例を検討し，かつ，参考にしていることがわかる(阿部昌樹 2013: 7-8頁)。

表5－10　住民の意識・行動の変化を従属変数とした重回帰分析（1）

	非標準化係数		標準化係数	t	有意確率
	B	標準誤差	（β）		
（定数）	5.372	0.625		8.601	0.000
施行後月数	0.016	0.006	0.295	2.845	0.005
先行制定条例数	− 0.072	0.095	− 0.071	− 0.755	0.452
先行実施施策数	0.118	0.066	0.242	1.796	0.075
制定過程での取り組み類型数	0.075	0.066	0.131	1.139	0.257
制定直後の取り組み類型数	0.210	0.068	0.284	3.065	0.003
認知度向上のための施策数	0.015	0.037	0.036	0.396	0.693
職員研修実施類型数	0.068	0.154	0.043	0.441	0.660
例規の確認状況	0.071	0.104	0.057	0.686	0.494
新設セクションの有無	0.064	0.282	0.020	0.228	0.820
チェック機関の有無	− 0.304	0.249	− 0.102	− 1.220	0.225
新規制定条例数	− 0.040	0.087	− 0.041	− 0.459	0.647
新規実施施策数	0.167	0.085	0.236	1.964	0.052

n = 133, R^2 = 0.252, 調整済み R^2 = 0.178.

表5－11　職員の意識・行動の変化を従属変数とした重回帰分析（1）

	非標準化係数		標準化係数	t	有意確率
	B	標準誤差	（β）		
（定数）	6.218	0.645		9.636	0.000
施行後月数	0.018	0.006	0.301	3.038	0.003
先行制定条例数	− 0.120	0.099	− 0.111	− 1.213	0.227
先行実施施策数	0.074	0.070	0.139	1.056	0.293
制定過程での取り組み類型数	0.142	0.069	0.231	2.053	0.042
制定直後の取り組み類型数	0.161	0.072	0.200	2.219	0.028
認知度向上のための施策数	− 0.001	0.039	− 0.002	− 0.025	0.980
職員研修実施類型数	0.258	0.163	0.150	1.585	0.116
例規の確認状況	0.018	0.110	0.013	0.166	0.869
新設セクションの有無	− 0.013	0.297	− 0.004	− 0.043	0.966
チェック機関の有無	− 0.495	0.262	− 0.154	− 1.888	0.061
新規制定条例数	− 0.090	0.092	− 0.085	− 0.975	0.331
新規実施施策数	0.210	0.090	0.271	2.332	0.021

n = 134, R^2 = 0.287, 調整済み R^2 = 0.217.

制定に先行して実施されていた，自治体の行政過程への住民参加や住民と
自治体の行政組織との協働を促進するための施策や，自治体の行財政運営
の健全性を高めるための施策の数が多いほど，自治基本条例施行後の住民
の意識や行動の変化は大きいというものである。このことは，自治基本条

例の制定に先行して，参加や協働あるいは行財政運営の健全化を企図した諸施策の実施に積極的であった自治体の住民の方が，そうではなかった自治体の住民よりも，自治基本条例の立法目的や基本理念を受け容れる心理的な準備が整っており，それゆえに，自治基本条例の施行後，それが想定する住民のイメージに合致するような意識や行動を，すみやかに身につけていったということを意味しているのではないかと思われる。そうであるとしたならば，自治基本条例の制定および施行が，それのみで住民の意識や行動を変化させる可能性はそれほど大きなものではなく，自治基本条例の制定および施行はむしろ，それ以前から参加や協働あるいは行財政運営の健全化を企図した諸施策の実施によって徐々に変化しつつあった住民の意識や行動の，その変化を加速させることに，より大きな効力を発揮すると言うことができるかもしれない。

　これに対して，「制定直後の取り組み類型数」が 1 パーセント水準で，「新規実施施策」が10パーセント水準で，それぞれ有意な正の影響を及ぼしているのは，予想されたとおりである。しかしながら，この分析結果もまた，自治基本条例の制定および施行が，それ自体として住民の意識や行動に及ぼす変化は，限定的なものであることを示唆している。自治基本条例制定直後の，それを周知させるために自治体が実施する種々の取り組みに触れることをとおして，そしてまた，自治基本条例の立法目的や基本理念を実現するための新たな施策の実施を目の当たりにすることをとおして，住民は，自治基本条例に基づく自治体運営のあるべき姿について「学習」し，自らの意識や行動を変化させていくのであり，そうした「学習」の機会がなければ，自治基本条例の制定および施行それ自体が住民の意識や行動に及ぼす変化は，わずかなものにとどまると推測されるのである。

　こうした知見は，第 1 章においてニセコ町まちづくり基本条例について指摘したことが，普遍的な含意を有することを示唆している。第 1 章においては，ニセコ町まちづくり基本条例の制定は，新たな集合的アイデンティティの構築に向けての第一歩ではなく，また，それ自体が完結した取り組みでもなく，逢坂誠二が町長に就任して以来，そのリーダーシップの下で着々と進められてきた，新たな集合的アイデンティティの構築に

向けての複合的な取り組みの一環であったと考えるべきであることを指摘した。そのようなものとして取り組まれたときに，自治基本条例の制定は，新たな集合的アイデンティティの構築に貢献する可能性を高めることを，表5－10に掲げた重回帰分析の結果は示しているように思われるのである。

次いで，職員の意識や行動の変化の程度に対しては，「施行後月数」が1パーセント水準で，「制定過程での取り組み類型数」，「制定直後の取り組み類型数」，および「新規実施施策数」が5パーセント水準で，「チェック機関の有無」が10パーセント水準で，それぞれ有意な影響を及ぼしている。

興味深いのは，「チェック機関の有無」については，予想に反して，チェック機関が設けられている自治体の方が，そうでない自治体よりも，職員の意識や行動の変化が小さなものにとどまっていることである。大多数の職員にとっては，公募に応じた住民や有識者によって構成されるチェック機関は他者的な存在である。そうした機関が自治基本条例の施行状況を監視するために創設されるということは，職員の立場からすれば，自治基本条例の十全な実施に責任を負っているのは，自らではないという認識につながりやすいのかもしれない。そして，この責任は自らにはないという認識が，自治基本条例が想定している職員像に接近するような方向での意識や行動の変化を，小さなものにとどめているのかもしれない。

それ以外の，「制定過程での取り組み類型数」，「制定直後の取り組み類型数」，および「新規実施施策数」の影響は予想どおりであるが，住民の意識や行動の変化の程度に有意な影響を及ぼしている諸要因と比較すると，「先行実施施策数」の影響が有意なものではなくなり，「制定過程での取り組み類型数」の影響が有意なものとなっている。制定過程での取り組みとして「自治体アンケート調査」でその実施の有無について回答を求めているのは，職員向けの研修を除けば，自治基本条例の制定過程への住民参加を促し，自治基本条例の内容に住民の意見を反映させるための取り組みや，住民の自治基本条例への関心を高めるための取り組みであるが，それらの取り組みをどれだけ実施したかが，住民の意識や行動の変化の程度

よりもむしろ，職員の意識や行動の変化の程度に強い影響を及ぼしているのである。自治基本条例の制定過程において試みられる住民と職員とが向き合う様々な実践をとおして，自治基本条例の施行によって実現されるべき新たな自治がどのようなものであるかを「学習」するのは，住民よりもむしろ職員であるということかもしれない。

ところで，住民の意識や行動の変化の程度と職員の意識や行動の変化の程度の，いずれにも有意な影響を及ぼしている変数として，「施行後月数」がある。「施行後月数」が大きい自治体ほど，すなわち，自治基本条例が施行されてから長い期間が経過している自治体ほど，住民や職員の意識や行動が大きく変化しているという知見は，自治基本条例は「じわじわと地域の体質改善を図る漢方薬」のようなものであり，即効性は期待できないという，先に言及した岩崎恭典の指摘（岩崎 2009: 11頁）の妥当性を裏づけるものである。しかしながら，時の経過は，本当に，それ自体として有意な影響を，住民や職員の意識や行動の変化の程度に及ぼすものなのであろうか。

もしそうであるとしたならば，住民や職員の意識や行動に対してのみならず，自治体の行財政運営のあり方に対してすら，何ら変化をもたらす意図などなく，制定することそれ自体を目的として制定されたような，「行政の飾り物」[12]でしかない自治基本条例や「つくって終わり」[13]という自治基本条例であっても，施行後ある程度の期間が経過したならば，住民や職

12　富野暉一郎は，「自治基本条例の制定事例が増えて一種のブームとなりつつあるなかで，自治体特有の横並び意識に引きずられて基本条例の制定自体が目的化してしまい，その地域独自の条例制定の目的の不明確さ，制定プロセスにおける行政主導・おざなりの住民参加の横行，その結果としての行政の飾り物でしかなく役に立たない自治基本条例の濫造といった負の側面も無視できない状況が生まれている」と指摘している（富野 2007: 8頁）。

13　松下啓一は，「自治基本条例はつくられると急速に『静か』になっていく」という認識を示したうえで，「静かさが着実な条例の推進を意味するならばそれでもよいが，つくって終わりという条例も散見される」ことを指摘している（松下啓一 2007b: 40-41頁）。

員の意識や行動を，これからの時代の自治の担い手にふさわしいものへと変化させるということになるが，そうなのであろうか。「認知度向上のための施策数」や「新規実施施策数」等の他の独立変数の影響を制禦してもなお，「施行後月数」は，住民や職員の意識や行動の変化の程度に，有意な正の影響を及ぼしているという重回帰分析の結果は，そうした理解の妥当性を裏づけているように見える。しかしながら，自治基本条例が制定され，施行されたならば，たとえその内容を住民や職員に周知させるための取り組みがまったく行われなくても，そしてまた，その立法目的や基本理念を実現するための新たな施策が何一つ実施されなくても，ただそれが有効な条例として例規集のなかに存在しているだけで，時の経過とともに住民や職員の意識や行動が変化していくという知見は，常識に反しているように思われる。

　統計的分析の結果と常識との間にこうした齟齬が生じる原因のひとつとして考えられるのは，「施行後月数」が，時の経過の長短を示す変数であることに加えて，それ以外の何かの代理変数としての役割をも果たしてしまっているということである。その点を念頭に置いて改めて独立変数のそれぞれを見直すと，それらには，自治基本条例の規定に基づいて始められた施策が繰り返し実施されることに伴う効果や，自治基本条例を施行するために新設された機関やセクションがその活動を継続することに伴う効果が，適切に反映されていないことがわかる。例えば，自治基本条例が制定されてから毎年一度は「自治基本条例に関連したテーマを扱うシンポジウムや講演会」が開催されていたとしても，「認知度向上のための施策数」の値は，そうした施策をまったく実施していない場合よりも1大きくなるにすぎない。また，自治基本条例の実施状況を監視するためのチェック機関が，創設後一貫して，その任務を真摯に遂行し，毎年一度は首長に対して改革提言を行い，それに加えて，住民との対話集会の開催などにも取り組んでいたとしても，チェック機関が創設されて間がなく，その活動がようやく緒に就いたにすぎない自治体と同様に，「チェック機関の有無」の値は1である。このように，施策の実施や機関やセクションの活動の継続性の程度が，自治基本条例の施行後の状況に関わる独立変数に適切に反映

されていないことの結果として，「施行後月数」が，時の経過の長短を示す変数であるとともに，施策の実施や機関やセクションの活動の継続性の程度の代理変数にもなってしまっている可能性が高い。

　この点について確認するために，「認知度向上のための施策数」，「職員研修実施類型数」，「新設セクションの有無」，「チェック機関の有無」，および「新規実施施策数」のそれぞれに「施行後月数」を掛けることによって，施策の実施や機関やセクションの活動の継続性の程度を示す５つの独立変数を新たに作成した。「認知度向上のための施策数×施行後月数」，「職員研修実施類型数×施行後月数」，「新設セクションの有無×施行後月数」，「チェック機関の有無×施行後月数」，「新規実施施策数×施行後月数」の５つである。これらの変数は，新たな施策がすべて，自治基本条例の施行と同時に実施されるようになり，新たな機関やセクションがすべて，自治基本条例の施行と同時に創設されるという，実際とは異なる想定を基礎とするものである。しかも，当初は試行錯誤的に実施され，さほど多くの意見を集めることができなかったパブリック・コメントが，その実施手法が確立するとともに，徐々に住民に認知され，多数の意見を集めるようになるとか，当初は活発であったチェック機関が，次第にその活動量を低下させていくとかいった，時の経過とともに生じる施策の実施状況や機関やセクションの活動状況の変化は，これらの変数によっては捉えることができない。しかしながら，「施行後月数」が担ってしまっている単なる時の経過以外の事象の代理変数としての役割を，これらの変数が，少なくとも部分的には肩代わりすることは期待できる。

　当初に作成した12の独立変数に加えて，これらの５つの変数をも独立変数として投入した重回帰分析の結果は，表５−12および表５−13に示したとおりである。

　予想のとおり，５つの新たな独立変数を投入する前と比較して，「施行後月数」が住民や職員の意識や行動の変化の程度に及ぼしている影響は，いくらか小さくなっているし，この変数の住民の意識や行動の変化の程度への影響は，なお10パーセント水準で有意なものであるものの，職員の意識や行動の変化の程度への影響は，もはや有意なものではなくなって

表5－12　住民の意識・行動の変化を従属変数とした重回帰分析（2）

	非標準化係数		標準化係数	t	有意確率
	B	標準誤差	（β）		
（定数）	5.500	0.734		7.497	0.000
施行後月数	0.015	0.009	0.277	1.725	0.087
先行制定条例数	−0.159	0.096	−0.157	−1.657	0.100
先行実施施策数	0.153	0.065	0.313	2.357	0.020
制定過程での取り組み類型数	0.089	0.064	0.157	1.391	0.167
制定直後の取り組み類型数	0.198	0.066	0.268	2.982	0.003
認知度向上のための施策数	−0.172	0.087	−0.427	−1.971	0.051
職員研修実施類型数	0.759	0.326	0.482	2.327	0.022
例規の確認状況	0.080	0.101	0.064	0.790	0.431
新設セクションの有無	−0.294	0.748	−0.089	−0.393	0.695
チェック機関の有無	−1.463	0.636	−0.493	−2.299	0.023
新規制定条例数	−0.053	0.086	−0.054	−0.612	0.541
新規実施施策数	0.458	0.203	0.647	2.257	0.026
認知度向上のための施策数×施行後月数	0.004	0.002	0.482	2.294	0.024
職員研修実施類型数×施行後月数	−0.014	0.006	−0.522	−2.420	0.017
新設セクションの有無×施行後月数	0.004	0.011	0.084	0.335	0.738
チェック機関の有無×施行後月数	0.018	0.010	0.425	1.828	0.070
新規実施施策数×施行後月数	−0.004	0.003	−0.448	−1.399	0.164

n = 133, R^2 = 0.334, 調整済み R^2 = 0.236.

表5－13　職員の意識・行動の変化を従属変数とした重回帰分析（2）

	非標準化係数		標準化係数	t	有意確率
	B	標準誤差	（β）		
（定数）	6.547	0.777		8.431	0.000
施行後月数	0.013	0.009	0.210	1.326	0.188
先行制定条例数	−0.175	0.101	−0.162	−1.732	0.086
先行実施施策数	0.097	0.070	0.183	1.395	0.166
制定過程での取り組み類型数	0.150	0.068	0.243	2.191	0.030
制定直後の取り組み類型数	0.160	0.071	0.198	2.250	0.026
認知度向上のための施策数	−0.255	0.093	−0.581	−2.734	0.007
職員研修実施類型数	0.988	0.349	0.576	2.831	0.005
例規の確認状況	0.053	0.108	0.039	0.493	0.623
新設セクションの有無	−0.480	0.798	−0.134	−0.602	0.549
チェック機関の有無	−0.849	0.678	−0.264	−1.253	0.213
新規制定条例数	−0.090	0.092	−0.085	−0.976	0.331
新規実施施策数	0.228	0.217	0.295	1.050	0.296
認知度向上のための施策数×施行後月数	0.006	0.002	0.607	2.935	0.004
職員研修実施類型数×施行後月数	−0.015	0.006	−0.515	−2.426	0.017
新設セクションの有無×施行後月数	0.005	0.012	0.098	0.399	0.691
チェック機関の有無×施行後月数	0.004	0.011	0.096	0.418	0.677
新規実施施策数×施行後月数	0.000	0.003	0.013	0.040	0.968

n = 134, R^2 = 0.353, 調整済み R^2 = 0.259.

いる。5つの新たな独立変数が，自治基本条例施行後の施策の実施や機関やセクションの活動の継続性の程度を操作化したものとしては，きわめて不完全なものであることを踏まえるならば，それでもなお，これらの変数を重回帰分析に独立変数として投入することによって，「施行後月数」の住民や職員の意識や行動の変化の程度への影響が低減しているということは，自治基本条例施行後の施策の実施や機関やセクションの活動の継続性の程度をより適切に操作化した変数を用いたならば，「施行後月数」の住民や職員の意識や行動の変化の程度への影響は，さらに小さなものとなる可能性が高いことを示唆していると考えてよいであろう。ただ単に自治基本条例が有効な条例として例規集のなかに存在しているというだけで，時の経過とともに住民や職員の意識や行動に変化が生じていくということは，やはりあり得ないことなのである。

それとともに，この5つの新たな独立変数を，当初に作成した12の独立変数とともに投入した重回帰分析の結果は，いくつかの興味深い知見を与えてくれるものである。

まず，「認知度向上のための施策数」は，住民の意識や行動の変化の程度には10パーセント水準で，職員の意識や行動の変化の程度には1パーセント水準で，それぞれ有意な負の影響を及ぼしている。これに対して，「認知度向上のための施策数×施行後月数」は，住民の意識や行動の変化の程度には5パーセント水準で，職員の意識や行動の変化の程度には1パーセント水準で，それぞれ有意な正の影響を及ぼしている。

「認知度向上のための施策数」が，有意な負の影響を住民や職員の意識や行動の変化の程度に及ぼしているということは，自治体が，住民の自治基本条例についての認知度を向上させるための施策を積極的に実施したとしても，当初は，そうした自治体の積極性が，自治基本条例とは，自治体が住民に対して参加や協働を強いるものであるという，ネガティブなイメージを住民に与える結果となり，自治基本条例が想定する住民イメージに接近するような住民の意識や行動の変化を妨げる可能性があるし，同じ自治体の積極性が，職員にとっては職務上の負担増となり，その結果，職員もまた，自治基本条例についてネガティブなイメージを形成し，自治基

本条例が想定する職員イメージに接近するような職員の意識や行動の変化
が，阻害される可能性が高いことを示唆している。そして，そのようにし
て，住民と職員の双方にもたらされた自治基本条例についてのネガティブ
なイメージを払拭し，住民や職員の意識や行動を，自治基本条例が想定す
るようなものへと変化させる効果を発揮するためには，住民の自治基本条
例についての認知度を向上させるための施策は，数年間継続して実施され
なければならないが，継続しさえすれば，それらの施策はけっして無駄で
はないことを，「認知度向上のための施策数×施行後月数」が，住民の意
識や行動の変化にも職員の意識や行動の変化にも，有意な正の影響を及ぼ
していることが示している[14]。

　重回帰分析の結果はまた，自治基本条例の実施状況を監視するための
チェック機関の創設が，住民の意識や行動の変化の程度に及ぼす効果につ
いても，同様の時の経過に伴う変化が認められることを示している。

　これに対して，自治基本条例をテーマとして様々な類型の職員研修を実
施することが，住民や職員の意識や行動の変化の程度に対して及ぼす影響
の，時の経過とともに生じる変化は，まったく逆のものである。すなわ
ち，「職員研修類型数」が，住民の意識や行動の変化の程度には5パーセ
ント水準で，職員の意識や行動の変化の程度には1パーセント水準で，そ
れぞれ有意な正の影響を及ぼしている一方で，「職員研修実施類型数×施
行後月数」は，住民の意識や行動の変化の程度にも職員の意識や行動の変

14　表5-12では，「認知度向上のための施策数」の非標準化係数(B)の値は
　－0.172，「認知度向上のための施策数×施行後月数」の非標準化係数(B)の値
　は0.004となっている。このことは，「認知度向上のための施策数」が住民の意
　識や行動に及ぼす影響がプラスに転じるのは，施行月数に0.004を乗じた値が
　0.172を超えた時点，すなわち，施行月数が43か月を超えた時点であることを
　示している。標準誤差の値を度外視し，敢えて単純化して述べるならば，認知
　度向上のために実施される諸施策は，住民の意識や行動にプラスの変化をもた
　らすためには，3年半以上継続して実施する必要があるということになる。表
　5-13は，ほぼ同様のことが，認知度向上のために実施される諸施策が，職員
　の意識や行動に及ぼす影響についても妥当することを示している。

化の程度にも，５パーセント水準で有意な負の影響を及ぼしている。このことは，様々な類型の職員研修を実施することが住民や職員の意識や行動に及ぼす影響は，自治基本条例制定後間もない頃に最も高く，時の経過とともに低下していくことを示している[15]。自治基本条例の施行後間もない頃は，自治基本条例をテーマとした様々な類型の職員研修が熱心に行われていたが，時の経過とともに，それらのうちで実施されないものが増え，また，実施されるにしても，なおざりなものとなり，そうした自治体の取り組みの変化によって，自治基本条例をテーマとした職員研修の職員の意識や行動への影響や，それを媒介とした住民の意識や行動への影響が，徐々に小さなものとなっているというのが，多くの自治体における実状なのではないかと推測される。

　こうした５つの新たな独立変数を投入した重回帰分析の結果から推測される変化に加えて，時の経過とともに自治基本条例に関連した施策の実施態様や機関やセクションの活動実態に生じる変化には，様々なものがあるであろう。それらの変化のうちには，住民や職員の意識や行動の変化を加速させるものもあれば，減速させるものもあるし，住民や職員の意識や行動を，自治基本条例が施行される以前の状態に引き戻す効果を伴うものもあるはずである。しかしながら，各地の自治体における自治基本条例制定後の種々の実践の実際を前提とするならば，それらの変化は，その総

15　表５－13では，「職員研修実施類型数」の非標準化係数（B）の値は0.988，「職員研修実施類型数×施行後月数」の非標準化係数（B）の値は－0.015となっている。このことは，「職員研修実施類型数」が職員の意識や行動に及ぼす影響は，施行当初はプラスであるが，施行月数に0.015を乗じた値が0.988を超えた時点，すなわち，施行月数が66か月を超えた時点でマイナスに転じることを示している。標準誤差の値を度外視し，敢えて単純化して述べるならば，職員の自治基本条例についての理解度を深めるために実施される職員研修は，時の経過とともにその効果を徐々に低減させ，自治基本条例の施行後５年半以上経過した時点においては，マイナスの効果を職員の意識や行動に対して及ぼすようになるということである。表５－12によれば，ほぼ同様のことが，職員の自治基本条例についての理解度を深めるために実施される職員研修が，住民の意識や行動に及ぼす影響についても妥当する。

体としては，住民や職員の意識や行動の変化を加速させる方向に作用してきた。それが，当初の12の独立変数のみを投入した重回帰分析において，「施行後月数」が，住民の意識や行動の変化の程度にも職員の意識や行動の変化の程度にも，有意な正の影響を及ぼしていたことの意味であると考えられる。自治基本条例施行後の時の経過それ自体が，たとえそれが，自治体としてさしたる取り組みを行うことなく，無為に過ぎていく時間であったとしても，それでもなお，住民や職員の意識や行動を，これからの時代の自治の担い手にふさわしいものへと変化させるなどということは，あり得ないのである。

Ⅲ　アイデンティティ・ワークの奏功可能性

　以上，本章においては，自治基本条例の制定および施行が住民や職員の意識や行動の変化に，どのように結びついていくのかを，「自治体アンケート調査」の結果の分析をとおして探究してきた。

　その結果，自治基本条例の制定および施行を，住民や職員の意識や行動の変化へと結びつける要因としては，制定直後に実施される，自治基本条例が制定されたという事実やその内容等を住民や職員に周知させるための取り組みの多寡や，自治基本条例の規定に基づいて，あるいは，自治基本条例の制定趣旨を踏まえて，新たに実施されるようになった施策の数などが重要であることが明らかとなった。また，住民の自治基本条例についての認知度を高めるための諸施策は，ある程度の期間継続して実施されてはじめて，住民や職員の意識や行動に変化をもたらすものであることや，職員研修は，時の経過とともに，おそらくは規模の縮小やマンネリ化により，住民や職員の意識や行動への影響を低下させていく傾向があることなども判明した。自治基本条例の施行が，住民や職員の意識や行動の変化へと結びついていくためには，ある程度の時の経過が必要であるが，しかし，月日がたてばおのずから，住民や職員の意識や行動に変化が生じるわけではなく，施策の実施や機関やセクションの活動が継続することが重要であることについても示唆が得られた。

　それに加えて，住民の意識や行動の変化と職員の意識や行動の変化と

は，相互に因となり果となって共変していく相互規定的な関係にあると想定されることや，自治基本条例の制定および施行を，住民の意識や行動の変化へと結びつける要因群と，職員の意識や行動の変化へと結びつける要因群とは完全には一致しないことも，本章における「自治体アンケート調査」の分析から得られた，重要な知見と言えるであろう。さらに，後者の点に関連して，自治基本条例の制定以前から，充実した住民自治を実現するために，あるいは，自治体の行財政運営の健全性や効率性を高めるために実施されていた施策の多寡は，職員の意識や行動の変化には有意な影響を及ぼしていないが，住民の意識や行動の変化には有意な影響を及ぼしていることも，看過し得ない知見のひとつである。

　こうした分析結果を踏まえて，改めて，自治基本条例の制定が，地域の公共的事柄に積極的に関与していく，住民自治の担い手としての集合的アイデンティティを，住民相互の間主観的了解として構築することを企図した，アイデンティティ・ワークとして奏功する条件は何かという問いに立ち戻るならば，それは，自治基本条例の制定が，単発のイベントとして扱われることなく，長いタイムスパンをもって継続的に取り組まれる実践のなかに，その一環として位置づけられることであるということになろう。このことを，今後，自治基本条例を制定する自治体に対する提言のかたちに言い換えるならば，まずは，自治基本条例を制定し，施行すれば，それだけで直ちに，大多数の住民の自己認識が大きく変化することなどあり得ないということを肝に銘じ，住民や職員の自治基本条例についての認知度を高め，理解度を深めるための諸施策を，自治基本条例の制定直後のみならず，施行後も一貫して，継続的に実施していくことと，自治基本条例の制定趣旨や基本理念を具体化するための諸施策を，継続的に実施していくことに努めるべきであるというものとなるであろう。「継続は力なり」というのは，いかにもありふれた教訓ではある。しかしながら，「自治体アンケート調査」の結果の分析をとおして得られる，自治の現場においてそれなりに価値のある教訓は，結局のところ，「継続は力なり」ということに尽きるのである。

　ところで，自治基本条例の制定以前は，地域の公共的事柄に積極的に関

与していこうという意欲を有し，その意欲を行動へと結びつけていこうと努める住民は，全住民の1パーセントにも満たなかったのが，自治基本条例が制定され，施行された後には，その比率が5パーセントに高まったならば，それは大きな変化であろう。そして，自治基本条例の制定および施行を契機として自己認識を改めた住民が，その新たな自己認識に基づいて，自らが暮らす市区町村の政策立案過程に関わっていこうとしたり，行政組織と協働していこうとしたりしたならば，それを見た市区町村の職員は，住民の意識や行動に大きな変化が生じたと感じるはずである。前章で見たように，自治基本条例の認知度はそれほど高くはないことを前提とするならば，「自治体アンケート調査」で捕捉されている変化は，そのようなものである可能性が高い。すなわち，住民のうちの10パーセント程度が自治基本条例が制定されたという事実やその内容を認知し，そのうちの何割かが，そうした認知を媒介として自己認識を改めた，その結果としてあらわれるような，自治体職員に認識可能な行動の変化である。

　数パーセントの住民の自己認識に変化が生じたことをもって，アイデンティティ・ワークの成功と見なしうるかどうかは，評価の分かれるところであろう。しかしながら，数パーセントの住民が自己認識を改め，自らが暮らす市区町村の政策立案過程に関わっていこうとしたり，行政組織と協働していこうとしたりするようになれば，市区町村の自治の現場に，それなりの変化が生じることは確かであろう。そうした変化を惹起することは，市区町村にとって，取り組むに値する実践であるように思われる。

第6章　自治基本条例が創り出す地域社会

I　自治基本条例のこれから

　自治基本条例の制定は，地域の公共的事柄に積極的に関与していく，住民自治の担い手としての集合的アイデンティティを，住民相互の間主観的了解として構築することを企図したアイデンティティ・ワークであると考えることができるのではないかという想定が，本書のそもそもの出発点であった。第1章においては，この想定が，少なくとも自治基本条例の嚆矢とされるニセコ町まちづくり基本条例については十分に妥当するものであることと，ニセコ町の取り組みを後追いするかたちで全国各地の自治体で制定されてきた自治基本条例に関しても，同様の想定が妥当する可能性が高いことが示された。

　続く第2章においては，自治基本条例が全国各地の自治体に普及した要因，すなわち，条例の制定をとおして新たな集合的アイデンティティを構築していくことが多くの自治体において必要であると考えられた，その理由を探究した。そこでは，地域社会において，そこで暮らす住民が，これまで以上に重要な役割を担うように，地域社会における《公共的なるもの》のあり方を再構築していく必要があるという認識が，多くの自治体において自治基本条例の制定を動機づけていると考えられることが示された。それとともに，第2章では，住民の多くが，住民自治の担い手として，地域の公共的事柄に積極的に関与していくことを望んでいるわけではないことも確認された。それゆえに，新たな集合的アイデンティティの構築を目指した，アイデンティティ・ワークが必要となるわけである。また，第2章

では，多くの自治体は，厳しい財政状況に直面しており，それゆえに，住民自治の担い手としての新たな集合的アイデンティティは，自治体の行政過程に積極的に参加していくことへの意欲とともに，自治体の行政組織がこれまでどおりには担いきれなくなった公共サービスの供給者としての役割を，自治体の行政組織と協力しつつ，少なくとも部分的には自ら引き受けていく意欲をも内包するものとして，その構築が目指されており，そのこととの関連で，「協働」という語が用いられていることも確認された。

第3章においては，その「協働」という語が自治基本条例に取り込まれていく経緯と，この語の自治基本条例における用いられ方が探究された。そして，「協働」という語は，けっしてごく近年において作られた新語ではないが，しかし，1990年代の後半には，この語が，地域社会のあるべき姿を語るために，それ以前にはなかった様相で，地方自治に関わる人々の間で用いられるようになり，そのことが，この語の自治基本条例への取り込みを促進したことと，自治基本条例においては，この語は概して，住民等と自治体の執行機関や議決機関との間の協力をその中核とする実践を意味する語として捉えられていることが示された。

第4章においては，いくつかの自治体で実施された調査票調査の結果が，住民の自らが暮らす自治体の自治基本条例についての認知度は，けっして高いものではないことを示していることを踏まえて，どのようなタイプの住民が，自らが暮らす自治体において自治基本条例が制定されたという事実やその内容を認知する可能性が高いのかを，「米原市市民意識調査」の結果を再分析することをとおして探求した。その結果，自治基本条例の認知度が高いのは，比較的高齢の男性で，市政への関心が高く，その市政への関心ゆえに市が発行する広報誌を比較的熱心に読んでおり，そしてまた，市の施策の立案過程や実施過程への参加もしくは市の行政組織との協働の経験や意欲を有しており，市が実施している様々な施策を認知している住民の間においてであるという結果が得られた。それはすなわち，住民自治の担い手としての集合的アイデンティティを，自治基本条例が制定される以前からある程度まで受容し，内面化している住民は，自らの暮らす自治体において自治基本条例が制定されたという事実やその内容を認知す

る可能性が高いということに他ならない。裏返して述べるならば、新たな集合的アイデンティティを未だ受容しておらず、それゆえに、自治基本条例の制定を契機として、新たな集合的アイデンティティの受容へと傾斜していくことが期待されている住民には、そもそも自治基本条例がさほど認知されておらず、それゆえに、それらの住民が、自治基本条例が制定されたことそれ自体を契機として新たな集合的アイデンティティを受容する可能性は、それほど大きなものではないということになる。

　続く第5章では、自治基本条例が地域社会に変化をもたらす、その条件を探究した。その結果、自治基本条例の制定および施行を、住民や職員の意識や行動の変化へと結びつける要因として、制定直後に実施される、自治基本条例が制定されたという事実やその内容等を住民や職員に周知させるための取り組みの多寡や、自治基本条例の規定に基づいて、あるいは、自治基本条例の制定趣旨を踏まえて、新たに実施されるようになった施策の数などが重要であることが明らかとなった。また、自治基本条例の認知度を高めるための施策や自治基本条例に基づく施策は、ある程度の期間継続して実施されてはじめて、住民や職員の意識や行動に、自治基本条例の制定に際して期待されていたような効果を発揮しうるものであることが確認された。そのうえで、この第5章において示された知見と、住民の自治基本条例についての認知に関して第4章において示された知見とを照らし合わせるならば、自治基本条例の制定やそれを踏まえた自治体としての様々な取り組みの、その結果として、住民のうちの数パーセントが新たな集合的アイデンティティを受容し、地域の公共的事柄に積極的に関与していくようになったならば、それは大きな変化と見なすべきかもしれないという認識が示された。

　本書でこれまでに示してきたこれらの知見に関して、ここで改めて確認しておく必要があるのは、住民の自治基本条例についての認知度や自治基本条例の地域社会へのインパクトに関する知見は、自治基本条例の施行後、それほど年数が経過していない時点におけるものであるということである。第4章で再分析した「米原市市民意識調査」が実施されたのは、2010年の6月から8月にかけてであるが、それは、米原市自治基本条例

が2006年9月1日に施行されてから4年弱が経過した時点である。現時点で，あるいは今から10年後に，同様の調査を実施したならば，かなり異なる結果が得られる可能性は否定できない。また，第5章で用いた「自治体アンケート調査」は2012年1月に実施したものであるが，分析対象とした140自治体のうちでは，その自治体で自治基本条例が施行されてからこの調査までの期間は平均で4年4か月，最も長いところでも8年9か月，最も短いところでは4か月にすぎない。この調査に関しても，例えば10年後に同じ内容の調査を実施したならば，かなり異なる結果が得られる可能性が高い。

　そのことを踏まえて，本章においては，制定後かなりの期間が経過し，その間，自治基本条例を定着させるための各種の取り組みが地道に継続的に行われ，かつそれが奏功したならば，その結果として，地域社会にどのような変化が生じるのかを予測してみることにしたい[1]。すなわち，自治基本条例の制定に際して意図されたとおり，住民自治の担い手としての集合的アイデンティティが，多くの住民に受容され，住民相互の間主観的了解として広範に共有されるようになったならば，どのような地域社会が形成されるのかを想像することが，以下，本章の課題である。

1　自治基本条例が長期間にわたって存続しうるものなのかどうかは，それ自体が検討を要する重要な問いである。ニセコ町まちづくり基本条例についての木佐茂男と逢坂誠二の共編著のタイトルが人口に膾炙したがゆえに，自治基本条例はしばしば，「わたしたちのまちの憲法」であると言われているが（木佐・逢坂2003），法形式としては，自治基本条例は他の条例と何ら異なるところはなく，地方議会における出席議員の過半数の賛成により，改廃が可能である。したがって，選挙によって地方議会の議員の構成が大きく変化し，自治基本条例が存在することそれ自体に批判的な議員が多数を占めれば，それらの議員の意向に沿って廃止されるということも，当然に起こりうる。日本国憲法が，通常の法律よりも格段に改正が困難なものであるのに対して，自治基本条例は容易に改廃可能であり，それゆえに，長期間にわたって存続する可能性は，けっして高いとは言えないのである。

II 自治基本条例は住民動員の仕組みなのか

　自治基本条例の定着によって創り出される地域社会を想像するためには，1990年代後半以降，「協働」という語が地方自治との関連で盛んに用いられるようになってきたことに対する，批判的言説を手がかりとすることが有益であるように思われる。

　「協働」という語を地方自治との関連で用いることに対する批判には，2種類のものがある。その第1は，住民と自治体職員あるいは自治体の行政組織とが「協働」するという発想そのものに向けられたものである。その典型が，松下圭一による批判である。松下によれば，「市民」が主権者として「政府」を創出するのであり，「市民」と「政府」との関係は「信託」である。このことは，中央政府のみならず地方政府にも妥当する。すなわち，自治体の行政組織は住民からの「信託」にその正統性の基盤を有しているのである。そして，住民から地方政府への「信託」を実現するために，住民が地方政府に納めた税によって自治体職員が雇用されているのであり，住民こそが，本来的な意味での自治体職員の雇用者に他ならない。住民と自治体職員との関係は，住民の地方政府への「信託」によって基礎づけられた雇用者と被用者との関係なのであり，両者の関係を「協働」という語で捉えようとすると，そのことが曖昧になってしまう。それゆえに，地方自治との関連で「協働」という語を用いることは避けるべきである(松下圭一 2002: 17-19頁)。

　神原勝も，同様の認識を表明している。神原によれば，「首長や議員は市民の選挙で選ばれる代表機構」であり，「市民の税金で雇われる職員は代表の活動を補助し市民に代わって仕事をする代行機構」である。そして，「市民はこれらの代表と代行によって構成される自治体政府に市民社会の公共課題の一部を信託」する。すなわち，「主権者は市民で，政府は公共課題を解決するために市民がつくった道具」なのであり，両者の関係は対等ではあり得ない。「協働」という語は，この本来的に対等ではあり得ない「信託」関係を曖昧化するものであり，それゆえに，この語の使用

は避けるべきである(神原 2008 : 75-77頁)[2]。

「協働」という語の使用に対する松下や神原のこうした批判の基礎にある,自治体の存立は住民からの「信託」を基礎としているという発想に対しては,地方自治が日本国憲法によって保障されたものであることと相容れない,誤った政治理論に依拠したものであるという批判がなされていることは,第2章において言及したとおりである。また,自治体の存立それ自体は住民の「信託」に由来するものであるという考え方を受け容れたとしても,そのことと,自治体の行政組織が地域の公共的課題に対処するための活動を行う際に,個々の住民が,あるいは住民団体が,その活動に協力するかどうかということとは,まったく別次元の問題であるという考え方も十分に成り立つ。この点で参考になるのが,今井照の,「政治参加における市民と行政参加における市民とは,同じ市民という概念であり,実体的にも分裂していないにもかかわらず,異なる次元で理解しなければならない」という指摘である。今井によれば,「政治参加」の次元においては「市民が主権者であることは疑いようが」なく,「主権者である市民と肩を並べるような存在」は想定し得ないが,「市民の代行機構である行政の執行過程の中」に「市民が関与」するという「行政参加」の次元においては,「市民」とその「代行機構」とが対等な立場で協力することがありうる(今井 2017: 191-192頁)。「協働」とは,「行政参加」の一形態であると考えるならば,それは,「政治参加」の次元における「信託」と両立可能な,住民と自治体の行政組織との関係のあり方のひとつであると考えることができるのである。

「協働」という語を地方自治との関連で用いることに対する第2の,本書との関係においてはより重要な批判は,住民と自治体の行政組織とが対等な立場で協力し合うという意味で「協働」という語が用いられながら,

---

2 新藤宗幸の「行政職員」は「われわれ主権者が雇った人間」であり,「雇い主は雇われ人を意のままに使うことが本分なのであって,彼らと『協働』する必要などまったくない」という主張(新藤 2003: 9頁)も,松下や神原と同様の認識に基づくものであると見なしてよいであろう。

その「協働」の実践として実際に行われているのは，自治体の行政組織による，自治体の行政組織にとって都合のよいような，住民の利用にすぎないのではないかというものである。第3章において，ニセコ町まちづくり基本条例から「協働」という語が完全に削除されたことについて，この条例の制定や施行にニセコ町職員として関わってきた加藤紀孝が，「協働という言葉が，財源が乏しいため，行政から住民へのさまざまな負担転嫁というような意味合いで使われることがどうしても多くなってきているように思えていたため，ニセコの条例の場合はこれでスッキリしたという気がしています」と述べていることを紹介したが（木佐・片山・名塚編 2012: 165頁），この加藤の言明に含意されているのは，まさにそうした批判に他ならない。

西尾勝の「役所・役場の職員の側にも地域住民の側にも官尊民卑の意識が根強いこの国では」，『協働』が公私の支配従属関係に転化してしまう危険性が少なくない」という指摘（西尾勝 2006: 9頁）もまた，この「協働」という語で語られる事象の内実に関わるものである[3]。実は，松下圭一もまた，別の論考においては，同様の指摘を行っている。すなわち，今日の自治の現場において「『協働』という言葉を使っているのは，市民というよりも行政」であり，そこには，『協働』がいつのまにか，だんだんオカミつまり行政ないし職員による，従来型の御用外郭団体の組織化へと逆流」し，「〈自立〉しているはずの市民活動もその間に行政・職員依存に変質」してしまうという現象が垣間見られるという指摘である（松下圭一 2005: 4頁）。

しかしながら，実態が理念と乖離してしまうという事態が生じる可能性は，「協働」に限定されたものではない。「協働」とともに，自治の基本原則の一つとして自治基本条例に規定されることが多い「参加」にも，同様

3　今井照は，西尾のこの指摘を踏まえて，大阪市が2001年に策定した「新行財政改革計画」の2005年度の取り組み実績を分析し，「自治体行政側からの市民と行政との協働論の実際は，行政活動に対して市民の協力（動員）を求める事業がほとんどなのである」と結論づけている（今井 2006: 34頁）。

の可能性が内在している。すなわち，自治体の行財政運営に民意を反映させるためのものとして制度化されたはずの諸々の住民参加の仕組みが，実際には，自治体の行財政運営に対して不満を有する住民の，その不満を，自治体の行政組織にとって脅威とはならないようなやり方で発散させるとともに，行財政運営への民意の反映に努めているという外観を作出するために，自治体の行政組織によって利用されるという事態が生じる可能性は，けっして小さなものではないのである。それはすなわち，篠原一がつとに，「参加のもつ『包絡』の危険性」として指摘していたことに他ならない。篠原は，次のように述べていた。

　　……市民参加は権力側の「包絡」作用とつねに裏合わせになっている。賢明な統治者は統治の経済のためにむしろ市民参加を歓迎する。たとえ時間はかかっても，強制より参加の方がエネルギーの節約になり，はるかに能率的であることをしっているからである。さらに，現代の巧妙な統治者は反対運動を抑圧するために，故意に住民運動をおこし，運動と運動を対決させることによって，反対をのりこえ，市民の支持をえたという形で施策を行なうことさえある。このような露骨な方法をとらない場合も，運動の翼賛化は容易におこりやすい。このように，市民参加は意識的にあるいは無意識的に「包絡」作用に転化する傾向をもっている。いわば権力に相対するものであるだけに，政治権力の磁場に引き付けられやすいのである（篠原 1977: 78-79頁）。

　村松岐夫もまた，1960年代の後半以降，自治体の行政過程への住民参加を制度化しようという試みが，自治体の首長もしくは行政組織の主導で進展していることに着目し，同様の認識を表明していた。村松によれば，行政過程への住民参加が制度化されることによって実現される「行政と参加の結合は，行政に正統性を与えることによって『政治』をしめ出す可能性を開いた」（村松 1975: 56頁）。すなわち，自治体の行政組織が条例案や計画案を練り上げる過程に住民参加の手続を組み込むことには，そうした手続を踏まえて作成された条例案や計画案は，住民の意向を十分に反映し

た，それゆえに民主的正統性を有するものであるという主張を，首長や行政組織が議会に対して行うことを可能にするとともに，議会ないしは個々の議員がその条例案や計画案に反対することを困難にするという効果が伴う可能性が高いのである。この村松の指摘に，篠原が「翼賛化」や「『包絡』作用」と表現していた現象と同様の現象への着目を読み取ることは容易であろう[4]。

　もちろん，自治体の首長や行政組織は，行政過程への住民参加を，行政組織があらかじめ作成した条例素案や計画素案に対するお墨付きを得ることだけを目的として利用するとは限らない。住民の意見を踏まえて，条例素案や計画素案に変更が加えられることもありうるし，また，行政組織が条例素案や計画素案をあらかじめ用意することなしに住民参加の手続を始動させ，まったく白紙の状態から，住民の意見を踏まえて条例案や計画案を作成していくことも，とりわけ近年においては，けっして稀ではなくなっている。

　しかしながら，まったく白紙の状態からの住民参加に対しても，それは，結局のところ，住民が有しているアイデアを自治体の行政組織が汲み上げるための方策にすぎず，自治体の行政組織は，汲み上げた様々なアイデアのなかから，自らにとって無害であると見なしたものだけを取捨選択し，条例案や計画案に採り入れるのではないかという疑念を表明することは可能であるし，そうした疑念が妥当する事例は少なくないように思われる。すなわち，自治体職員が自ら考える負担を，部分的にではあれ住民に肩代わりさせるのが，「参加」の内実であるような事例が散見されるのである。自治体の行政組織によって住民が，コンサルタントの代わりに，しかも無償で活用されているといっても過言ではないような事態が，「参加」という語で語られているような事例である。加藤が述べているように，「協働」という語が，「行政から住民へのさまざまな負担転嫁というような意

4　篠原が指摘していた行政組織によって住民参加が「包絡」される可能性に関しては，そうした可能性に対する感受性が社会運動研究者に十分に継承されていないことを，道場親信が批判的に考察している（道場 2006）。

味合いで使われること」が多いのかどうかはともかくとして,「参加」という語もまた,「行政から住民へのさまざまな負担転嫁というような意味合い」で使われる可能性を内在させているし,実際に,時としてそのように使われているのである。公共サービスの提供のために住民の労力が活用されるのが「協働」の実際であり,自治体の施策の立案のために住民の知恵が活用されるのが「参加」の実際であると理解したとしても,まったく的外れであるとは言い切れないであろう。

そして,そうした住民の知恵や労力の活用は,自治基本条例の施行実態が,その理念から乖離してしまった結果として現出するようなものではなく,自治基本条例の制定に際して,まさに意図されたことであるかもしれない。

本書においては,第1章で,多くの自治基本条例が,「市民」,「区民」,「町民」,「村民」といった語を,地方自治法上の「住民」よりも広い範囲の人々を指し示す語として用いていることに言及した。そして,そうした「市民」等の語の拡張的な定義の採用は,地域社会の課題を解決するためには,地方自治法上の「住民」だけではなく,自治体の区域外から区域内に通勤している者や通学している者も含めた,多様な主体が力を合わせていくことが必要であるという認識に基づくものであるという説明がなされていることを紹介した。多様な主体が力を合わせていくことが必要であるということは,多様な主体の知恵や労力を活用していく必要があるということに他ならない。そして,自治体の区域外から区域内に通勤している者や通学している者が,その知恵や労力を地域社会の課題の解決のために活用されるべき存在であるとしたならば,地方自治法上の「住民」,すなわち,自治体の区域内に生活の本拠としての住所を有している者もまた然りであろう。

こうした考察を踏まえて,「参加」と「協働」とが,自治の基本原則として自治基本条例に規定されることが多いという事実を改めて振り返るならば,自治基本条例は,自治体の行財政運営に民主的正統性の外観を付与するために,さらには,自治体の行政組織には不足している知恵や労力を引き出すために,住民等を動員するために制定されているのではないかと

いう推測が，自然に導き出される。そして，第2章で見たように，これまでに制定された自治基本条例の，その制定経緯を見ると，首長のイニシアティブによって制定作業が始まっているケースが多いこととを踏まえるならば，住民等を動員しようと企図しているのは，首長であり，そしてまた，その意を汲んだ行政組織であるということになる。

　以上のような考察を，自治基本条例の制定は，地域の公共的事柄に積極的に関与していく住民自治の担い手としての集合的アイデンティティを，住民相互の間主観的了解として構築することを企図したアイデンティティ・ワークであるという本書の基本認識と接合させるならば，自治基本条例の制定をとおして構築することが企図されている集合的アイデンティティとは，自治体の首長や行政組織の求めに応じて自らの知恵や労力を自発的に提供することが，住民として果たすべき役割であるという自己認識と，そうした役割を積極的に遂行しようとする意欲とを内実とするものであるということになる。地域の公共的事柄に積極的に関与するということは，すなわち，自治体の首長や行政組織の求めに応じて，自らの知恵や労力を自発的に提供するということに他ならないということである。

　また，第5章において見たように，「自治体アンケート調査」の結果は，住民の，自治体の行政過程に参加したり，自治体の行政組織と協働したりしていこうという意識や，住民相互で協力し合って地域を良くしていこうという意識と比較するならば，役所や役場に対して積極的に意見を述べたり，要望を行ったりしていこうという意識は，自治基本条例の施行後にそれほどは高まっていないと，自治基本条例所管課の職員の多くが認識していることを示している。こうした自治基本条例所管課の職員の認識が，自治基本条例の施行後に生じた変化を誤りなく捉えたものであるとするならば，それと，自治基本条例とは，何よりもまず，自治体の行政組織には不足している知恵や労力を引き出すために，住民等を動員するための方策であるという理解とを接合させることによって，自治基本条例の施行後の実態は，その制定意図に合致したものとなっているという結論が導き出される。すなわち，自治基本条例の制定それ自体と制定後の種々の取り組みと

が相俟って，企図されたアイデンティティ・ワークは，それなりの成功を収めているということになる。そして，そうであるとしたならば，自治基本条例が十分に定着した，その結果として実現される地域社会とは，多くの住民が自治体の首長や行政組織の意のままに動員され，その知恵や労力を供出させられるような地域社会であるということになる。

こうした理解は，中野敏男によるボランティア活動を推奨する言説の批判的考察と，軌を一にするものである。中野によれば，ボランティア活動を推奨する言説においては，「何かをしたい」という意志に基づいて主体的に遂行される活動のすべてが，相互に等価なものとして推奨されているわけではない。推奨されるボランティア活動の内容には選別が働いており，現にある社会秩序を徹底的に破壊しようとするような，あるいは根本から変革しようとするような活動は，そもそもボランティア活動とは見なされていない。「現状の社会システムに適合的」な，そうした意味で「公益性」を認められる活動のみが，ボランティア活動として推奨されているのである。「『ボランティアという生き方』がさかんに強調されるようになっているのは」，「現状とは別様なあり方を求めて行動しようとする諸個人を，抑制するのではなく，むしろそれを『自発性』として承認した上で，その行動の方向を現状の社会システムに適合的なように水路づける」，そのための方策としてなのである(中野 2001: 278-279頁，傍点は原文)[5]。

中野によれば，自治体の行政組織が用意した条例素案や計画素案の対案を掲げ，その対案の採用を迫るような住民運動でさえも，同様の可能性を胚胎している。そうした運動は，結局のところは，「問題解決をめざしシステムに貢献する」活動に他ならず，「コストも安上がりで実効性も高

5　中野のこうした指摘を受け，意欲的にボランティア活動に取り組む人々が，「社会システムに適合的なように水路づけ」られてしまわないようにするためには何が必要なのかを検討した論考として，仁平(2005)がある。また，中野の論考をはじめとするボランティア活動に対して懐疑的な論考とボランティア活動を推奨する論考とを対比させつつ，それらとの関連で，自治体の行政組織による公共サービスの提供を補助することをその内実とするボランティア活動に，住民が関わることの意義を検討した論考として，阿部昌樹(2009)がある。

いまことに巧妙なひとつの動員のかたちでありうる」のである（中野2001: 258-259頁）。

　こうした中野の分析と同型の，自治基本条例とは，自治体の首長や行政組織が，自らに都合のいいように住民の知恵や労力を活用するための仕掛けであるという指摘に対して，今日の我が国の自治体は，まさにそうした仕掛けを必要としているのであると応答することは，十分に可能であろう。

　第2章で指摘したとおり，地方財政の逼迫ゆえに，地域社会に公共サービスを提供する役割の大きな部分を，自治体の行政組織がこれまでどおりに担い続けることは不可能であるという認識が一般化し，住民や地域において事業を営む事業者等に，公共サービスの提供者としての役割が期待されるようになってきている。それが，「協働」という語が多用される，その背景となっている地方自治の現実に他ならない。地方財政の逼迫が，自治体の行政組織の事業部門のみならず，企画部門の職員の削減をも余儀なくさせるようなものであるとしたならば，地域社会に公共サービスを提供する役割を，これまでどおりに自治体の行政組織が担い続けることが困難となることに加えて，公共サービスの提供のための指針となるような条例案や計画案を立案する役割もまた，これまでどおりに自治体の行政組織が担い続けることが困難となるはずである。それゆえに，条例案や計画案の立案に，住民の知恵を活用しなければならない。自治基本条例の制定により，自治体の行政過程への住民参加を充実させようと多くの自治体が試みているのは，そうした意図に基づいてのことであり，それは，まさに時代の要請なのであるという指摘には，かなりの説得力があるように思われる6。

6　富野暉一郎は，いわゆる地方分権一括法，すなわち地方分権の推進を図るための関係法律の整備等に関する法律の大部分の条項が2000年4月に施行されたことによって全国の地方自治体が直面した状況を，「地方自治体はその地域経営を進めるにあたって国への依存から脱却し，地域におけるあらゆる経営資源が有効に機能する地域システムを構築することが求められることになった」と要約したうえで，「住民を行政サービスの受益者に固定せず，住民自身が社会の重要な資源として主体的に社会問題にかかわることを通じて，人々の問題解

Ⅲ　制度の運動化

　しかしながら，自治基本条例というプロジェクトにおいては，住民は，ただ単に，自治体の首長や職員に動員されるだけの存在なのであろうか。そうであるとしたならば，「住民自治」，「参加」，「協働」といった言辞はすべて，動員という実相を覆い隠すカムフラージュにすぎないということになってしまうが，そのとおりなのであろうか。

　この点について検討するうえで参考になるのが，「参加のもつ『包絡』の危険性」を指摘した篠原が，それを克服するためには，「制度の運動化」が必要であると述べていることである。篠原によれば，

　　……市民参加は，それが効率的であるためには何らかの制度化がなされなければならないが，市民参加は制度化されると同時にダイナミズムを失い，それが持つ意味を半減してしまうという宿命をおっている。従って市民参加が長い生命をもつためには，制度化ののちに再び運動化の過程がはじまらざるをえない。つまり，運動の制度化と制度の運動化という二つのプロセスがつねに循環しなければならないのである（篠原 1975: 79頁）。

　住民が自治体の施策の立案や実施に自らの意向を反映させていくためには，そのためのルートを制度として確立させていくことが必要であるが，

決能力を高め，さらに地域社会の連帯を高めることによって，地域社会の社会関係資本の増大をもたらすこと」が求められていることを指摘している（富野 2007: 10, 15頁）。富野のこの指摘は，住民自身が，自らを地域社会の「資源」として認識することの必要性を説くものであるが，富野が描き出しているような自治体が直面している状況を，まず実感するのは，住民よりもむしろ，自治体の首長や職員であろう。自治体の首長や職員が，そうした実感を踏まえ，住民を地域社会の「資源」として活用する方法を模索し，その結果として思い至ったのが自治基本条例の制定であるという認識は，十分に成り立ちうるように思われる。

しかし，そうした制度には常に，形骸化してしまう可能性が内在している。それゆえ，住民には，制度が存在しているのだから，自治体の施策の立案や実施には自らの意向が反映されているはずであるといった思い込みに安住することなく，制度が実効的に機能しているのかどうかを不断に監視し，形骸化の兆候を発見したときには，そのことを自治体の行政組織に対して指摘し，自治体の行政組織の姿勢を正していくような取り組みを展開することが求められる。篠原が，「運動の制度化と制度の運動化という二つのプロセス」の「循環」という表現を用いて指摘しているのは，そのようなことである。篠原は，こうした指摘を行ったうえで，「市民参加には多かれ少なかれ『行政的包絡』の危険性がつきまとっているのであり」，それを回避するためには「運動の制度化の反面，制度の運動化という，いわば運動に回帰する姿勢をつねにもちつづけることが必要であろう」と述べている（篠原 1975: 119頁）。

　篠原のこうした指摘を踏まえて，自治基本条例がその長期的な効果としていかなる地域社会を創り出していくのかを考える際に，まず留意しておかなければならないのは，第2章で見たように，これまでに制定された自治基本条例の，その制定経緯を見ると，首長のイニシアティブによって制定作業が始まっているケースが多いことである。このことは，自治基本条例に基づいて創設された「参加」や「協働」のための制度には，篠原が「運動の制度化」と表現した，自治体の首長や行政組織に対する住民の側からの要求の高まりを契機として，それへの対応として制度が構築されていくというプロセスが，欠如している場合が多いということを意味している。そこで問われなければならないのは，「運動の制度化」のプロセスを経ることなく創設された制度に関して，「制度の運動化」を期待することができるのかということである。山口道昭は，「自治体における最近の自治基本条例づくりは，地方自治の強化に向けた『運動の制度化』というよりも，『制度をきっかけにした運動の起点づくり』という面が強いように思われる」と述べているが（山口道昭 2009: 17頁），制度が不在の状況において自生的に発生する「運動」を起点とせずに，自治基本条例によって創設された諸制度が，それ自体として「運動の起点」となりうるのかが問わ

れなければならないのである。

　この問いに対する答えは，何よりもまず，自治基本条例の制定やその施行をとおして，住民相互の間主観的了解として構築されていくと想定されている，住民自治の担い手としての集合的アイデンティティは，自治基本条例がどれほど多くの住民にどれほど深く受容されたとしても，住民の自己認識を完全に規定し尽くすことはあり得ないであろうということに求めることができるように思われる。

　第1章でも指摘したとおり，ある自治体の住民のすべてが，自らは住民自治の担い手であり，それゆえに，地域社会の公共的事柄に積極的に関わっていかなければならないという意識を，四六時中抱き続けるような状態は想定し難い。日常生活の多くの場面においては，特定の自治体の構成員であることよりもむしろ，家族の一員であることや企業の従業員であることをより強く意識し，家族の一員として，あるいは企業の従業員として求められる行動を選択しているのが，大多数の人々の実際の姿であり，そうした現実を大きく変化させることは，長期間にわたる洗脳でも行わない限りは不可能である。住民自治の担い手としての集合的アイデンティティを住民相互の間主観的了解として構築していくということは，大多数の住民が，自治体の政治や行政に関わることが要請されるような，あるいは期待されるような特定の状況においては，自らを住民自治の担い手であると意識するような，そうした地域社会を形成することであると考えなければならないのである。

　このことはすなわち，自治基本条例が，それぞれの住民から，家族の一員であるという自己認識や企業の従業員であるという自己認識を奪ってしまうことはあり得ないということを意味している。自治基本条例がどれほど強固に地域社会に定着したとしても，それぞれの住民は，住民自治の担い手であるとともに，家族の一員でもあるし，企業の従業員でもある，そしてさらには，家の近くにある神社の氏子総代でもあるし，自然環境保護に取り組むNPOのメンバーでもあるといった，複合的な自己認識を抱き続けるのである。

　もちろん，そうした複合的な自己認識を抱く住民も，自治基本条例を十

分に深く受容しているとしたならば，自治体の政治や行政に関わることが要請されるような，あるいは期待されるような状況においては，住民自治の担い手として行動しようとするはずである。しかしながら，住民自治の担い手として適切な行動が何であるかは，その細部に関しては曖昧である。自治体の審議会の委員が公募されていたならば，積極的に応募することや，自治体が策定しようとしている計画の案を対象としたパブリック・コメントが実施されていたならば，その計画案をよく読み，自らの意見を述べることが，住民自治の担い手として適切な行動であることは確かであろう。しかしながら，審議会の委員として，あるいはパブリック・コメントに応じて，どのような意見を述べることが住民自治の担い手には求められるのかは，常に判然としているわけではない。住民自治の担い手として適切に行動すべしという要請は，自分自身の私的利益に拘泥することなく，地域社会全体にとって何が最善であるかを熟考し，その結果を自らの意見として述べるべきであるといった，述べるべき意見の基本的な方向性は指示するが，何が地域社会全体にとって最善の選択であるかは，けっして自明のことではない。それゆえに，住民自治の担い手として行動しようとする住民は，それぞれに，何が地域社会にとって最善の選択であるかを自ら判断することが求められるのである。

　そして，ある者が家族の一員であること，企業の従業員であること，神社の氏子総代であること，自然環境保護に取り組むNPOのメンバーであることは，その者の，何が地域社会にとって最善の選択であるかについての判断に，少なからざる影響を及ぼすはずである[7]。また，ある住民とその隣人とが同じ企業の従業員で，家族構成も同じであったとしても，何が地域社会にとって最善の選択であるかのついてのこの二人の住民の判断は，

7　改めて付言するまでもないことであるが，影響は多方向的である。すなわち，ある者が神社の氏子総代として総代会で述べる意見が，その者が企業の従業員であることや，自然環境保護に取り組むNPOのメンバーであることによって左右されることや，ある者が企業の従業員として企業内の会議で述べる意見が，その者がある自治体の住民であることや，介護を必要とする母親と同居していることによって左右されることも，当然である。

二人が辿ってきた人生の相違ゆえに，大きく異なったものとなるかもしれない。そうであるがゆえに，住民相互間で，何が地域社会にとって最善の選択であるかをめぐって，意見の対立が生じる。自治体の職員がまったく想定していなかったような意見が表明されることも起こりうるであろう。ここに，「制度の運動化」の可能性が伏在している。すなわち，自治体の首長や職員の目論見としては，自らに都合のよいように住民の知恵を利用しようとして導入された住民参加の手続が，首長や職員の想定を大きく超えて多様な意見が表明される場となり，その結果，首長や職員の思惑とは大きく異なった条例案や計画案が立案されてしまうといった可能性である。

　同様の可能性は，自治体の首長や職員の目論見としては，自らに都合のよいように住民の労力を利用することを主眼として制度化した「協働」のための施策にも胚胎している。

　繰り返し参照している「自治体アンケート調査」には，「NPO等の公益活動を行っている住民団体から提案された施策の，役所／役場と提案した住民団体との協働による実施」を行っているか否かを尋ねた質問がある。この質問に回答した143の自治体のうちでは，そうした取り組みを自治基本条例の制定以前から行っていたと回答した自治体が50自治体(35.2%)，自治基本条例の施行後に，自治基本条例の規定に基づいて，あるいは，自治基本条例の制定趣旨を踏まえて行うようになったと回答した自治体が27自治体(19.0%)，自治基本条例の施行後に，自治基本条例とは無関係に行うようになったと回答した自治体が5自治体(3.5%)であり，そうした取り組みは行っていないと回答した自治体は60自治体(42.3%)と，半数以下にとどまっていた(阿部昌樹 2013: 43頁)。自治基本条例を制定している自治体の過半数で，住民団体提案型の協働事業が制度化されているのである。

　そうした制度の実施に際しては，いずれの提案を採択するかの決定に際して，有識者等によって構成される審査委員会による審査を実施している

のが通例であろう[8]。もちろん，最終的に採否を決定する権限は首長ないし
は実施担当部局に留保されているはずであるが，しかし，そうした制度が
存在している限りは，首長や職員が想定していなかったような斬新な提案
がなされ，それを審査委員会が肯定的に評価し，その結果，首長の本心と
しては採用したくはないにもかかわらず，採用せざるを得なくなるといっ
た事態が生じる可能性は十分にある。すなわち，住民団体提案型の協働事
業には，たとえそれが，首長や職員が自らに都合のよいように住民の労力
を利用するために制度化されたものであったとしても，その思惑を超え
て，首長や職員が望んではいないような施策の実施へとつながっていく可
能性が内在しているのである。

　このように，たとえ自治体の首長や職員が，自らに都合のよいように住
民の知恵や労力を利用しようと目論んでいたとしても，住民の自己認識の
複合性ゆえに，そしてさらには，住民それぞれの人生経験が互いに大きく
異なっていることに由来する，住民が抱いている価値観の多様性ゆえに，
自治基本条例によって制度化された「参加」や「協働」のための諸制度の
実施実態が，そうした目論見から乖離し，篠原が「制度の運動化」と呼ん
だような現象が現出する可能性がある。自治基本条例にはまた，そうした
個別の制度の「運動化」を超えて，「自治基本条例」それ自体を「運動化」
していく可能性も織り込まれている。それは，自治体の行政過程に参加す
る住民の権利や，自治体の行政組織と協働する住民の権利を一般的かつ抽
象的に規定する条項の存在ゆえにである。

　例えば，ニセコ町まちづくり基本条例は，その10条に「わたしたち町

8　佐藤徹は，「地域課題を解決するために行政と連携してこそ効果が上がるよ
　うな事業をNPO等に対して公募し，NPO等から提案された事業について第三
　者組織等が審査・選定したのち関係課との協議を経て成案化を行い，NPO等と
　行政が協働で実施するもの」を「協働事業提案制度」と総称し，その実施状況
　を市区を対象とした調査票調査によって調べているが，佐藤の調査によれば，
　回答を寄せた自治体の22.6％（126自治体）が，そうした制度を導入済みである
　（佐藤徹 2013: 20頁）。佐藤が「協働事業提案制度」と呼んでいるものは，本書
　で「住民団体提案型の協働事業」と呼んでいるものとほぼ一致する。

民は，まちづくりの主体であり，まちづくりに参加する権利を有する」と
規定している。また，三鷹市自治基本条例は，その5条1項に「市民は，
市政の主権者であり，市政に参加する権利を有する」と規定している。そ
の他の自治体の自治基本条例も，その多くが，住民は自治体の行政過程に
参加する権利を有していることを宣言する規定を含んでいる。ところが，
そうした権利の実質がどのようなものであるかは，けっして明確ではない。

　自治基本条例それ自体が，審議会の委員の一部を住民から公募すること
を原則とする旨の規定，条例案や計画案の作成に際してはパブリック・コ
メントを実施する旨の規定，有権者である住民のうちの所定の割合の者が
連署によって請求した場合には住民投票を実施する旨の規定等を含んで
いる場合には，審議会の委員公募に応募することや，パブリック・コメ
ントの求めに応じて自分の意見を表明することや，必要な数の署名を集め
て住民投票を請求すること等が，自治基本条例によって保障された，自治
体の行政過程に参加する住民の権利であることは明白であろう。しかしな
がら，自治基本条例に，個別の住民参加の制度について規定する条項に加
えて，より一般的かつ抽象的に，住民の「まちづくりに参加する権利」や
「市政に参加する権利」を宣言する条項が含まれているということは，自
治基本条例によって保障された自治体の行政過程に参加する住民の権利
は，自治基本条例によって創設された個別の制度を利用する権利に尽きる
わけではないことを意味していると理解することができる。

　たとえ自治体の首長や職員が，「まちづくりに参加する権利」や「市政
に参加する権利」について定める自治基本条例の条項は，そのような趣旨
のものではないと主張したとしても，住民の一部が，それら条項はそのよ
うな趣旨のものであると解釈する可能性は十分にある。そして，それらの
条項を根拠として，首長や職員が思いもよらなかったような，あるいは絶
対に制度化したくはないと考えていたような住民参加の仕組みの制度化
を，首長や職員に対して要求するという事態が生じる可能性も否定できな
い。それはすなわち，自治基本条例に一般的かつ抽象的に規定されている
「まちづくりに参加する権利」や「市政に参加する権利」が，「運動」を活
性化させるということに他ならない。

もちろん，住民が，自治体の行政過程に参加する住民の権利を一般的かつ抽象的に規定している自治基本条例の規定を根拠に，ある特定の住民参加制度の創設を求める義務付け訴訟を提起したとしても，裁判所がその請求を認容する可能性は，今日の裁判実務を前提とするならば，ほぼ皆無であろう。第2章において論じたように，自治基本条例はそもそも，裁判規範として機能する可能性の低い，そうした意味で法規性の希薄な条例なのであり，そのことは，自治体の行政過程に参加する住民の権利を一般的かつ抽象的に規定した条項には，とりわけ強く妥当する。

　しかしながら，自治基本条例の特定の条項が裁判規範として機能するか否かと，その条項を根拠とした特定の主張が，地域社会において多くの住民の支持を得ることができるかどうかとは，まったくの別問題である。例えば，自治基本条例が保障する「参加する権利」には，自治体の首長や職員が頑なに制度化を拒んでいるある特定の仕組みを利用して，自治体の行政過程に参加する権利も含まれているはずであるという一住民の主張が，ローカル・メディアによって好意的に取り上げられ，地域社会において広範な支持を獲得したならば，次の選挙で再選されたいと望む首長は，その主張を受け容れ，新たな住民参加の仕組みを制度化せざるを得なくなるかもしれない。そうした可能性を完全には否定することができないとしたならば，それはすなわち，住民に「参加する権利」を保障している自治基本条例の条項には，「運動」を活性化させる契機が内在しているということに他ならないのである。そして，そうした契機を捉えて「制度の運動化」をもたらす住民は，住民の自己認識が，住民自治の担い手としてのそれに尽きない複合的なものであるとしたならば，そしてまた，住民がそれぞれに異なった価値観を有しているとしたならば，常に存在していると考えることができる。

　阪南市自治基本条例や平塚市自治基本条例のように「協働する権利」を一般的かつ抽象的に規定している自治基本条例に関しては，同様のことが，自治体の実施する協働事業に関しても生じうる。すなわち，住民の一部が，自治体の首長や職員が望んでいないような協働事業の制度化を，「協働する権利」を保障する自治基本条例の条項を根拠として要求し，自治体

の首長や職員がその要求を受け容れざるを得なくなるという事態が生じる可能性が，それらの自治基本条例には内在しているのである。

　要するに，自治基本条例というプロジェクトが，新たな集合的アイデンティティの構築を目指したアイデンティティ・ワークとして功を奏し，住民の多くが，地域の公共的事柄に積極的に関与していく，住民自治の担い手としての自己認識を内面化したとしても，その同じ住民が，住民自治の担い手としての自己認識以外の多様な自己認識をも内面化している限りにおいて，そしてまた，住民のそれぞれが抱く価値観が相互に異なったものである限りにおいて，自治体の首長や職員の意のままに住民の知恵や労力が活用されるといった事態は起こりえない。むしろ，自治基本条例によって制度化された住民参加手続が実施される様々な場面において，そしてまた，同じく自治基本条例によって制度化された協働事業が実施される様々な場面において，住民から，自治体の首長や職員の予想に反するような提案がなされるとともに，自治体の行政過程への住民参加の新たな仕組みや，自治体の行政組織と住民との新たなスタイルでの協働が，自治体の首長や職員の想定を超えて提案され，それらの提案を，自治体の首長や行政組織が，不承不承ながらも受け容れざるを得なくなるという事態が，ある頻度で，確実に発生すると考えられるのである。

Ⅳ　参加・協働を拒む住民への対応

　それでは，そうした地域社会が出来したときに，そこでは，自治体の行政過程への参加や自治体の行政組織との協働を拒む住民は，どのような扱いを受けるのであろうか。そうした住民は，住民自治の担い手としての集合的アイデンティティの住民による受容がどれほど進展したとしても，皆無となることはあり得ないであろう。生活の糧を得るための仕事から解放された時間は，自治体の行政組織と関わりを持つよりもむしろ，自身の趣味のために使いたいと考える住民がいなくなることはあり得ないし，自治体の行財政運営をその外部から監視し，批判し続けるために，敢えて自治体の行政組織から距離を置き，自治体の行政過程への参加はともかく，自治体の行政組織との協働は極力回避しようとする住民も存在し続けるであ

ろう[9]。そうした住民は，地域社会における少数派として，新たな集合的ア
イデンティティを内面化した多数派の住民から異端視されるとともに，自
治体の行政組織からも，何らかの差別的な扱いを受けることにならないで
あろうか。

　この問いとの関係で注目に値するのが，ニセコ町まちづくり基本条例
10条4項の「わたしたち町民は，まちづくりの活動への参加又は不参加
を理由として差別的な扱いを受けない」という規定や，古河市自治基本条
例6条1項の「市民は，市政への参加又は不参加を理由として差別的な扱
いを受けない」という規定のような，参加を拒む住民を，そのことを理由
として差別することを禁止する規定である。こうした規定は，これまでに
制定されている自治基本条例のすべてに含まれているわけではない。しか
しながら，こうした規定を自治基本条例に盛り込んだ自治体が存在してい
るという事実は，少なくとも一部の自治体では，自治基本条例の制定に関
わった者のなかに，住民自治の担い手としての集合的アイデンティティが
多くの住民に受容されたならば，その結果として少数派となった参加を拒
む住民が，差別的な扱いを受ける可能性があることを予測し，そうした可
能性をあらかじめ排除しておこうと考えた者が存在していたことを意味し
ている。

　本書で繰り返し述べてきたように，自治基本条例の制定の本質は，住民
自治の担い手としての集合的アイデンティティを，住民相互の間主観的了
解として構築することを企図したアイデンティティ・ワークであるとした
ならば，自治基本条例の制定および施行をとおして住民に伝達される主要
なメッセージは，住民には今や，地域の公共的事柄に積極的に関与してい
くことが求められているというものとなるはずである。それに対して，差

9　自治体の行財政運営を外部から監視し，批判し続けるために，敢えて自治体
　の行政組織から距離を置き，もっぱら情報公開制度や住民訴訟制度等の法制度
　を媒介として自治体の行政組織と対峙していこうとする試みとして，市民オン
　ブズマンの活動を挙げることができる。そうした市民オンブズマンの活動の実
　態やそれが地域社会に対して有する積極的な意義に関して，阿部昌樹（2003: 33-
　64）および坂本（2010: 127-211）を参照。

別禁止規定には，参加や協働を拒むことも許容されるという，主要メッセージとは両立困難なメッセージが内在している。そうであるがゆえに，自治基本条例の制定および施行を推進する人々が，主要メッセージが明確に住民に伝わるよう努力すればするほど，その訴求力を減殺するようなメッセージを内在させた条文の存在を喧伝することは，控えざるを得なくなるはずである。その結果，主要メッセージのみが多くの住民に届き，差別禁止規定の存在はそもそも認識されないか，あるいは取るに足らないものとして忘却されていく可能性が高い。

しかしながら，自治基本条例に差別禁止規定が含まれていたならば，参加や協働を拒む住民は，それを根拠として，自らのスタンスの正当性を主張することが可能となる。そして，住民自治の担い手としての新たな集合的アイデンティティを内面化した多数派の住民は，そうした少数派の住民の存在を許容せざるを得なくなる。

これに対して，差別禁止規定を含まない自治基本条例を制定した自治体では，参加や協働を拒む住民は，自らのスタンスの正当性を根拠づけるために自治基本条例それ自体に頼ることはできない。しかしながら，そうした自治体においても，参加や協働を拒む住民が，例えば，「思想及び良心の自由」を保障する日本国憲法19条を援用し，参加したくない，あるいは協働したくないという自らのスタンスは，ひとつの「思想」であり，そうした「思想」ゆえに差別や不利益な扱いを受けることは，基本的人権の侵害であるといった主張を展開することは可能であろう。

すなわち，自治基本条例それ自体に差別禁止規定が含まれているか否かに関わりなく，参加や協働を拒む住民は，自らのスタンスを規範的に正当化することが可能であるということになる。そうであるとしたならば，新たな集合的アイデンティティを内面化した多数派の住民には，そして自治体の首長や行政組織にも，参加や協働を拒む住民に対して，差別や不利益扱いではない，別の方法で対応していくことが求められることになる。その別の方法とは，参加や協働を拒む住民が存在しているのは，それらの住民の意識やものの考え方に問題があるがゆえにではなく，参加や協働のための制度に何らかの欠陥があるがゆえであると考え，制度の改善方策を検

討するという方法である。

　新たな集合的アイデンティティを内面化した多数派の住民や自治体の首長や行政組織が，そうした方法で参加や協働を拒む少数派の住民に対応したならば，参加や協働を拒む住民の存在は，参加や協働のための制度が，より多くの住民にとって利用可能であり，しかも，より多くの住民が利用したいと思うようなものへと進化していく契機となる。自治基本条例の「参加する権利」や「協働する権利」を一般的かつ抽象的に規定する条項が，既存の参加や協働のための制度の不十分性を指摘し，新たな制度の創設を要求する住民の活動を活性化し，そうした要求への対応が，参加や協働のための制度を進化させていくというシナリオが十分なリアリティを有しているのと同様に，参加や協働を拒む住民の存在が，制度の改善の必要性を示唆する事実として受け止められ，制度を進化させていくというシナリオも，参加や協働を拒む住民に対して差別や不利益扱いではない対応が求められるとしたならば，けっして絵空事ではないのである。

　以上をまとめるならば，自治基本条例が地域社会に十分に定着した，その結果として実現されるであろう地域社会は，自治体の首長や行政組織の意のままに住民の知恵や労力が利用される地域社会でも，参加や協働を拒む者が差別の対象となり，不利益を受けるような地域社会でもなく，自治基本条例が制定された段階では誰も予期しなかったような方向に，そしてまた，誰も予期しなかった程度に，参加や協働の仕組みが進化を続けるような地域社会であるということになる。住民の間での自治基本条例の認知度がきわめて低い現状に鑑みるならば，そうした地域社会が到来するのは，遠い未来のことかもしれない。しかしながら，それは，自治体の首長や行政組織にとってのみならず，自治体の行財政運営の現状に対して批判的な住民にとっても，というよりもむしろ後者にとってこそ，追求するに値する未来であるように思われる。

あとがき

　本書は，書き下ろしである第6章を除いては，私がこれまでに公表して
きた論文に加筆し，修正を施したものである。各章の元になっている既発
表論文は，以下のとおりである。ただし，一書にまとめるに当たって，と
りわけ原論文の執筆からかなりの期間が経過してしまっている第1章と第
2章に関しては，大幅な加筆と修正を行っている。

第1章　原題「集合的アイデンティティの法的構築」和田仁孝・樫村
　　　　志郎・阿部昌樹編『法社会学の可能性』（法律文化社・2004
　　　　年）63-81頁

第2章　原題「自治基本条例の普及とその背景」都市問題研究61巻
　　　　4号（2009年）74-99頁

第3章　原題「『協働』の法言説——自治基本条例における展開を中心
　　　　に」大阪市立大学法学雑誌62巻3・4号（2016年）81-132頁

第4章　原題「自治基本条例の認知を規定するもの」大阪市立大学法
　　　　学雑誌58巻3・4号（2012年）1-34頁

第5章　原題「「自治基本条例のインパクト」大阪市立大学法学雑誌
　　　　60巻2号（2014年）1-43頁

　私が，自治基本条例と総称されるタイプの条例に関心を持ったのは，そ
の嚆矢とされるニセコ町まちづくり基本条例が制定されて間もない頃で
あった。そして，人口5,000人ほどの小さな町で制定された，当時として
は新しいタイプの条例を，どのような性質のものとして捉えるべきなの
か，あれこれと思いをめぐらせた。その結果たどり着いたのが，この条例
は，住民の集合的アイデンティティを，自治の担い手としてのそれへと再

構築することを目的として制定されたのではないかという理解であった。

こうした理解は，それ以前から興味を持って読んでいた，社会運動の社会学的諸研究において彫琢されてきた理論を，条例研究に応用することによって得られたものである。社会運動組織の活動を分析するための理論を自治体の取り組みに適用するのは，少々無理筋なのではないかとも感じられたが，自治体を社会運動組織の一種であるかのように扱うことは，興味深い知見に結びつくようにも思われた。そうした思索を経て執筆したのが，本書第1章の原論文である。

その後，全国各地の自治体で，ニセコ町まちづくり基本条例と同類型の条例が次々と制定されていることが気になりつつも，それを自らの研究対象とすることができない時期がしばらく続いた。改めて自治基本条例について本格的に検討してみようと思ったのは，当時編集委員を務めていた『都市問題研究』の創刊700号記念号に寄稿しなければならなくなったためであった。我が国の地方自治の新たなトレンドのひとつとなりつつあった自治基本条例の，各地の自治体への普及についての私なりの考察を披瀝することが，「分権と自治の課題」を特集テーマとした『都市問題研究』のこの記念号にふさわしいように思えたためである。そうして執筆されたのが，本書第2章の原論文である。

かなり慌ただしい状況で，時間に追われつつこの論文を執筆したことが，自治基本条例について，時間をかけて，より本格的に検討してみたいという思いを抱くきっかけとなった。そこで，日本学術振興会の科学研究費補助金を申請し，幸いにしてその交付を受けることができた（基盤研究(C)，研究課題：住民参加促進型条例のインパクトの法社会学的研究，研究課題番号：21530011）。第3章から第5章までは，この科学研究費補助金による助成を得て行われた研究の成果である。

思い返してみると，第1章の原論文を執筆してから，既におよそ15年が経過している。一書にまとめるまでに，あまりにも時間がかかりすぎていると，思わざるを得ない。

この間，我が国の自治体を取り巻く状況は，厳しさを増している。少子

高齢化を伴う人口減少が全国規模で進行するなかで，いずれはかなりの数の自治体が住民不在となり，消滅を余儀なくされるという言説が，多くの人々に，説得力を有するものとして受け止められている。そして，その結果，自治体相互間での住民の奪い合いとも言えるような状況が，そこかしこで現出しており，中央政府も，それを政策的に煽っているかのように見える。その一方で，そうした自治体相互間の消滅回避のための競い合いの不毛さを嘆く声も，随所で発せられている。

　そうした我が国の自治体を取り巻く状況の近年における変化は，自治基本条例の制定や施行にも，少なからざる影響を及ぼしているのではないかと推測されるが，本書では，そうした推測を検証することは，時期尚早であると考え，断念せざるを得なかった。学術研究は，黄昏に飛翔する梟であるという運命を免れ得ないと言ってしまえばそれまでであるが，それならば，過ぎ去ったゼロ年代の我が国の地方自治の実相を，本書が克明に捉えることができているかというと，その点に関しても，甚だ心許ないというのが正直なところである。

　しかしながら，本書が，地方自治の現場において自治の実践に取り組む多くの人々との交流を踏まえて，それらの人々の思いや経験を私なりに咀嚼することによって，はじめて完成させることができたものであることは強調しておきたい。本書の執筆に至る過程で，関西圏のいくつかの自治体の自治基本条例所管課で，かなり細かな事項にまで及ぶ長時間にわたる聞き取り調査を行っており，その成果は，本書の各章に活かされている。お付き合いいただいた自治体職員の一人ひとりの名前を掲げることは控えざるを得ないが，それらの方々には，心から感謝したい。また，本書の全体をとおして活用した「自治体アンケート調査」に協力していただいた，全国各地の自治体の自治基本条例所管課の職員の方々や，第4章で用いたデータ・ファイルを貸与していただいた，米原市政策調整課の職員の方々にも，改めて感謝の意を表したい。

　それとともに，本書の原論文の執筆に取り組んでいる過程で，当時は九州大学の教授を務めていた木佐茂男先生を研究代表者とする科学研究費補助金による研究プロジェクト（基盤研究(A)，研究課題：地方自治法制の

パラダイム転換，研究課題番号：23243006)に研究分担者として参加した
ことも，本書の執筆につながる重要な経験であった。本書のいくつかの章
で言及したとおり，木佐先生は，ニセコ町まちづくり基本条例の制定およ
び施行を，研究者として支えてきた方である。また，その木佐先生を研究
代表者とするこの研究会には，ニセコ町まちづくり基本条例の制定および
施行に，同町職員として尽力してきた加藤紀孝さんも，研究協力者として
参加していた。研究プロジェクトを遂行する過程で，木佐先生や加藤さん
と，ニセコ町まちづくり基本条例に関して，あるいは自治基本条例全般に
関して，時間をかけて本格的に議論することはなかったが，しかし，お二
人の，ニセコ町まちづくり基本条例や自治基本条例全般についての，ごく
断片的な発言から，いくつかの貴重な示唆を得ることができた。ここに記
して，感謝の意を表したい。

　なお，改めて付言するまでもないことであるが，本書は，自治基本条例
の制定や施行に実践的に関わった人々の，その経験についての語りを，そ
のまま文章化したものではない。本書全体に，私の，法社会学者としての
理論的関心が貫かれている。それゆえに，理論的指向が経験的事実の曲解
に結びついている可能性は，否定できない。その点に関しては，忌憚のな
い批判を期待している。

　最後になるが，本書の出版に当たっては，木鐸社の坂口節子さんに，格
段のご配慮をいただいた。坂口さんにはじめてお会いしたのは，私が自治
基本条例に関心を抱くようになった時期よりも，さらに以前のことであ
る。その時，「いつか私の本を木鐸社から出してください」という趣旨の
ことを口走ったことを，今でも覚えている。坂口さんは，「機会があれば」
という返答をされたのではないかと記憶しているが，その不確かな口約束
をこうしてようやく実現できたことを，本当に嬉しく思う。

2019年1月

阿部昌樹

引用文献

〔日本語文献〕

赤川学(2006)『構築主義を再構築する』勁草書房.

—— (2012)『社会問題の社会学』弘文堂.

足立忠夫(1977a)「公共市民学の提唱——講演」北九州大学法政論集4巻3号151-188頁.

—— (1977b)「現代社会と市民(5・完)」法と政治28巻1号37-180頁.

—— (1982)『地域と大学——市民・公務員・学究の地域的協働体制の確立』公務職員研修会.

阿部志郎(1976)「公私協働の理念に基づく公衆衛生を」公衆衛生40巻8号46-47頁.

阿部孝夫(2013)「川崎市自治基本条例と指定都市における市民自治の現在」計画行政36巻2号17-22頁.

阿部昌樹(1994)「批判法学と法社会学」大阪市立大学法学雑誌40巻4号112-138頁.

—— (2002)『ローカルな法秩序』勁草書房.

—— (2003)『争訟化する地方自治』勁草書房.

—— (2007)「NPOと市民社会」棚瀬孝雄編『市民社会と法』ミネルヴァ書房, 73-98頁.

—— (2009)「行政ボランティア」都市問題研究61巻6号70-99頁.

—— (2013)「自治基本条例の制定経緯および施行状況に関する自治体アンケート調査」大阪市立大学法学雑誌59巻4号1-55頁.

荒木昭次郎(1989)「自治体の行政と市民——その協働システムをめぐって」年報行政研究23号77-113頁.

—— (1990)『参加と協働——新しい市民＝行政関係の創造』ぎょうせい.

飯野春樹(1978)『バーナード研究』文眞堂.

石毛正純(2012)『法制執務詳解〔新版Ⅱ〕』ぎょうせい.

石平春彦(2008)『「自治体憲法」創出の地平と課題——上越市における自治基本条例の制定事例を中心に』公人の友社.

伊藤修一郎(2002)『自治体政策過程の動態』慶應義塾大学出版会.

—— (2006)『自治体発の政策革新』木鐸社.

伊藤昌亮(2012)『デモのメディア論』筑摩書房.

伊藤るり(1993)「〈新しい社会運動〉論の諸相と運動の現在」山之内靖他編『岩波講座社会科学の方法8・システムと生活世界』岩波書店，121-57頁.

今井照(2006)「参加，協働と自治——『新しい公共空間』論の批判的検討」都市問題研究58巻11号29-45頁.

——(2017)『地方自治講義』筑摩書房.

今村都南雄(1978)『組織と行政』東京大学出版会.

岩崎恭典(2009)「自治基本条例制定後の状況と課題」自治体法務研究16号6-11頁.

岩永ひさか(2002)「多摩市市民自治基本条例制定の取り組み」地方自治職員研修臨時増刊71号184-194頁.

岩橋健定(2008)「自治基本条例と住民自治」森田朗・田口一博・金井利之編『分権改革の動態』東京大学出版会，171-191頁.

上野千鶴子編(2001)『構築主義とは何か』勁草書房.

ウォーカー，フランシス(1898)『欧氏経済論』(栗田宗次・山本淳吉訳)丸善.

浮谷次郎(2001)「生野塾の成果を踏まえ住民参加手法の制度化へ」ガバナンス1号32-34頁.

牛山久仁彦(1998)「地方政府による市民セクター支援策の現状と課題」愛知大学法学部法経論集148号1-29頁.

埋橋伸夫・長沢均(1997)「箕面市市民参加条例のねらい」環境情報科学26巻4号24-28頁.

内仲英輔(2006)『自治基本条例をつくる』自治体研究社.

占部都美(1954)「協働組織としての経営」国民経済雑誌90巻1号51-66頁.

——(1966)『近代管理学の展開』有斐閣.

江藤俊昭(2000)「地域事業の決定・実施をめぐる協働のための条件整備」人見剛・辻山幸宣編『協働型の制度づくりと政策形成』ぎょうせい，213-275頁.

蛯原正敏(1986)「協働態勢論の現代的意義」更正保護と犯罪予防81号15-33頁.

逢坂誠二(2000)「自治の転換期と新たな視点」判例地方自治203号102-105頁.

——(2001)「さよなら，お任せ民主主義」Voice 282号78-81頁.

——(2002a)「自治の現場から司法に思うこと」自由と正義53巻6号48-57頁.

──（2002b）「導入部を中心として自治基本条例に取り組む」地方自治職員研修臨時増刊71号22-29頁.

逢坂誠二・高橋清・千田謙蔵（1999）「座談会──自治体の政策責任」年報自治体学12号1-20頁.

大森彌（1990）『自治行政と住民の「元気」』良書普及会.

岡部一明（1992）「アメリカではなぜ市民運動が根づくのか──もうひとつの公共＝NPO制度とは」技術と人間21巻8号42-56頁.

賀来健輔（2005）「住民自治の制度化と運動の必要性」政経研究41巻4号487-529頁.

梶田孝道（1985）「新しい社会運動」思想730号211-237頁.

片桐新自（1995）『社会運動の中範囲理論』東京大学出版会.

片山健也（2001）『情報共有と自治体』公人の友社.

──（2013）「自治基本条例の制定とニセコ町の今」計画行政36巻2号5-10頁.

加藤紀孝（2001）「住民参画での『まちづくり基本条例』と今後の情報が果たす役割」地方財務564号29-45頁.

──（2005）「基本条例を育てる」自治体法務研究3号25-31頁.

──（2009）「ニセコ町まちづくり基本条例のその後」自治体法務研究16号18-22頁.

金井利之（2004）「広がりを見せ始めた『自治基本条例』」月刊自治研532号38-48頁.

──（2010）『実践自治体行政学』第一法規.

神奈川県自治総合研究センター（1986）『民間活力の活用・導入──協働社会の創造に向けて』神奈川県自治総合研究センター.

──（2004）『自治基本条例』神奈川県自治総合研究センター.

紙野健二（2008）「協働の観念と定義の公法学的検討」名古屋大学法政論集225号1-27頁.

亀地宏（1984）「行政・住民,『協働』の条件」晨3巻11号26-29頁.

蒲生俊文（1936）『新管理道』歴程社.

川北稔（2004）「社会運動と集合的アイデンティティ」曽良中清司・長谷川公一・町村敬志・樋口直人編『社会運動という公共空間』成文堂，53-82頁.

川崎政司（2013）「自治立法と法」川崎政司編『シリーズ自治体政策法務講座1──総論・立法法務』143-185頁.

神原勝(2002)「北海道行政基本条例の構想」地方自治職員研修臨時増刊71号172-183頁.

—— (2008)『自治・議会基本条例論』公人の友社.

—— 編(2003)『行政基本条例の理論と実際』公人の友社.

木佐茂男・逢坂誠二編(2003)『わたしたちのまちの憲法』日本経済評論社.

木佐茂男・片山健也・名塚昭編(2012)『自治基本条例は活きているか!?』公人の友社.

北澤信次(1968)「保護監察官と保護司の協働態勢の意味」東京保護観察158号4-5頁.

—— (1995)「保護観察処遇組織における保護監察官と保護司の協働態勢論の変容」更正保護と犯罪予防116号6-34頁.

北村喜宣(2004)『分権改革と条例』弘文堂.

キツセ, J・I＝M・B・スペクター(1990)『社会問題の構築』(村山直之・中河伸俊・鮎川潤・森俊太訳)マルジュ社.

清成忠男(1997)「NPOと地方公共団体」地方自治595号2-9頁.

久住剛(1997)「市民活動・NPOと自治体——社会システムと行政改革を視野に」年報自治体学10号14-37頁.

久住智治(2005)「『文の京』自治基本条例——『協働・協治』を文京区の自治の理念として」地方自治職員研修38巻3号74-76頁.

久保貴(1995)「協働態勢における保護監察官の専門性について」更正保護と犯罪予防116号47-62頁.

久保田吏(2009)「地方公共団体の情報公開制度」地方自治744号83-105頁.

栗原一夫(1956)「保護観察におけるケースワークについて」法務研究報告書44巻2号.

黒澤美絵・後藤弘子・荒木伸怡(2000)「保護観察と保護司の協働態勢」犯罪と非行125号150-177頁.

幸西大輔(2007)「自治基本条例の制定における住民参加のあり方」自治大阪58巻1号10-19頁.

河野大機(1980)『バーナード理論の経営学的研究』千倉書房.

古瀬大六(1952)「バーナード『経営者の職能』」商学討究3巻1号61-86頁.

小島廣光(2003)『政策形成とNPO法』有斐閣.

小松堅太郎(1928)『社会学概論』日本評論社.

斎藤誠(2004)「自治基本条例の法的考察」年報自治体学17号51-67頁.

坂本治也(2010)『ソーシャル・キャピタルと活動する市民』有斐閣.

阪柳豊秋(1984)『経営組織論』同文館.

雀部猛利(1989)「地方自治体における行政サービスの限界と官公民私の協働体制の必要性」都市問題研究41巻6号70-82頁.

佐藤岩夫(2003)「法の構築」法社会学58号1-14頁.

佐藤徹(2013)「自治体の協働事業提案制度」地域政策研究(高崎経済大学地域政策学会)15巻4号17-38頁.

サラモン,レスター・M(1994)『米国の「非営利セクター」入門』(入山映訳)ダイヤモンド社.

シェルドン,オリヴァー(1930)『産業管理の哲学』(蒲生俊文訳)人格社.

塩原勉編(1989)『資源動員と組織戦略』新曜社.

篠原一(1977)『市民参加』岩波書店.

柴田豊(2005)「市民が中心となって自治基本条例を制定」自治体法務研究3号32-37頁.

自由民主党政務調査会(2012)『チョット待て!! "自治基本条例"』自由民主党.

新藤宗幸(2003)「『協働』論を越えて——政府形成の原点から」地方自治職員研修36巻3号9-10頁.

菅沢秀幸(1961)「納得づくで協働」月刊福祉44巻11号17-21頁.

杉原紗千子(1978)「保護観察処遇における保護観察官と保護司の役割分担に関する一考慮」更正保護と犯罪予防48号22-37頁.

鈴木三郎(1995)「神戸市震災復興緊急整備条例——制定の経緯と概要」ジュリスト1070号115-123頁.

鈴木庸夫(2001)「政策法務論の今日的到達点としての『自治基本条例』」日本都市センター編『分権型社会における自治体法務』日本都市センター,158-164頁.

鈴木康之(1998)「更生保護における官民協働態勢の現状と課題」罪と罰35巻3号35-41頁.

住吉実(2002)「宝塚市まちづくり基本条例・宝塚市市民参加条例」法令解説資料総覧243号68-72頁.

世古一穂(1999)『市民参加のデザイン——市民・行政・企業・NPOの協働の時代』ぎょうせい.

提中富和・石井良一(2008)「自治体経営基本条例試案」地方財務651号41-63

頁.

平英美・中河伸俊編(2000)『構築主義の社会学』世界思想社.

―― (2006)『新版・構築主義の社会学』世界思想社.

田尾雅夫(2000)「市民と行政のパートナーシップ」水口憲人・北原鉄也・真渕勝編『変化をどう説明するか・行政篇』木鐸社，129-147頁.

高橋秀行・都澤慶(2011)『市民参加条例の運用と評価』公人社.

高寄昇三(1998)「震災復興期の市民活動団体と地方自治体」都市政策92号3-16頁.

田中孝男(2007)「条例制定の動向と課題」ジュリスト1338号115-121頁.

―― (2012)「地域自主性一括法対応の条例などから見た条例論の課題(一)」自治研究88巻2号49-74頁.

谷勝宏(1999)「議員立法の有効性の事例研究(一)，(二)」名城法学48巻4号59-110頁，49巻1号55-132頁.

田丸大(2003)「自治基本条例の制定過程」駒澤法学3巻1号118-86頁.

田村明(1983)「文化行政と『まちづくり』」田村明・森啓編『文化行政とまちづくり』時事通信社，3-20頁.

田村明・森啓(1983)「まえがき」田村明・森啓編『文化行政とまちづくり』時事通信社，I-IV頁.

丹間康仁(2015)『学習と協働』東洋館出版社.

辻山幸宣(1998)「住民と行政との新しい関係の構築」辻山幸宣編『住民・行政の協働』ぎょうせい，1-22頁.

―― (2002)「自治基本条例の設計」地方自治職員研修臨時増刊71号46-59頁.

――編(1998)『住民・行政の協働』ぎょうせい

土屋嘉一郎(1958)「バーナードの『組織』概念」経済集志28巻3号65-78頁.

土山希美枝(2015)「自治基本条例と『市民』の定義」龍谷政策学論集4巻2号65-78頁.

手島孝(1964)『アメリカ行政学』日本評論社.

東京都民政局(1972)『ボランティア活動に関する研究』東京都民政局.

所沢市自治基本条例を育てる会(2013)『市民が取り組んだ条例づくり――市長・職員・市議会とともにつくった所沢市自治基本条例』公人の友社.

栃本一三郎(1997)「地域福祉とNPO」都市問題88巻4号23-37頁.

富永京子(2016)『社会運動のサブカルチャー化』せりか書房.

富野暉一郎(2002)「自治基本条例の可能性」地方自治職員研修臨時増刊71

号 60-70 頁.

── (2005)「新しい都市民主主義を求めて」植田和弘・神野直彦・西村幸夫・間宮陽介編『岩波講座都市の再生を考える 2 ──都市のガバナンス』岩波書店, 225-253 頁.

── (2007)「市民自治(直接民主主義)と自治基本条例」市政研究 157 号 8-17 頁.

内閣府社会経済総合研究所(2006)『生活者の視点による地域活力・活性化に関するアンケート調査結果概要について』内閣府社会経済総合研究所.

永井亨(1930)『社会の話』千倉書房.

中河伸俊(1990)『社会問題の社会学』世界思想社.

中河伸俊・赤川学編(2013)『方法としての構築主義』勁草書房.

中河伸俊・北澤毅・土井隆義編(2001)『社会構築主義のスペクトラム』ナカニシヤ出版.

中田幸子(1972)「社会福祉における住民参加」立正大学文学部論叢 45 号 57-82 頁.

── (1974)「社会福祉の法制度と行政」立正大学文学部論叢 49 号 1-20 頁.

中野敏男(2001)『大塚久雄と丸山眞男──動員, 主体, 戦争責任』青土社.

中村瑛仁(2015)「教員集団内における教職アイデンティティの確保戦略」教育社会学研究 96 集 263-282 頁.

鳴海正泰(1994)『地方分権の思想』学陽書房.

名和田是彦(2007)「地域自治と自治基本条例」市政研究 157 号 30-39 頁.

南波杢三郎(1941)『新警察防犯策』松華堂.

西尾広毅(2001)「A・メルッチの集合行為の理論における『敵対運動』と『アイデンティティ』」社会学年報 30 号 173-194 頁.

── (2002)「A・メルッチの『現代の社会運動』論」社会学研究 72 号 165-191 頁.

西尾勝(1976)「組織理論と行政理論」辻清明編集代表『行政学講座 1・行政の理論』東京大学出版会, 173-215 頁.

── (2006)「参加論から協働論へ──住民自治の歴史を回顧する」地域政策研究(地方自治研究機構) 35 号 6-9 頁.

仁平典宏(2005)「ボランティア活動とネオリベラリズムの共振問題を再考する」社会学評論 56 巻 2 号 485-499 頁.

庭本佳和(1979)「協働と組織の理論」飯野春樹編『バーナード経営者の役割』

有斐閣，39-80頁．

橋本卓(1998)「『市民が主人公』のまちづくり」市政47巻3号73-75頁．

――（2002a）「市民協働の新自治政策を考える」市政研究134号110-116頁．

――（2002b）「箕面市『まちづくり理念条例』と『市民参加条例』」地方自治職員研修35巻3号32-35頁．

――（2002c）「住民自治へのシステム改革――大阪府箕面市の改革実践から」年報自治体学15号128-159頁．

長谷川公一(1985)「社会運動の政治社会学」思想737号126-157頁．

――（1990）「資源動員論と『新しい社会運動』論」社会運動論研究会編『社会運動論の統合を目指して』成文堂，3-28頁．

初谷勇(2001)『NPO政策の理論と展開』大阪大学出版会．

バーナード，チェスターI.(1956)『経営者の役割』（田杉競監訳・矢野宏・降旗武彦・飯野春樹訳）ダイヤモンド社．

――（1968）『新訳・経営者の役割』（山本安次郎・田杉競・飯野春樹訳）ダイヤモンド社．

馬場敬治(1956)「バーナードの組織理論と其の批判(上)」馬場編『米国経営学(上)』東洋経済新報社，19-70頁．

原田晃樹・松村亨(2005)「自治基本条例の制度上の位置づけと策定後の課題」四日市大学総合政策学部論集4巻1・2号49-61頁．

原田尚彦(2001)『地方自治の法としくみ〔全訂3版〕』学陽書房．

――（2003）『〈新版〉地方自治の法としくみ』学陽書房．

――（2005）『〈新版〉地方自治の法としくみ〔改訂版〕』学陽書房．

人見剛・辻山幸宣編(2000)『協働型の制度づくりと政策形成』ぎょうせい．

平石正美(1996)「分権化時代のパートナーシップ――行政と市民セクターの協働関係の形成に向けて」月刊福祉79巻10号16-21頁．

福村一広(2002)「『ニセコ町まちづくり基本条例』の運用と課題」地方自治職員研修臨時増刊71号108-119頁．

藤島光雄(2011)「自治基本条例の意義と課題」法社会学74号144-150頁．

降旗武彦(1957)「個人と組織」経済論叢79巻1号68-89頁．

米原市政策推進部総合政策課(2007)『米原市自治基本条例ができるまで…』米原市．

松下圭一(1975)『市民自治の憲法理論』岩波書店．

――（2002）「なぜ，いま，基本条例なのか」地方自治職員研修臨時増刊71

号6-21頁.

―― (2005)『自治体再構築』公人の友社.

松下啓一(1998)『自治体NPO政策――協働と支援の基本ルール"NPO条例"の提案』ぎょうせい.

―― (2007a)『自治基本条例のつくり方』ぎょうせい.

―― (2007b)「自治基本条例の活かし方」市政研究157号40-49頁.

松永邦男(1997)「憲章条例」猪野積編『新地方自治法講座② 条例と規則(1)』ぎょうせい, 221-231頁.

松本勝(1985)「保護観察における保護観察官と保護司の協働態勢について」犯罪と非行66号48-64頁.

―― (2005)「保護観察官と保護司の協働態勢について」犯罪と非行145号45-61頁.

道場親信(2006)「1960-70年代『市民運動』『住民運動』の歴史的位置」社会学評論57巻2号240-258頁.

南眞二・馬場健(2008)『まちづくり基本条例を創る――新発田市に見る市民と行政の協働に向けた取り組み』新潟日報事業社.

箕面市企画部広報広聴課(1999)「箕面市市民参加条例――分権型・参加型のまちづくりを目指して」自治大阪50巻10号8-11頁.

武藤博巳編(2001)『分権社会と協働』ぎょうせい.

村田春樹(2014)『日本乗っ取りはまず地方から！』青林堂.

村松岐夫(1975)「行政過程と政治参加――地方レベルに焦点をおきながら」年報政治学1974年41-68頁.

森啓(2004)「自治基本条例の最高規範性」北海学園大学法学研究40巻3号1-23頁.

八木秀次(2011)「国防にも優先！？――加速する自治体基本条例の暴走」正論473号152-161頁.

山岡義典・大石田久宗編(2001)『協働社会のスケッチ』ぎょうせい.

山口節郎(1985)「労働社会の危機と新しい社会運動」思想737号15-36頁.

山口道昭(2009)「自治基本条例のこれまでとこれから」自治体法務研究16号12-17頁.

―― (2011)「自治体の審議会と条例の実効性確保」法社会学74号119-135頁.

山口道昭・西川照彦編(2005)『使える！岸和田市自治基本条例』第一法規.

大和市企画部編(2005)『ドキュメント・市民がつくったまちの憲法』ぎょう

せい.

山本契太(2001a)「ニセコ町まちづくり基本条例について」自治総研27巻4号62-77頁.

―― (2001b)「『自分たちが主役の町をつくる』――まちづくり条例にこめた町の意思」住民と自治456号48-52頁.

―― (2012)「見えない条例〜ニセコ町まちづくり条例」木佐茂男・片山健也・名塚昭編『自治基本条例は活きているか!?』公人の友社, 37-39頁.

山本安次郎(1957)「バーナード組織理論の一考察」彦根論叢34号208-225頁.

山本安次郎・田杉競編(1972)『バーナードの経営理論』ダイヤモンド社.

吉田民雄(1986)「都市型行政への転換と公共サービスの協働的供給」都市問題研究38巻1号42-59頁.

吉野作造(1919)『普通選挙論』萬朶書房.

吉原浩治(1986)「情報政策と広報広聴」兼子仁・堀部政男・石川甲子男・茶谷達雄・吉原浩治編『広報広聴と情報政策』労働旬報社, 11-43頁.

寄本勝美(1976a)「『住民協働』による自治の発展を求めて」早稲田政治経済学雑誌244・245号425-452頁.

―― (1976b)「住民『協働』の清掃事業を求めて」月刊自治研18巻4号28-33頁.

―― (1989)『自治の現場と『参加』――住民協働の地方自治』学陽書房.

和田仁孝(1996)『法社会学の解体と再生』弘文堂.

渡邊博子(2005)「自治基本条例について」日本都市センター編『地方分権改革とこれからの基礎自治体』日本都市センター, 45-53頁.

渡邊洋之(1998)「社会運動における『我々』の形成と展開」ソシオロジ43巻1号55-72頁.

〔外国語文献〕

Barnard, Chester I. (1938) *The Functions of the Executive,* Harvard University Press.

Canon, Bradley C. & Charles A. Johnson (1998) *Judicial Policies: Implementation and Impact, 2nd. ed.,* CQ Press.

Dugan, Kimberly B. (2008) "Just Like You: The Dimensions of Identity Presentations in an Antigay Contested Context," in Jo Reger, Daniel J. Myers & Rachel L. Einwohner eds., *Identity Work in Social Movements,* University of

Minnesota Press, 21-46.

Edelman, Lauren B., Gwendolyn Leachman & Doug McAdam (2010) "On Law, Organizations, and Social Movements," *Annual Review of Law and Social Science* 6: 653-685.

Einwohner, Rachel L. (2006) "Identity Work and Collective Action in a Repressive Context," *Social Problems* 53: 38-56.

Eisenstadt, Shmuel N. & Bernhard Giesen (1995) "The Construction of Collective Identity," *Archives Europeanes de Sociologie* 36: 70-102.

Engel, David M. & Frank W. Munger (2003) *Rights of Inclusion,* University of Chicago Press.

Friedman, Debra & Doug McAdam (1992) "Collective Identity and Activism," in Aldon D. Morris & Carol M. Mueller eds., *Frontiers in Social Movement Theory,* Yale University Press, 156-173.

Fomiyama, Cristina F. (2010) "Collective Identity in Social Movements," *Sociology Compass* 4: 393-404.

Glass, Pepper G. (2009) "Unmaking a Movement: Identity Work and the Outcomes of Zapatista Community Centers in Los Angeles," *Journal of Contemporary Ethnography* 38: 523-546.

Goffman, Erving (1974) *Frame Analysis,* Harvard University Press.

Gongaware, Timoth B. (2012) Subcultural Identity Work in Social Movements," *Symbolic Interaction* 35: 6-23.

Green, John C. (1999) "The Spirit Willing," in Jo Freeman & Victoria Johnson eds., *Waves of Protest,* Rowman & Littlefield, 153-167.

Jasper, James M. (2014) *Protest,* Polity Press.

Kaminski, Elizabeth & Verta Taylor (2008) "'We're Not Just Lip-synching Up Here': Music and Collective Identity in Drag Performances," in Jo Reger, Daniel J. Myers & Rachel L. Einwohner eds., *Identity Work in Social Movements,* University of Minnesota Press, 47-75.

Killian, Caitlin & Cathryn Johnson (2006) "'I'm Not an Immigrant!': Resistance, Redefinition, and the Role of Resources in Identity Work," *Social Psychology Quarterly* 69: 60-80.

Kostiner, Idit (2003) "Evaluating Legality," *Law & Society Review* 37: 323-368.

Leachman, Gwendolyn (2013) "Legal Framing," *Studies in Law, Politics, and*

Society 61: 25-59.

Loseke, Donileen R. (2001) "Lived Realities and Formula Stories of 'Battered Women'," in Jaber F. Gubrium & James A. Holstein eds., *Institutional Selves,* Oxford University Press, 107-126.

McCann, Michael W. (1994) *Rights at Work,* University of Chicago Press.

Melucci, Alberto (1995) "The Process of Collective Identity," in Hank Johnston & Bert Klandermans eds., *Social Movements and Culture,* University of Minnesota Press, 41-63.

—— (1996) *Challenging Codes,* Cambridge University Press.

Mueller, Carol M. (1992) "Building Social Movement Theory," in Aldon D. Morris & Carol M. Mueller eds., *Frontiers in Social Movement Theory,* Yale University Press, 3-25.

Mueller, Franz H. (1952) *Soziale Theorie des Betriebes,* Dunker & Humblot.

Ostrom, Vincent (1977) "Structure and Performance," in Vincent Ostrom & Frances P. Bish eds., *Comparing Urban Service Delivery Systems,* Sage, pp. 19-41.

Polletta, Francesca & James M. Jasper (2001) "Collective Identity and Social Movements," *Annual Review of Sociology* 27: 283-305.

Pressman, Jeffrey L. & Aaron Wildavsky (1973) *Implementation,* University of California Press.

Roth, Benita (2008) "The Reconstruction of Collective Identity in the Emergence of U.S. White Women's Liberation," in Jo Reger, Daniel J. Myers & Rachel L. Einwohner eds., *Identity Work in Social Movements,* University of Minnesota Press, 257-275.

Rosenberg, Gerald N. (1991) *The Hollow Hope,* University of Chicago Press.

Rowe, A. J. B. (1970) "An Experiment in Voluntary Co-operation," *Social Service Quarterly* 44: 143-147.

Schwalbe, Michael L. & Douglas Mason-Schrock (1996) "Identity Work as Group Process," *Advances in Group Processes* 13: 113-147.

Sheldon, Oliver (1923) *The Philosophy of Management,* Pitman & Sons.

Silverstein, Helena (1996) *Unleashing Rights,* University of Michigan Press.

Snow, David, A., E. Burke Rockford, Steven K. Worden & Robert D. Benford (1986) "Frame Alignment Processes," *American Sociological Review* 51: 464-

481.

Snow, David A & Robert D. Benford (1988) "Ideology, Frame Resonance and Participant Mobilization," *International Social Movement Research* 1: 197-217.

—— (1992) "Master Frames and Cycles of Protest," in Aldon D. Morris & Carol M. Mueller eds., *Frontiers in Social Movement Theory,* Yale University Press, 133-155.

Snow, David A. & Leon Anderson (1987) "Identity Work among the Homeless," *American Journal of Sociology* 92: 1336-1371.

Snow, David A. & Doug McAdam (2000) "Identity Work Processes in the Context of Social Movements," in Sheldon Stryker, Timothy J. Owens & Robert W. White eds., *Self, Identity, and Social Movements,* University of Minnesota Press, 41-67.

Taylor, Verta & Nancy E. Whittier (1992) "Collective Identity in Social Movement Communities," in Aldon D. Morris & Carol M. Mueller eds., *Frontiers in Social Movement Theory,* Yale University Press, 104-129.

Walker, Frances A. (1892) *Political Economy, 3rd ed.,* Macmillan.

索引

あ

相生市自治基本条例　107
会津坂下町まちづくり基本条例，112
アイデンティティ・ワーク　11, 17, 20, 22, 27, 29, 37, 56, 60, 69, 71, 116, 123, 152, 155, 158, 159, 195, 197, 207, 218,,,
尼崎市自治のまちづくり条例　115
あわら市まちづくり基本条例　102
生野町　96
生野町まちづくり基本条例　96
伊丹市まちづくり基本条例　29
岩手県社会貢献活動の支援に関する条例　93
運動の制度化　210
雲南市まちづくり基本条例　97
えびの市自治基本条例　107
大分市まちづくり基本条例　112
大玉村自治基本条例　37
音更町まちづくり基本条例　97
オンブズマン　170
オンブズマン条例　168

か

会議公開条例　168
外的コスト　50, 52, 54
外部監査　170
外部監査条例　169
学習　170, 185, 187
金山町　44
金山町公文書公開条例　44
川崎市　37
川崎市自治基本条例　37
議会基本条例　168

機関委任事務制度　62
岸和田市自治基本条例　109
北九州市自治基本条例　102
基山町まちづくり基本条例　113
行政改革　164
行政参加　202
行政評価　170
行政評価条例　169
協働　41, 58, 69, 71, 73, 91, 95, 124, 128, 132, 159, 198, 201, 206, 211, 214
協働する権利　217, 221
協働取組　92
清瀬市まちづくり基本条例　29
クロス集計分析　129
黒松内町みんなで歩むまちづくり条例　112
公益活動支援条例　168
公益通報条例　168
公共的なるもの　56, 57, 63, 68, 70, 197
交互作用項　149
公私協働　79, 80, 82, 110
公民協働推進条例　168
更正保護　79
構築主義　14
高知県社会貢献活動推進支援条例　93
神戸市　90
神戸市震災復興緊急整備条例　90
神戸市民の安全の推進に関する条例　91
広報誌　118, 119, 125, 146, 171, 173, 198
個人情報保護条例　168

コレスポンデンス分析　110

さ

最高法規　175

財政健全化条例　169

篠山市自治基本条例　36, 37

参加　22, 27, 41, 132, 159, 203, 206, 211

参加する権利　7, 37, 41, 46, 48, 132, 216, 221

自己定義　15, 20, 60

自己認識　33, 34, 124, 152, 155, 157, 159, 166, 195, 207, 212, 217, 218

資源動員論　11

資産公開　170

資産公開条例　169

市政に参加する権利　216

自治基本条例　7, 41

自治体アンケート調査　54, 66, 117, 157, 160, 165, 167, 207, 214

市民参加　66, 87, 91, 204, 210

事務事業評価　51, 170

事務事業評価条例　169

社会意識に関する世論調査　64

社会貢献活動支援条例　93

社会運動　11, 13, 32

社会運動組織　12, 19, 32, 61

社会心理学的視角　13

社会的世界　14

社会的相互作用　14, 20

社会的紐帯　12

社会的ネットワーク　12

重回帰分析　142, 183

集合行動論　11

集合的アイデンティティ　11, 14, 20, 22, 27, 29, 33, 37, 56, 59, 61, 69, 70, 116, 122, 152, 155, 159, 185, 195, 197, 207, 212, 218

集団的実践　18, 20

住民　7, 35, 41, 48

住民運動　13, 208

住民参加　7, 30, 51, 67, 69, 74, 94, 117, 120, 124, 159, 183, 186, 204

住民参加条例　168

住民自治　11, 56, 57, 70, 116, 122, 152, 155, 159, 168, 195, 197, 207, 212, 218

住民団体提案型の協働事業　214

住民投票　36, 48, 51, 67, 159, 216

住民投票条例　159, 168

職員研修　174, 192

情報共有　22, 26, 41, 96

情報公開条例　28, 44, 168

情報公開法　44

信託　49, 201

心理的緊張　11

吹田市　123

吹田市自治基本条例　123

杉並区　97

杉並区自治基本条例　30, 35, 97

生活情報　146, 147

政策情報　147, 148

政策評価　170

政策評価条例　169

政治参加　11, 202

制度の運動化　210, 214, 217

草加市みんなでまちづくり自治基本条例　102

総合計画　55

組織戦略　12

た

第一次分権改革　62

代理変数　188

宝塚市まちづくり基本条例　95

太宰府市自治基本条例　115

多治見市自治基本条例　　101
多摩市　　65，84
多摩市行政改革大綱　　85
多摩市自治基本条例　　30
男女共同参画推進条例　　168
団体自治　　57
地域分権推進条例　　168
逐条解説　　37，119，153，173
地方財政の逼迫　　57，58，70，209
地方分権　　57
チェック機関　　177，186，188，189，192
テキストマイニング　　106
動員　　12，61，210
特定非営利活動促進法　　59，62，89
特定非営利活動法人　　63，68，89
特定非営利活動法人公共政策研究所　　41，
　43，100，105
豊島区自治の推進に関する基本条例　　99
鳥取市自治基本条例　　108
豊田市まちづくり基本条例　　102
豊中市自治基本条例　　106

な

内閣府　　64，68
内的コスト　　50，53
長浜市自治基本条例　　109
中野区自治基本条例　　102
名寄市自治基本条例　　102
ニセコ町　　7，41，70，120，121
ニセコ町情報公開条例　　28
ニセコ町まちづくり基本条例　　7，21，34，
　41，42，44，46，73，95，120，121，197，
　215，219
ニセコ町民憲章　　24
認知度　　120，129，173，178，182，183，
　188，191，195，198

は

剥奪感　　11
発話実践　　17
パブリック・コメント　　117，120，128，
　133，143，153，159，169，171，189，
　213，216
パブリック・コメント手続条例　　168
阪神・淡路大震災　　59，88，90
阪南市自治基本条例　　217
備前市まちづくり基本条例　　112
批判法学　　31
兵庫県の県民ボランタリー活動の促進等に
　関する条例　　93
平塚市自治基本条例　　99，217
富士見市自治基本条例　　97
福津市みんなですすめるまちづくり基本条
　例　　102
古川市自治基本条例　　219
フレーム　　60
分権改革　　70
文京区　　98，122
文京区「文の京」自治基本条例　　98，122
平成の大合併　　45
法規性　　46，52，217
法による社会変化　　33
法の構築作用　　31
包絡　　204，210
北栄町自治基本条例　　99
保護監察官　　79
保護司　　79
ポスト資源動員論　　11，13，20，60
北海道行政基本条例　　42，100
ボランティア活動　　208
ボランティア活動団体　　82，87，89，94

ま

米原市　　123，125，127

米原市自治基本条例　123, 128
まちづくりに参加する権利　8, 22, 24,
　46, 216
まちづくりの主体　24
マニフェスト　53
丸亀市　123, 124
丸亀市自治基本条例　123, 124
自ら考え，行動する　23, 28, 70
三鷹市　66
三鷹市自治基本条例　216
南相馬市自治基本条例　106
箕面市　91
箕面市市民参加条例　91
箕面市まちづくり理念条例　91
三春町町民自治基本条例　36
宮城県の民間非営利活動を促進するための
　条例　93
妙高市　122

妙高市自治基本条例　122

や

八潮市自治基本条例　113
大和郡山市自治基本条例　113
大和市　50, 65
大和市自治基本条例　109, 112
横浜コード　89
横浜市　89
良心的支持者　12

ら

連続児童殺傷事件　9

わ

ワークショップ　117, 169, 171
輪島市自治基本条例　101
わたしたちのまちの憲法　27, 47

著者略歴

阿部昌樹（あべ　まさき）

大阪市立大学大学院法学研究科教授。1959 年，群馬県高崎市生まれ。京都大学大学院法学研究科博士後期課程中途退学後，京都大学法学部助手，大阪市立大学法学部助教授等を経て，2002 年より現職。また，2014 年より大阪市立大学都市研究プラザ所長を兼任している。専攻は法社会学。

主な著作に『ローカルな法秩序』（勁草書房・2002 年）
『争訟化する地方自治』（勁草書房・2003 年）
『法の観察』（共編著，法律文化社・2014 年）
『自治制度の抜本的改革』（共編著，法律文化社・2017 年）等がある。

自治基本条例　－法による集合的アイデンティティの構築

2019年3月15日第1版第1刷　印刷発行　ⓒ

著者との 了解により 検印省略	著　　者　阿　部　昌　樹
	発 行 者　坂　口　節　子
	発 行 所　㈲　木　鐸　社

印 刷 フォーネット＋TOP印刷　製 本 吉澤製本

〒112－0002　東京都文京区小石川 5-11-15-302
電話 (03) 3814-4195番　FAX (03) 3814-4196番
振 替 00100-5-126746　http://www.bokutakusha.com

（乱丁・落丁本はお取替致します）

ISBN978-4-8332-2529-8　C3030　　　　　本体価格 2,500 円＋税